教师（师范生）专业教育系列读本
总主编　马　敏　何祥林

为什么是他们
Weishenme Shi Tamen
——来自名师的教育智慧

杨卫东　主　编
曹青林　吴伦敦　副主编
程秀莉　马　英　郑　宁　编写

内容简介

　　本书以20多位当代中小学著名教师为写作对象，展示他们的从教生涯，追寻他们的成长历程和规律，总结他们的教学方法和教育理念，探求他们的成功带给人们的教育启示，以期全方位展示这些名师的教育智慧，引发中小学教师对中小学教育、教学和自身专业发展的思考，激发师范生努力献身于教育事业的热情。本书可作为中小学教师和师范生进行专业教育的教材，也可供中小学教师培训工作使用。

图书在版编目(CIP)数据

为什么是他们：来自名师的教育智慧/杨卫东主编．—北京：高等教育出版社，2010.10(2014.5重印)
(教师(师范生)专业教育系列读本/马敏，何祥林总主编)
ISBN 978 – 7 – 04 – 030935 – 5

Ⅰ.①为… Ⅱ.①杨… Ⅲ.①中小学 – 优秀教师 – 生平事迹 – 中国 Ⅳ.①K825.46

中国版本图书馆CIP数据核字（2010）第187424号

策划编辑	苏伶俐　米　琼	责任编辑	贺有祁	封面设计	张　志
责任绘图	郝　林	版式设计	王艳红	责任校对	杨凤玲
责任印制	赵义民				

出版发行	高等教育出版社	咨询电话	400-810-0598	
社　　址	北京市西城区德外大街4号	网　　址	http://www.hep.edu.cn	
邮政编码	100120		http://www.hep.com.cn	
印　　刷	北京凌奇印刷有限责任公司	网上订购	http://www.landraco.com	
开　　本	787×960　1/16		http://www.landraco.com.cn	
印　　张	16.5	版　　次	2010年10月第1版	
字　　数	270 000	印　　次	2014年5月第4次印刷	
购书热线	010-58581118	定　　价	35.80元	

本书如有缺页、倒页、脱页等质量问题，请到所购图书销售部门联系调换
版权所有　侵权必究
物　料　号　30935-00

教师（师范生）专业教育系列读本
编 委 会

总主编　马　敏　何祥林
编　委　杨卫东　王　枬　向显智　丁　钢
　　　　王坤庆　罗爱平　黄国辅　吴俊文
　　　　曾　浩　吴伦敦　曹青林　周挥辉
　　　　王　中　付义朝　晏汉生

本丛书获得华中师范大学国家教师教育创新平台教师教育理论创新与实践研究项目资助

主编简介

  杨卫东，男，江汉大学校长，教授，中共武汉市第十一届委员会委员。1954年11月出生，湖北武汉人，研究生学历，硕士学位。1982年初武汉大学历史系本科毕业，1985年初武汉大学历史系硕士研究生毕业。历任武汉市政府研究室副主任、武汉市国资办主任、市政府副秘书长、市国资委主任、党组书记等职。

  早年从事历史研究，合著《鸦片战争前中西关系纪事》，获湖北省社会科学优秀成果二等奖；参编《鸦片战争史》，获中央"五个一工程"奖、国家图书奖提名奖；合著《三峡纵横谈》，并发表论文10余篇。20余年来，结合工作实际，重点研究经济领域问题，尤其是在国有资产管理、国企改革理论与实践方面作了大量探索，发表众多经济类论文、调研报告，主编《国企新策》（4卷本）丛书，著有《地方国有企业改制研究——关于武汉模式的理论思考与案例分析》等专著。

序

百年大计,教育为本。教育大计,教师为本。"没有教师的生命质量的提升,就很难有高的教育质量;没有教师精神的解放,就很难有学生精神的解放;没有教师的主动发展,就很难有学生的主动发展;没有教师的教育创造,就很难有学生的创造精神。"教师素质的高低不仅关系到学生能否健康成长,关系到教育的成败,更直接关系到"科教兴国"和"人才强国"战略能否顺利实施。

2007年5月,国务院决定在教育部直属师范大学实行师范生免费教育。采取这一重大举措,就是要进一步形成尊师重教的浓厚氛围,让教育成为全社会最受尊重的事业;就是要培养大批优秀的教师;就是要提倡教育家办学,鼓励更多的优秀青年终身从事教育工作。师范生免费教育政策实施以来,在教育部的推动下,六所部属师范大学在人才培养模式、课程体系、实践教学环节等方面进行了有益的探索,积累了宝贵的经验。

教师职业的对象是活生生的人,是正在成长中的儿童青少年,而不是无生命的物,他们具有主观能动性。教师职业的内容是传授知识,是育人,是提供教育服务。教师职业的手段不是用工具,而是教师用自己的知识和才能、品德和智慧,与教育对象——学生在共同活动中影响他们。由此可见,教师职业具有四个特点:(1)具有复杂的脑力劳动的特点,不仅要研究教材,还要研究学生。(2)具有极大的创造性和灵活性,针对不同的对象要有不同的教育方法。(3)具有鲜明的示范性,教师的一言一行都在影响学生,学生都在模仿。(4)具有长期性和长效性,物质生产水平可以很容易提高,但"百年树人",文化素养不是一代、两代人就能解决的。

1966年,国际劳工组织和联合国教科文组织在《关于教师地位的建议》中提出了"教师专业化"的概念,指出:"应把教学工作视为专门的职业,这种职业要求教师经过严格的、持续的学习,获得并保持专门的知识和特别的技术,它是一种公共的业务。另外,对于在其负责下的学生的教育和福利,要求教师具有个人和集体的责任感。"

1986年美国卡内基教育和经济论坛、赫尔姆斯小组相继发表的《国家为培养21世纪教师作准备》和《明日的教师》两份报告都指出,只有当学校教学发展成为一门成熟的专业时,公共教育质量才能得以改善。从世界各国教师培养的实践来看,教师教育兼具师范性和学术性两种特质,既强调理论的建构,又重视实践的指引。

教师专业化发展不是一次性终结的,也不是仅仅通过课堂上的知识传授就能完成的。优秀教师和教育家的示范引领在教师专业化发展的过程中有着十分重要的作用。因为,他们不仅是理论的建构者,更是教育实践的引领者和推动者。因此,总结优秀教师和教育家的教育思想,探索其成长规律,无疑是具有深远意义的。据我了解,目前,图书市场上关于探讨教师成长规律的教育类图书主要集中在教育理论著作和少量的案例型普及读物。全面系统地总结反映优秀教师和教育家的教育教学成就和规律的图书较为少见,而集中探讨名教育家、名教师、名班主任、名学校、名校长成长规律的图书更难见到。高等教育出版社应时而动,推出的"教师(师范生)专业教育系列读本"是在这个方面的一次有益尝试。

这套系列读本包括五本,分别是《中国教育的脊梁——著名教育家成功之路》、《为什么是他们——来自名师的教育智慧》、《优秀的人生导师——著名班主任是这样炼成的》、《当代中学名校长办学理念与实践》、《风景这边独好——知名中学启示录》。这套读本内容丰富,经验典型,选材精练,体系宏大,将基础教育的方方面面都涵盖进去了。整套读本坚持理论联系实际,立意高远,视野开阔,将深刻的教育思想、教师成长规律寓于一个个鲜活生动的教育故事和案例之中,使读者在轻松愉悦中得到思想的启迪、知识的增长和情感的升华,很值得一读。

我相信,这套读本的出版对师范生的培养,对在职中小学教师的专业化发展会起到良好的促进作用。

是为序。

顾明远
2010年5月28日于北京

目录

前言 …………………………………………………………………… I

一辈子学做人师
　　——记全国名师于漪 ………………………………………… 1

"童心母爱"一腔血，60多载勤耕耘
　　——记全国名师斯霞 ………………………………………… 9

赤子之心教语文，戴着镣铐跳好舞
　　——记全国名师钱梦龙 ……………………………………… 20

让农民的孩子受到最好的教育
　　——记全国名师杨瑞清 ……………………………………… 31

素质教育的改革先行者
　　——记全国名师魏书生 ……………………………………… 41

50年谱写儿童教育的诗篇
　　——记全国名师李吉林 ……………………………………… 50

用力地活着才有丰厚的回报
　　——记全国名师张思明 ……………………………………… 60

问渠哪得清如许，为有源头活水来
　　——记全国名师于永正 ……………………………………… 70

不断超越自我
　　——记全国名师任勇 ………………………………………… 80

语文教学改革的开拓者
　　——记全国名师洪镇涛 ……………………………………… 91

追逐在教育科研路上
　　——记全国名师龚春燕 ……………………………………… 103

让孩子在"玩"中享受学习
　　——记全国名师张化万 ……………………………………… 114

绿色语文　诗意人生
　　——记全国名师赵谦翔 ……………………………………… 126

让主题教学贯穿课堂
　　——记全国名师窦桂梅 ……………………………………… 138

爱·奉献·进取
　　——记全国名师杜毓贞 …………………………………………… 149
痴迷于教学天堂的魔法师
　　——记全国名师黄爱华 …………………………………………… 160
从普通教师到专家型教师
　　——记全国名师刘兆义 …………………………………………… 172
从乡村中学讲台走进大学教学殿堂
　　——记全国名师王后雄 …………………………………………… 183
没教过英语的英语教学改革急先锋
　　——记全国名师张思中 …………………………………………… 193
让三年后的你成为专家型教师
　　——记全国名师王能智 …………………………………………… 206
让学生在课堂上发挥主体作用
　　——记全国名师王树声 …………………………………………… 218
让哲学进入物理的世界
　　——记全国名师吴加澍 …………………………………………… 228
做一个教育的农夫
　　——记全国名师高慧明 …………………………………………… 239
后记 ………………………………………………………………………… 248

前言

百年大计，教育为本。教育是国家发展、民族振兴的基石。我国是人口大国，教育振兴直接关系国民素质的提高和国家振兴。大力发展教育事业，是全面建设小康社会、加快推进社会主义现代化、实现中华民族伟大复兴的必由之路。教育大计，教师为本。为推动教育事业的进一步发展，2007年，国务院决定在教育部直属师范大学实行师范生免费教育。采取这一重大举措，就是要进一步形成尊师重教的浓厚氛围，让教育成为全社会最受尊重的事业；就是要培养大批优秀的教师；就是要提倡教育家办学，鼓励更多的优秀青年终身做教育工作者。2010年，党中央、国务院颁布的《国家中长期教育改革和发展规划纲要》也明确指出，要加强教师队伍建设，努力造就一支师德高尚、业务精湛、结构合理、充满活力的高素质专业化教师队伍。

有好的教师，才会有好的教育。我国有1600多万中小学教育工作者，他们长期以来教书育人，勤勉工作，默默耕耘，无私奉献。在这批教育工作者当中，涌现了一大批专业素质高、科研能力强，具有独特人格魅力的"名师"。这些名师无论从教学方法、教育理念乃至个人成长成功的历程，都对当下的基础教育工作者具有重要的启示作用，对建设优良的教师队伍具有一定的借鉴作用。

本书以20多位当代中小学著名教师为写作对象，展示他们的从教生涯，追寻他们的成长历程和规律，总结他们的教学方法和教育理念，探求他们的成功带给人们的教育启示，以期全方位展示这些名师的教育智慧，从而引发中小学教师对中小学教育、教学和自身专业发展的思考，激发师范生努力献身于教育事业的热情。

优秀教师是教育的最宝贵资源。本书收录的这些名师，他们的成长经历各不相同，教育方法和理念各有特色，但他们也具有许多共同特质：他们献身教育、"一切为了孩子"的人格魅力散发着芬芳；他们坚忍不拔、战胜困难和挫折的坚强意志感动你我；他们善于学习、博取众长又不断推陈出新的创新精神给人以启迪；他们注重实践、潜心科研而形成的独特教学理念引领着基础教育最先进的方向。

时代推出了一批又一批的名师，未来呼唤更多的名师不断涌现。希望本书能引发当代基础教育工作者的深刻思考，激发青年人努力为教育事业献身的热情，促进培养新时期的教育管理人才，积极推进我国教育事业的发展。

祝愿千万教师和更多有志于教育事业的师范生们在本书的助推下，尽快走向成功的殿堂。

杨卫东

2010 年 8 月

一辈子学做人师
——记全国名师于漪

人物素描

于漪(1929—),女,江苏镇江人。语文特级教师,多次被评为上海市劳动模范、上海市优秀共产党员、全国五讲四美为人师表优秀教师、全国三八红旗手、全国先进工作者。享受国务院特殊津贴。1951年7月毕业于复旦大学教育系,历任上海市杨浦中学语文教师、第二师范学校校长,全国中学语文教学研究会副会长,全国语言学会理事,全国总工会执行委员。现任上海杨浦高级中学名誉校长,首都师范大学、华东师范大学、上海师范大学兼职教授,上海市教师学研究会会长。著有《于漪文集》(6卷)、《于漪教育文丛》(4卷)、《于漪新世纪教育论集》(6卷)、《岁月如歌》等。

于漪

经典语录

★ 选择了教师,就选择了高尚。

★ 教师生涯中最大的事就是一个心眼为学生,对学生满腔热情满腔爱。

★ 教师的责任大如天,一个肩膀挑着学生的现在,一个肩膀挑着祖国的未来。

★ 当崇高的使命感和对教材的深刻理解紧密相碰,在学生心中弹奏的时刻,教学艺术的明灯就在课堂高高升起。

★ 与其说我做一辈子教师,不如说我一辈子学做教师,追求无止境。

累累创伤,是生命给你的最好东西

1951年7月,22岁的年轻姑娘于漪从复旦大学教育系毕业了。此后,她先分配到华东人民革命大学附属工农建成中学执教,后来调到上海第二师范学校任教。起初,她服从校领导的安排教授历史,后又服从需要改教语文。

历史和语文的学科跨越,对于一位年轻的教师来说,难度可想而知。为了尽快胜任语文教学,于漪天天挑灯夜读,从语音、语法、修辞、逻辑到中外文学史,甚至哲学、天文、地理等,所有与教学相关的知识都一一学习。记得第一次上完语文课的时候,学校语文教研组的老组长徐老师听过课之后,对她说:"你当然有这个那个的优点,不过,语文教学的大门在哪里,你还不知道呢!"心高气傲的于漪不服输,从那时起,她便在心底默默发誓:以后,我不仅要找到语文教学的大门,而且还要登堂入室!

眼瞅四周,人人都在自己的岗位上干得得心应手,有志于语文教育的于漪决心向同事们学习,取长补短。她说:"累累创伤,是生命给你的最好东西。既然我有如此多的不足,那就需要多向人家学习,学习对方的优点。"

那时候教研组一共有18位老师,女老师就她一个。带着一股子不服输的气性儿,于漪认真地向教研组的每一位同事学习,向他们虚心请教教学经验,不仅如此,她自己在业余时间刻苦钻研业务,提高专业水平。每天晚上,无论是自学,还是备课、批改学生作业,她总是"明灯书卷伴夤夜",不到凌晨一两点钟绝不睡觉。那时候,她要教两个班的语文,做一个班的班主任,同时还兼任语文教研组的副组长,工作异常忙碌,但她干得非常带劲。她说:"要说我的成长,我真是感谢一些学生对我的教育,那种青春的感染,使我觉得教师真正是世界上最美好的事业了!"

可是,摸着石头过河的感觉依然战战兢兢。一次,于漪在课堂上教《过秦论》,她指出,文中强调秦朝之所以灭亡的原因,是"仁义不施,攻守之势异也"。结果,话音刚落,一个学生马上就提出来:我不同意这个论断,人民日报某月某日,郭沫若是怎么讲的。于漪一听,顿时惊呆了:"天啊,我怎么没看到?"此后,她每次上课都提心吊胆的,生怕自己知之甚少甚浅。

好在这种战战兢兢的感觉,在于漪那里,并没有变成一种烦恼,相反变成了一种不断进取的快乐。因为她最讨厌的就是传统教学里的"我说你听",而最乐意去做的就是点燃学生的求知欲望,她说:"一个老师把学生教得呆板了,你这个老师是很好做的;你把学生教得非常活跃了,这就是一种快乐。所以我把三尺讲台看成是我生命的歌唱。"

学习是无止境的,在最初从历史改教语文的三年时间里,于漪自修了大学语文的全部课程。每次上课之前,她都要认真备课,有时甚至要备三遍以上,做到胸有成竹,问心无愧,才上讲台。正是靠着这股子毅力和坚强的决心,于漪的语文教学水平开始遥遥领先,她的课堂教学集思想性、智能性、趣味性、文学性、知识性于一体,学生爱听,老师爱听,课堂气氛相当活跃。很多老师都对她跷起大拇指:"于老师的课,好样的!"

我做了一辈子教师,一辈子还在学做教师

于漪老师的课堂,绝对是充满艺术性和创造性的。

有人评论于漪说:"于老师的课很难学,因为她的教学没有模式和程式,天马行空,左右逢源。"在她漫长的教学生涯上,经常会遇到这样一种情况:每天都有人去听她的课,所以她说,她每天都上公开课,就连早读课也不放过。一位年轻教师,从1976年开始,随堂跟踪听了于漪3 000多节语文课,最深切的感受是,于漪从来不重复自己,即使是同一篇课文教第二、第三遍,也绝对不重复,每节课都是一幕美丽动人的人文景观。

要问奥秘在哪里?其实并不难。于漪说她的工作都是在别人的监督下进行的,在这些课中,她都发现有不足,没有哪一节可以被放之四海而皆准,即便是她所任教的两个班,教法也不一样。她说:"因为有不足,于是我更加不断跨越,跨越过去以后,我就进步了。"

教学是一门时代的艺术,自然也要与时俱进,于漪深知这一点:"教师身上要有时代的年轮和丰富的智力生活。""教学中要有时代的活水,靠的是两把利刀:一要学而不厌,二要努力实践。在教学中我们需要的应该是如何去发现活水的源头,在课堂上要有新鲜的气息。"她认为,学习是我们教学生涯中的一根支柱,重要的理论要反复学,才能让自己心明眼亮。

"我做了一辈子教师,但一辈子还在学做教师!"在很多次的公开场合上,于漪都用这句话来鞭策自己,同时也勉励着更多的青年教师。多少年来,于漪一直在追求语文教学的创新,她总想做得更好。古稀之年,她更是对语文教学提出了更形象的比喻:能通向大海的港湾必然航运兴旺,物如流,人如潮,充满勃勃生机;反之,如果航道阻塞,港湾也就失去了其价值和意义。试想想,语文教学又何尝不是如此呢?语文教学的内容犹如港湾,执教者应熟悉它、研究它、吃透它,把握它的基本特点与功能,认真地、创造性地引导学生,使港湾通向大海。

怎么才会"通"呢?在于漪看来,首先要破除封闭意识。如果眼睛只盯着一本教科书加一本教参,思路根本无法打开,教起来就会捉襟见肘,学起来也会索然无味。其次,要积极开发与利用语文课外的学习资源,分清类别,择优而用,讲求实际效果。

当然,最为重要的是要建设港湾。积累了一生的教学经验,于漪深深懂得:不建设好港湾,就无法开辟航线,更别提通向大海了。作为教师,应去除浮躁,去除华而不实,扎扎实实研究教材,洞悉底里,才能真正发挥语文本身固有的多重育人功能。①

多年来,于漪潜心研究语文教学,出版有:《于漪语文教育论集》、《语文教苑耕耘录》、《语文园地拾穗集》、《学海探珠》、《中学生作文教学导论》、《语文教学谈艺录》、《我和语文教学》、《追求综合效应》、《新世纪教师素养专题》等专著,向人们展示的正是她多年来语文教学研究的累累硕果。

为人师,要一身正气,为人师表

在于漪看来,为人师不是简单地做一名教书匠,对孩子不仅要言传,还要身教,身教重于言传。因为教师的教育力量,只能从活的人格当中来,这是一种特殊的教育力量!

作为教师,于漪心里也有自己的偶像,那便是大名鼎鼎的一代文豪鲁

---

① 沈祖芸:《一辈子学做教师》,《中国教育报》2005 年 3 月 28 日。

迅。她说:"鲁迅先生在北平师范大学教课的时候,不仅课堂上坐满了人,走廊也站满了人。走廊站不下,就到操场上去上课,把饭厅的方桌搬到操场上。周围人山人海,先生站在方桌上讲课。那时候没有扬声喇叭,没有扩音器,先生滔滔不绝地讲,学生全神贯注地听。师生的心灵交融,编织成世界上最美的乐曲。做教师做到这份儿上,才是名副其实的人师啊。"

在50多年的教育生涯中,于漪曾一次次超越自我:不顾腹部刚动过手术,背着一位高烧学生走十几里泥路送医院;接手乱班,把学生一个个找回来上课……而支撑她的是始终充盈胸怀的师爱。"你对孩子是全心全意,还是半心半意、三心二意,孩子心中清清楚楚。只有把爱播撒到学生的心中,他们心中才有你的位置。"

这些年来,有多少人听过于漪的讲学,又有多少人向她求教,没有人做过统计,但她始终热情地接待着每一位"不速之客"。于漪让越来越多的青年教师明白了一个道理:教师不仅要走进孩子的知识世界,还要走进他们的生活世界和精神世界。只有把课上到孩子心中,对孩子心灵产生震撼作用,教学内容才能真正融为学生素质的一部分。

为人师,要一身正气,为人师表。于漪当之无愧。2004年初,当加强未成年人思想道德建设问题受到国家领导人高度重视的时候,于漪常常出席各类座谈会,把关注的焦点落到了教师的身上。她呼吁要切实重视师德,提升教师队伍的整体水平。她说:"教师要让学生明做人之理,明报效国家之理,千万不能重智轻德,办没有灵魂的教育。"

2004年,"于漪茶座"在上海一家教育杂志上正式"开张"了。于漪对这个栏目倾注了大量的心血,"教师的困惑与无奈"、"把课上好"、"教师的文化底蕴"……一个个切中教师思虑的主题随着一期期杂志的出版跃然纸上。她说,要把自己毕生对教育的实践与感悟奉献出来,与年轻教师一起分享。

于漪忧心教师、关注教师、倾心教师。她说教师应该站在"树魂立根"的高度去思考和培养我们未来的接班人和建设者。有魂、有根、有脊梁,才是一个真正的人。退休前,于漪比较注重"师风可学",强调完善自己的人格。她认为教师应该代表最先进的文化,因此教师应该不懈追求真善美,抵御假恶丑。退休后,于漪不断反思着自己的从教之路,又提出要做到"师风可学"还必须"学风可师"。完善人格、提升境界、锤炼感情,教师的学风也是学生的榜样! 夸美纽斯说过:教师是太阳底下最光辉的事业。于漪的体会是,教师不仅是太阳底下最光辉的事业,而且是太阳底下永恒的事业:没有教育,社会是一片黑暗;没有教育,就出不了人才! 让自己的学生,踏着自己的肩膀,一步步登上做人的高峰,在于漪看来这是此生最有幸的事!①

淡漠名利,简单快乐

于漪不仅是一名杰出的教师,同时又是一位优秀的教学管理者。凭着一身正气,1985年于漪走上了几经变迁的上海第二师范学校校长的岗位。当时,那是一所伤痕累累的学校。踏进校门,于漪满目都是衰败的校舍、涣散的教师队伍。为了迅速地振兴校园,她作出一系列令当时社会震惊的决定:教师实行坐班制,学生一剪头发,二穿校服。并斩钉截铁地面对校内外的各种议论:社会上允许的,学校不能都允许;社会上流行的,学校不一定都提倡。当然,光强制手段可不行,她还要进行软性管理,着手开展了"两代师德"教育,请离退休干部到学校来为师生们做革命传统教育的演讲,请盲人乐队用精彩的演奏诉说怎样做生活的强者,让教师、学生讨论当代教师和师范生的形象;规划兴建了图书实验楼、体育馆、艺术楼,开辟了大草坪,植树种花,让学校春有花、夏有荫、秋有果、冬有绿,硬是将学校营造成一块育人的净土。学校先后被评为文明单位、全国教育先进单位。几年间,她的一身正气、开拓果敢,为其赢得了诸多耀眼的荣誉:全国五讲四美为人师表优秀教师、全国三八红旗手。人们纷纷对她竖起大拇指:"永远的师者。"

虽然功成名就,被尊为大师,受到国家领导人的多次亲切接见,但"中学语文教师"是她认同的唯一终身头衔。她从不愿谈自己的业绩、荣誉,远离繁文缛节,始终像一个普通老百姓那样生活,住着老式的公寓房,吃着自己亲手做的饭菜。但是,她是知识富有者,追求着很高的精神文化生活质量。她带着一颗年轻的心,终日关注和思考着教育特别是语文教育的前沿课题。奉献自己有限的生命,获得精神上无限的欢乐,这就是于漪的人生哲学。

退休后,于漪一直不忘教育,她曾呼吁学校不要单纯只重视升学而忽略了学生的德智体的教育,为教育奔走。从2000年开始,她的身体一直不好,有两年多的时间,都在住院治疗,但即便如此,她还是全身心在关注学校、关注教育。在病榻上,她坚持写作,2001年的时候她出了两套文集,这些文集加起来有近400万字,都是她自己一字一句写出来的。一位70多岁

---

① 沈祖芸:《一辈子学做教师的于漪》,《上海教育》2009年第8期。

体弱多病的老人,在两年的时间里,一天书写一万字,可谓字字真金,实为不易。2007年9月,为迎接第23个教师的到来,78岁高龄的于漪老师再次写出了《岁月如歌》,希望以自己的经历,勉励更多的教师,更好地教书育人。2009年,她又与所带的教师一起出了一套新世纪教育论集,对教育诸多方面,对语文教改的理念、课程设计、教学设施提出了许多鲜明的主张,醒人耳目。

每个人都是一部书,于漪老师更是一部内涵隽永、耐人寻味的书。作为女性,她亦有着自己柔美的一面。在她《站在大写的人字上》这本书的小引里,足见她的风采:"小时候爱海,常憧憬大海的美景,尤其是海滩上光怪陆离的贝壳,犹如一幢幢美妙绝伦的小屋,使我产生不尽的遐想。当了教师,进入教海遨游,方深味到此海比彼海更广阔无垠,深不可测,更风光无垠,奥秘无穷,虽竭尽毕生精力,难得真谛于一二。"如果将教学比作大海,于漪老师无疑是语文教海中的优秀领航员。她在这片比现实的大海更加深广的海域中遨游了50年,留下了一条条清晰而亮丽的航迹。

"如果下一辈子还叫我选择职业,我仍然选择教育这多情的土地,选择我们可爱的学生,选择这永远光辉灿烂、青枝绿叶的教育事业!"如今,已是80岁高龄的人民教师于漪,从未放慢过思考的脚步,从未停歇过执著的追求,她无疑是这个时代教育的杰出领军人物。

教育启示

"今天怎样当教师"——许多人都曾问过于漪这个问题。于漪自己的回答是,首先必须追求人格的完美。

从于漪的从教经历中,我们不难看出,追求人格的完美,于漪的心中有"两把尺子":一把尺子是量别人的长处,一把尺子是量自己的不足。

从教历史改教语文,于漪不断地用第一把尺子量别人的长处——白天,她站在窗外,看其他教师是怎么上课的;晚上,她啃着从图书馆里搬来的一厚叠书仔细琢磨。于漪的另一把尺子是量自己的不足。在课堂上,于漪努力做到"要言不烦、一语中的"。她说当自己讲课最含糊的时候,就是废话最多的时候。教师废话一多,学生就如坠五里雾中,于是她每次都给自己留下"废话记录"。也有时候,学生能够超水平发挥,提出一些超出备课时预想的问题,于漪也都把它们一一记下,记下解答后的感悟,记下解答留下的遗憾。

除了教会学生知识,在于漪看来,做人师不是简单地做一名教书匠,对孩子还要身教,而且身教重于言传。因为,她坚信教师的教育力量,只能从活的人格当中来,这是一种特殊的教育力量!所以于漪在自己多年的教学中,从最微小的细节入手,一举手一投足,都渗透着对教学、对学生的热爱。

"燃烧自己,照亮学生","春蚕到死丝方尽",尽管到了古稀之年,于漪依然在乐此不疲地为教育事业进言献策。她淡泊名利,矢志教育,把自己最清丽、最皎洁的人性光辉,洒在了她那挚爱的三尺讲台上。她用她对学生的爱,她的孜孜以学,她的积极创新,她的言传身教,她的为人师表,彰显了"教师"这个词的厚度及广度,从而也为在这条路上坚定前行的人树起了一个楷模。

参考文献

1. 沈祖芸.一辈子学做教师.中国教育报,2005-3-28
2. 沈祖芸.一辈子学做教师的于漪.上海教育,2009(8)
3. 于漪.于漪新世纪教育论丛(6卷).南宁:广西教育出版社,2008
4. 于漪.于漪文集.济南:山东教育出版社,2001
5. 于漪.岁月如歌.上海:上海教育出版社,2007

"童心母爱"一腔血,60多载勤耕耘

——记全国名师斯霞

人物素描

斯霞(1910—2004),女,曾名碧霄,浙江诸暨人。著名教育家,江苏省首批特级教师,全国三八红旗手。被誉为"小学讲台上的梅兰芳"。

12岁考入杭州女子师范学校,先后在浙江绍兴、嘉兴、萧山、杭州及江苏南京等地小学任教。1932年起任职于南师附小前身——中央大学实验学校小学部。"文革"开始后,斯霞被迫离开了她所钟爱的教育岗位。1977年,她以67岁的高龄,再一次站上了南师附小的讲台。2004年1月12日,斯霞因病在南京鼓楼医院逝世,享年94岁。

斯霞

★ 作为一名教师，不仅要掌握知识，更要有童心、有母爱。与孩子打成一片，这叫有童心；要把学生当作自己的孩子一样看待，这叫对学生的母爱。

★ 我不会当官，只会教书，教书有什么不好，当个好老师也不容易，要全心全意。

★ 为人师者，特别是小学教师，被孩子看作是智慧的化身、言行的典范，稍有不慎就会在他们幼小的心灵里留下这样那样的错觉。所以，学校无小事，教师无小节。

★ 有的教师上课过于严肃，搞得学生精神紧张。事实上，在严肃紧张的环境里学习，效果远不如在活泼愉快的环境里好。变师生关系为"猫鼠关系"，应当看作教育的最大失败。

★ 智育不好是次品，体育不好是废品，德育不好是危险品。

★ 所有那些瞧不起小学教师、瞧不起"孩子王"的世俗观念，我都可以像抹去一缕蛛丝一般把它们丢在一边。我为一辈子当小学教师而自豪！

"当小学老师多好呀，我做梦都想当老师！"

"一个和孩子长年在一起的人，她的心灵永远活泼像清泉，一个热情培育小苗的人，她会欣赏它生长风烟。"这美妙的诗句，是著名作家臧克家为斯霞所作。在小学讲坛整整耕耘了60多个春秋的斯霞，用一生钟情初等教育的无悔付出，换来了后人永久的仰慕。

永远忘不了的，是12岁那年的一场洪水。1922年夏天，一场突如其来的山洪暴发，空前的大水冲毁了良田和房屋，也毁坏了当时被乡亲们称为"洋学堂"的斯民小学。此时的斯霞，已经读到小学五年级，眼看还有一年就要小学毕业，却被洪水无情地中断了学业。

但求知的欲望无法泯灭，很快，在亲友的鼓励和资助下，斯霞向堂房姑母借了一张小学毕业文凭，改了名字，冒称自己15岁，顺利考入杭州女子师范学校。女子师范学校的学制是一年预科，四年本科。到1927年毕业时，她已是一位亭亭玉立的少女了。

那是一个秋天的上午，斯霞提着自己简单的行李，准备去分配的学校——绍兴五中附小报到。因为行李太多,她便雇了一辆人力车。一路上,车夫问她:"你到绍兴去干什么?"她兴奋地说:"我去当小学老师啊,今天去报到!"拉车人有点吃惊地回过头来,停下脚步:"你这么眉清目秀的一个姑娘,干什么不好,怎么偏要去做小学老师呢?!"见他一副惊奇的样子,年轻气盛的斯霞禁不住地脱口而出:"当小学老师多好呀,我做梦都想当老师!"

就这样,年轻气盛的斯霞来到了绍兴五中附小校长室。正在忙碌着的老校长用慈爱的目光打量了一下这个身材娇小、衣着朴素的小姑娘,和蔼地问:"你是哪个班的学生?"她羞涩地咧嘴笑了:"我是杭州女子师范学校毕业的斯霞,今天是来这里报到的呀。""啊呀,太不好意思了,我还以为你是高年级学生呢!"这位老校长可能想不到:中国一位著名的小学教育家,就从他的"误会"中开始了长达60余年的小学语文教育探索之旅。

很快,斯霞就在学校找到了自己的位置——小学一年级的班主任,教国语、算术和常识。根据斯霞学生后来的回忆:"当时,这所学校还比较落后,学生们只会说一口绍兴土话,她便试着用在杭州学到的'官话'来教学;学生的穿着打扮很老式,男学生留着小辫子,戴着银项圈,女学生的手腕上也套着银镯子,斯霞便把杭州学生的穿着打扮讲给大家听,建议大家除掉这些不必要的'负累'。不仅如此,她还把这些道理向家长宣传,家长们都觉得这位年轻的女教师说得有理,纷纷给孩子剪去了辫子,脱掉了项圈和镯子。为了培养学生的卫生习惯,她还让每个学生胸前挂一块手帕,用来擦鼻涕。当时,斯老师的这一套是个创举,在学校影响很大。她班上的学生不但秩序好,而且穿戴整齐,讲究卫生,很多老师都不觉对这个新来的女教师刮目相看。"

为了培养孩子们的爱心,学校特别买了几只可爱的小白兔,委托斯霞在班上饲养。斯霞虽没有喂养过小动物,但还是乐呵呵地应承下来。在她看来,这样既可以给学生增加一些生动有趣的有关动植物的科普知识,又能培养他们热爱劳动的意识。所以,她不仅自己亲自参加喂养,还让学生轮流带一些食物来。下课后,学生们常常争先恐后地来逗兔子玩,摸摸它们雪白的绒毛,看它们走起来一蹦一跳,吃东西的时候嘴巴有规律地张合,孩子们都乐不可支,斯霞看着,脸上浮现欣慰的笑容。她多希望,每一个孩子都是充满爱心与善心的啊。

在教学方法上,斯霞是积极的创新派

20世纪30年代的中国,战乱频仍,时局动荡,小学教师的命运,好似大

海孤舟,漂泊不定,稍遇风浪,即有沉没的危险。从1927年到绍兴五中附小任教开始,斯霞先后辗转于浙江、湖南、四川、西康、贵州等地,担任过语文、体育、音乐、算术等多门学科的教学。这期间,她结婚、生子,为避战乱而流浪颠簸东奔西走。政局不稳,教师的地位和经济待遇都非常不尽人意。"家有三斗粮,不当孩子王"是当时最现实的写照。当时小学教师的薪水问题已成为一个全国性的问题,已是"上不足以养父母,下不足以蓄妻子"、"有吃无穿,有穿无吃"的状况。稍有办法的人,都不愿意当小学教师。

但是斯霞却在自己的教育教学中体验到了教师的作用,她说人们之所以对小学教师有偏见,正是愚昧无知的表现,所以自己更应该坚守岗位,培养更多的有识之士。在风雨飘摇的生活中,斯霞认识了满目疮痍的旧社会,幻想能有个穷苦的小学教师生存的地方。可是,那样的社会在哪儿呢?当时在南京一个小学里教书的斯霞,只感到眼前是一个"风生白下千林暗"的人间地狱。她常常面对奔涌的长江拭目远眺:光明在哪里?一切都没有等待得太久。1949年4月24日清晨,人民教师斯霞以从未有过的喜悦心情,和打着腰鼓、扭着秧歌的人群一起,涌向南京鼓楼广场,热烈欢迎敬爱的人民解放军开进南京城。从此,生活呈现了全新的画卷。

1958年,江苏省里决定在南师附小进行五年一贯制的教改试验。组织上决定让斯霞担任这个试点班的语数教学和班主任工作,斯霞那个高兴劲儿,就甭提啦!从此,她就一头扎进试点班里了。没有资料自己找,没有教材自己编。她和同志们一道决心要闯出一条教学新路子来。带着一股勇于创新的干劲,很快,斯霞便在随课文识字方面摸索出一套行之有效的方法,在三年内就基本完成了3 500个汉字的教学任务。《毛主席的俭朴生活》一课有42个生字,她只用了两节课就教完了。在课堂上,她用生动的动作演示配合讲解词语,抽象的变成了具体的,不易理解的变成了一看就懂的。生动形象,引人入胜,简直能使儿童着迷。孩子们在吸收知识的时候,就像是吮吸蜜糖那样轻松愉快。

过去有一种偏见,总认为一年级的儿童智力和接受能力有限,无法学会写话。斯霞认为这是压抑儿童智力发展、阻碍快出人才的错误观念,决心要用事实证明一下。在教学实践中,她在教会学生掌握了100多个汉字以后,就开始教他们用笔头造句;在学生掌握了200多个汉字以后,就运用说话教学,教他们把自己表达的语言写下来;在学生掌握了300多个汉字以后,又指导他们看图写话。

要知道,写话的基础是说话。对于成年人来说,我们习惯称之为表达能力,斯霞坚信每个孩子都是天使,都有无穷无尽等待发掘的潜力。所以从学生一入学开始,作为一年级语文老师的她就格外注意培养他们说准确的话,说完整的话,说连贯的话。

在训练学生说话的同时,斯霞还逐渐培养他们写话,先是提问写话、看图写话,再是模仿写话,最后是创造性写话。逐渐地,在不认输的斯霞这里,一年级学生不能学写话的旧框框终于被打破了。

斯霞虽有多年的教学经验,但她备课从来都是一丝不苟。每一个词句的讲解,她都要精心设计,每一个问题的提问,她都要仔细推敲。她不仅对课文的思想、语言钻研得深、细,而且对课文的科学性一点也不马虎。给学生讲的每一篇课文,她都要求自己熟背如流。哪怕是写一块小黑板她也从不马虎,发现有一个字写得不端正,都要擦掉重写。常常深更半夜,她还在对着墙壁练习讲第二天的课。

天真烂漫的儿童都喜欢听故事,斯霞经常绘声绘色地给他们讲毛主席、周总理的故事,讲红军长征路途中的光辉事迹,培养孩子们热爱领袖、热爱老一辈无产阶级革命家的深厚感情。南京的雨花台是进行革命传统教育的好课堂,斯霞经常带着学生们到这里来凭吊,教育他们要继承先烈遗志,好好学习,建设强大的国家。不仅如此,她还经常通过晨会、班会、队会等教育活动,为培养学生树立科学的世界观、人生观,树立远大的共产主义理想奠定基础。

"把孩子交给斯老师,比搁在自己身旁还放心"

斯霞的一生,与三尺讲坛紧紧相连,她的教育人生,如果用一个字来概括,那就是"爱"。她60余年如一日爱岗敬业,令人钦佩;她对学生无微不至的关爱,至今让她的学生都有一片深情的记忆。很多学生这样回忆:斯老师爱我们,那是一种发自内心的爱。多年后,学生们怀念斯霞,都会情不自禁地回忆起这样一件件的往事:

上课了,斯霞神态端庄地走进教室。可刚从校园里"疯跑"回来的孩子却还在大呼小叫,喧闹不已。斯霞没有大声斥责,而是温和地对孩子们说:"有的小朋友还没有做好上课的准备,现在老师走出去,请大家赶快坐好。"于是,她转身走出了教室。等她面带微笑回到教室时,孩子们已经安安静静地坐好了。斯霞此举,意味深长:她绝不用严厉的目光盯着学生恢复秩序,而是暂时回避,给孩子们一个缓冲的时空,让大家因为深切体验到老师的尊重从而自尊自爱。这样一个细节,让我们感受到了一位教育大家以人为本、关注心灵的精妙的教育艺术。

一个女生的书不知道被谁撕破了,实习老师在班级里厉声追查,孩子们吓得目瞪口呆。正在这时,斯霞到了班里。她用平和的口气说道:"今天这本书被人撕坏了,这是一件不好的事情。可是,我们谁不做错事呢!做了错事,能认识并改正,就是一个好孩子。今天某某的书被撕破了,她当然很心疼。我相信撕书的同学心里也很难过,也许他是不小心撕破的呢!"当撕破书的孩子承认了错误时,斯霞接着说,"好!能在大家面前承认错误,这是很勇敢的行为,值得我们大家学习。我相信大家都是懂道理的,绝不会有意弄坏别人的东西。……"春风化雨般的话不仅使学生受到了教育,而且没有伤害到孩子幼小的心灵。

有个叫小康的男孩,粗心得很,在家里举胳膊抬腿,不是打翻了油壶就是摔碎了碗,在家做家庭作业也是潦草了事,小康的妈妈为此很是头疼,只好下了一道禁令:不准动手。当小康的妈妈找到斯霞,恳求帮助时,她笑着说:"你什么都不让他干,只会适得其反呀。孩子有缺点,我们要做的应该是帮他改正。"那么,斯霞又是如何"改造"小康的呢?那可真是别具一格。"小康,我的眼镜忘拿了,批改作业看不太清楚,请你去帮老师拿一下好吗,可别碰坏了。"小康一听,快速地跑过去,小心翼翼地把眼镜拿来了。"小康,老师渴了,请你去帮我倒杯水来,可别洒了!"于是一杯水轻轻地放到了斯霞面前,一滴也没有洒。每当这时,斯霞就鼓励说:"不错,你很细心,事情做得很好,今后就应这样。"有一次,斯霞组织儿童们搞"手工劳动",发给每人一块旧布和一根针线,让他们学习缝补。那些手巧的女孩子,飞针走线,得心应手,可唯独小康,急得满头大汗,一会儿线结住了,一会儿又扎了手,但他毫不气馁,还是一个劲地缝着。就这样,几个月过去了,小康几乎像变了一个人,他变得非常细致而有耐性,不仅在家里能帮妈妈干很多活,学习上也认真多了。

有一位名叫章帆的同学,因为小时候生病,影响了智力。刚进斯霞的班级时,他连一支完整的歌曲都不会唱,连他的父母也对这个孩子失去了信心。但老师斯霞并没有放弃他,而是在他身上倾注了更多的心血。除了在课堂上给章帆更多的关爱外,她还积极地与章帆的父母沟通,寻求他们的配合。在斯霞的努力下,章帆的父母决心好好地教育这个孩子,他们与斯霞一起,研究起对孩子的辅导,鼓励孩子树立起学业上赶超他人的信心。果然,在一个学期后,章帆不仅跟上了班里的学习进度,平均成绩都在九十分以上,而且还参加了全区的数学竞赛呢。

……

斯霞这样关心、爱护学生,赢得了家长们的极大信任,他们感到把孩子交给斯老师,比搁在自己身旁还放心。

班上有三个学生失去了母亲,他们的父亲要到外地出差时,就把孩子托付给斯霞照顾。这样,斯霞白天是他们的老师,晚上就负责料理他们的生活,比他们的妈妈照顾得还周到。反过来,学生们对斯霞也比对自己的妈妈还要亲热,还要尊敬。斯霞如果身体有点不舒服时,孩子们就对她说:"斯老师,您休息一下吧!""斯老师,您讲课时轻轻地说话吧!"许多家长反映:"斯老师的话比妈妈的话灵,如叫他一个字写五遍,我叫他少写一个也不行,开口就是我们斯老师说的。"同时,家长们有问题都愿意来向斯霞求助:"斯老师,我那孩子怎么也不肯吃蔬菜,您看有啥办法?""斯老师,我那孩子在家不爱劳动,您看怎么办呀?"每当遇到这种情况,斯霞总是有求必应。

身为母亲,斯霞把自己全部的爱与情都倾注在了她挚爱的这份工作上。她和孩子们一同游戏,一同欢乐,随时注意观察他们的一举一动,每一个孩子的特点她都了如指掌,即使是最细微的变化,也能迅速地觉察。"咦,那个孩子怎么趴在桌子上了?他平时可是爱说爱动的,是不是不舒服了?"斯霞走过去摸摸孩子的头,果然是发烧了,她立即送他去学校卫生室。

许多曾受过斯霞老师耐心教育和热情关怀的孩子,亲昵地对斯老师说:"您就像我的妈妈一样。"这句话里,包含着孩子们多么深切的感情啊!

斯霞具有如此宽广的胸怀,即便是学生伤害了她,她不但丝毫不放在心上,却依然关心他们的成长。"文革"期间,斯老师最喜欢的一位女学生被逼着给她写了大字报。一天放学时,这位同学从大字报栏旁经过,发现斯老师正在看她写的大字报,她不安地停下脚步,因为实在不敢从斯老师身边走过。斯霞见了,毫不介意地把她叫到身边,对大字报中攻击的言词一字未提,却细心地指出了几个错别字。多年后,许多学生向老师表达自己的忏悔,斯霞淡淡一笑,说:"你们懂什么,那时候还都是孩子!"

一生矢志教育,勤奋耕耘,默默奉献

1960年,斯霞被评为全国"三八红旗手"和"儿童教育先进工作者",并出席了全国文教群英会,见到了敬爱的周总理。可是"文化大革命"中,她却因为对学生母亲般的关爱,被戴上"反动学术权威"的帽子。为此,她那拿惯了粉笔的手只好成天同扫帚打交道,扫大街、扫厕所。但她对此毫无怨言,这位50多岁的老人,默默地承受一切,等待着重新返回讲台的那一天。

1976年10月,当"四人帮"被粉碎的消息传来时,斯霞和千千万万的正

义之士一样感到异常的欢欣鼓舞。从此,曾经压在她身上十多年的那块屈辱的大石头终于被掀了下来。属于她的崭新的日子,款款迎面走来。

1977年,67岁高龄的斯霞又回到了大石桥小学(即现在的南师大附小),继续担任一年级教师。她重新整理了过去"五年制试点班"那套多快好省的教学经验,并积极进行新的实验、探索。这学期,她只用13周就将教材教完了,剩下三分之一以上的时间,除了给学生复习、巩固外,还增加了许多新的教学内容,使学生掌握了更多的东西。

"壮心惜暮年"。斯霞深知人的生命是要受自然法则限制的,她下意识地与时间赛跑。早起点,晚睡点,这是她多年来形成的习惯;菜就少买几次吧,把这个时间用在工作上更有价值;她当时住在校外,上班有半个小时的路程,又没有方便的公共汽车,每天来回都是一溜小跑。她要节约这一分一秒的时间,用来研究教学,用来培养青年教师。

斯霞一生把孩子和学校当成自己的家。她一生从不追求什么名利,也不考虑个人的任何东西。所以从解放前一直到解放后,直至"文革"结束,她都一直居住在学校一个不足8平方米的阁楼上。房子四周是用木板隔开的,房顶是个像浴室一样的通窗,没有顶,也不隔音。房内陈设简单,一个用了几十年的木制双人床,一个陈旧的五屉柜,两只破箱子,一个书桌和一把椅子是从学校借的。这些就是她家全部的"家当"。就在这样一个小房子里,她们全家生活了20多年。

1978年,斯霞当选为中共南京市委委员,同时被任命为南京市教育局副局长。按规定,这一级干部出门有小车代步,还能享受福利分房。但一生清贫的斯霞出人意料地婉拒了这一切。她说,自己一辈子都在讲台上,没有从政的经验,于她而言,没有比做教师更适合自己的岗位了。无奈,市里又提出让她享受副局长的待遇,她也坚辞不受。直到1995年退休,默默在小学教师的岗位上耕耘了一辈子的斯霞,还是以一个普通教师的身份办理的退休手续。所谓德高望重,德艺双馨,斯霞老师用自己的刚正、纯洁,树起了一个大写的"人"。

矢志不渝,晚年仍对教育疾呼

1989年南京举行斯霞八十寿辰教育思想研讨会,八十高龄的斯霞和自己的大儿子孙复初老师分析了当时教育的情况,提出了对学生学习负担过重、高分低能的现象非常担忧。最后斯霞口授、孙复初执笔,写了一篇短文《减轻学生负担,救救孩子们》,刊登在《江苏教育报》上。这是在报刊上最早发出这样呼吁的文章。

2001年,孙复初和清华大学几位老师陪同清华大学杨副校长去常州,出席由常州教育局举办的一个教育研讨会。上火车之前他拿到《南方周末》,该报以大体黑字《是天堂还是地狱——黄冈高中高考神秘的背后》为标题,头版头条刊登了一篇报道。他当即给母亲斯霞打了电话,说准备在研讨会上讲一下这篇文章。斯霞很肯定地说:"你要讲,要去呼吁。"在母亲的鼓励下,孙复初壮了胆子在会上发言,最后读了这篇文章,并大声呼吁:"老师们啊!救救在应试教育下挣扎的孩子们吧!"

2003年冬天,斯霞老师到北京暂时居住,中国教育报刊社的社长刘堂江先生知道后,马上带《中国教育报》一位老编辑农涛去采访她。他们为此专门写了一篇采访报道登在第一版上。当时农涛先生希望斯霞能够谈谈对当前应试教育的意见,斯霞老师当时憋了一会,讲不出来。客人走后,斯霞对儿子孙复初说:"他们问我,我脑子里想得很清楚,怎么就讲不出来呢?"于是孙复初就对母亲讲了一些斯霞之前谈过的反对应试教育的观念,斯霞连连点头,说:我想讲的就是这个意思。之后她又有点无奈地说:我年纪大了走不动了,想讲的也讲不出来,别人来信我也回不了,我心里很着急。你这个做老师的,你要去讲,要去呼吁啊!"你要去讲,要去呼吁啊!"斯霞当面对大儿孙复初讲的这些话,对孙复初影响很大。后来孙复初老师也开始为教育疾呼,宣传母亲对现代教育发展的一些观点。直到现在,孙复初老师由于青光眼的眼疾,已经看不见自己的手指头,看不见笔尖,也看不见自己写的字,但还是坚持写博客——教育问题系列谈,在网上和教育界引起了很大的影响。孙复初在接受记者采访时说:"再艰难,我也一定要写下去,因为这是妈妈让我写的。"①

2004年1月12日,一生在小学教育奉献肝胆的斯霞与世长辞。消息传来,整个南京都沉浸在一种沉痛的情绪之中。这么多年过去了,仍有无数的人会思念她,怀念她,她的音容笑貌,仿佛还在眼前,她的谆谆教诲,一直回想耳边。做老师,当如斯霞,大爱无声,做教育,当如斯霞,名垂千古!

教育启示

在课堂上,斯霞从来不把学生当作一只空口袋,拼命往里灌知识。她

---

① 孙复初著:《母亲的嘱托——纪念斯霞老师诞辰100周年》,花城出版社2010年版。

把主要精力放在启发诱导上,主张丰富学生的想象和理解能力,即使对刚刚入学的一年级学生也不例外。斯霞善于根据儿童的特点,采取多种多样的形式,来唤起学生,特别是低年级学生的兴趣。她觉得学生只有产生了兴趣,注意力才能集中,新的知识才能轻松愉快地接收进去。譬如读书,斯霞经常采用的就有好多种。有教师或优等生的领读,有指名读,有分组读,有好生差生搭配读,有分角色读,有对读,齐读……这样虽然读了多遍,由于变换了花样,学生们仍然感到新鲜,并不觉得厌烦。如此下去,读多了,成熟了,课文中的语言自然而然地进入到学生们自己的语言中去。

凡是听过斯霞讲课的人,还有一个共同感觉,那就是她和学生自始至终融为一体。学生既是教学的客体,又是教学的主体。在她的课堂上,教师的提问往往比讲述多,学生的发言往往比教师多。用斯霞的话说,这样就把学生的精神提了起来,积极性调动起来,组织他们去思考问题,提高了课堂教学的效果。

在传授知识的同时,斯霞也撒下了爱的种子,学生们也都把她看成贴心的母亲一样,爱戴她,尊敬她,有话愿意向她说,有事愿意找她讲。毕业离校了,学生们还保持着和她的联系。教师职业道德的核心原则就是忠诚于人民的教育事业,这个原则表明教师热爱教育、立志从事教育的态度,体现了人民教师献身教育事业的精神。斯霞无怨无悔,坚定地走在教改的道路上,她在日记写道:"当我在党的教育下,逐步树立了一切为着孩子的成长,一切为着祖国的未来这样的信念时,我千方百计地去钻研我的工作,如饥似渴地去补充我的知识,再苦、再累也心甘情愿,有了这个信念,个人的安逸、家庭的幸福,如有必要,我都能牺牲;有了这个信念,什么样的屈辱我都能忍受,什么样的磨难我都不怕;有了这个信念,所有那些瞧不起'孩子王'、瞧不起小学教师的世俗观念,都不能使我动摇,我都可以像抹去一缕蛛丝一般把它丢在一边……有了对所从事工作的执著热爱,再平凡的岗位也可以做出不平凡的贡献。"

这就是一颗有爱的心,它是如此馥郁芳香;这就是一个有爱的人,她是如此圣洁高雅。从事小学教育50多年,这位温和、善良、坚强的江南女性,把慈心母爱如涓涓细流般滋润了无数孩童的心灵,把知识和财富撒遍四面八方。她用她的爱,告诉世界,当我们可以选择被尊重地活着,人的潜力是可以如此的巨大。由此,我们才有信仰,我们才有感恩,我们才有回报,我们才懂奉献。

参考文献

1. 孙复初.母亲的嘱托——纪念斯霞老师诞辰100周年.广州:花城出版社,2010
2. 杨林国.追寻教师美德——斯霞老师德性解读.南京:东南大学出版社,2007
3. 斯霞.我的教学生涯.上海:上海教育出版社,1982

赤子之心教语文，戴着镣铐跳好舞

——记全国名师钱梦龙

人物素描

钱梦龙(1931—)，男，上海市人。特级教师，全国教育系统劳动模范。历任嘉定第二中学语文教师、嘉定县实验中学校长、上海市民办桃李园实验学校校长。曾兼任教育部中小学教材审定委员会学科审查委员、人民教育出版社中学语文教材特约编审、语文教育艺术研究会会长等。长期从事语文教学，成绩显著。著有《语文导读法探索》、《导读的艺术》、《和青年教师谈语文教学》等。

钱梦龙

经典语录

★ 教师者,不失其赤子之心也。

★ 镜里朱颜无计驻,为伊心上留春住。"伊"就是我钟爱的语文教学,永远的精神支柱!

★ 对自己挚爱的事业,要以恋人般的痴情,信徒般的虔诚,革命志士般百折不挠的意志,一以贯之、无怨无悔地紧追不舍。我这个人,要学历没学历,要资格没资格,要智慧没智慧,我靠的是什么?就是这份对事业的执著,这份如痴如醉全身心的投入!

★ 我的人生格言:自尊不自大,自主不自是,自信不自负,自谦不自卑。

★ 做事力争上游,不甘于平庸;对人胸无城府,宁可失之天真。

★ 人的能力暂时低一些不要紧,但心中的标尺不能低。

"差生"钱梦龙变成"优秀生"

1980年2月初,上海《解放日报》、《文汇报》都以第一版整版的篇幅刊登了新评出的,包括钱梦龙在内的全市36位特级教师的照片。这是"文化大革命"后第一次以这样隆重的方式展示优秀教师的形象,报纸一经出版发行,立即引起了社会轰动。在这36位特级教师中,大多早已在上海教育界享有盛名,只有钱梦龙名不见经传,是个例外。"钱梦龙是谁?怎么从来没听说过?"不少教师也发出了这样的疑问。也难怪,按照规定,仅初中学历的钱梦龙,即使作为一般中学教师也是不合格的,怎么能与"特级教师"联系到一起呢?

时光回溯到上个世纪的40年代。小时候的钱梦龙顽皮好动,不爱学习,成绩极差,到小学五年级的时候已创下了三次留级"记录"。老师送给他的评语是"聪明面孔笨肚肠"。他自卑起来,完全丧失了进取的信心。但在后来,他幸运地遇到了一位终生难忘的好老师——武钟英先生。

当时的武钟英先生教国语兼钱梦龙所在班的班主任,上课的第一天,他就把"久负顽名"的钱梦龙叫到办公室,拿出一本《王云五小字典》,对他说:"现在我教你四角号码查字法,如果你能学会,就可以证明你不是什么'聪明面孔笨肚肠'。你想证明一下自己吗?"年幼而自尊心极强的钱梦龙当然很想验证一下自己到底是不是真笨了。在武老师的指点下,他很快学会了这种查字的方法,这使他信心大增。接着,武老师又给钱梦龙布置了一项任务:今后学习新课之前,由他把课文里的生字从字典里查出来抄在黑板上,供同学们预习。如此一来,一个长期被同学们看不起的"老留级生",居然还能承担如此光荣的任务,钱梦龙自然感到从未有过的自豪和振奋!从此,找到了自信的钱梦龙振作起来,一心向上,发愤读书,成绩大有进步,到六年级时,他的一篇作文被推荐到县里的一家报社,后来居然发表了。看到自己的文字印成了铅字,钱梦龙心里乐开了花,以后更加发愤了。

最难忘的是领小学毕业证书和成绩单的那一天。当武老师把成绩单发到钱梦龙手里的时候,亲切地拍着他的肩膀说:"看看我给你写的评语吧。"他打开一看,"该生天资聪颖"!他顿时明白了,这是武老师两年来帮助自己一步步克服自卑、自弃心理的结果啊。至此,"聪明面孔笨肚肠"那句话投在这个少年心灵上的阴影,已被自信的阳光驱散得无影无踪了。此后,当他进入初中的时候,已经是一个酷爱读书的少年郎了。

"可以毫不夸张地说,正是武钟英先生用他真挚的爱心和出色的教育艺术,把我从'差生'的路上拉了回来,乃至改变了我的一生。"钱梦龙后来在回忆自己童年的成长之路时意味深长地说。①

摆脱差生阴影后的钱梦龙,是一位不折不扣的优秀生。升入初中后,钱梦龙忽然对古今中外的文学作品发生了浓厚的兴趣。最初读的是《唐诗三百首》,因为爱读,便加倍用心思去体味,并求父亲买了《辞源》,查诗中的生字、典故。后又买了一本《诗韵合璧》,通过自学弄懂了诗韵和平仄。他悟到,凡是自己喜欢并且思考过、理解了的东西,其实是很容易记住的。就这样,他每天背几首,不到半年,就把一本《唐诗三百首》全部背下来了。再后来,他又开始读词选《白香词谱》,读袁枚的《随园诗话》,之后又读《古文观止》,和当代作家的诗文、翻译作品,以及鲁迅的著作,等等。书读得多了,有时就触类旁通,并从中得到"每有会意,便欣然忘食"的乐趣。读书又引起了他写作的欲望。从此,他开始痛下决心,向自己不光彩的"留级史"告别,他决心向其他学科进军。学习过程中他发现:自己的理解力和记忆力,也随着读写能力的提高而提高了。本来最怕的数理学科,也学得轻松起来。

由此,他还摸索出一条行之有效的经验:课前先自己阅读教材,自求理解,到听课时随时把自己的理解和老师的讲解对照、比较;无论同或不同,

---

① 沈祖芸:《钱梦龙:我的脚下永远是起点》,《中国教育报》2006年4月27日。

都问个"为什么",细心体会。这样,单一的听讲变成了一种全方位的思考,既把知识学活了,又学得轻轻松松,饶有趣味。初中毕业时,他的各科成绩单上都大写着"优秀"。

第一个想到的就是当教师

也许,你却以为年少时的坦途,会在这个意气风发的少年身上继续前行。如若顺利,中国也许会多出一位大文豪。可这时,母亲病逝,家道中落,令只读了三个多月高一的钱梦龙不得不万分不舍地离开了自己心爱的校园。在家呆了半年左右后,恰逢上海解放,翻天覆地的变化激起了他投身社会的热情。

可是此时,去干点什么好呢?

这时候,他脑海里第一个浮现的是武老师的身影,他第一个想到的,也是唯一能想到的,就是当教师。因为他的心中装着一位教师的完美形象,是他使自己切身感受到了教师工作的崇高和不同寻常的意义。

于是,他来到嘉定县城西门外的一所初级小学去毛遂自荐,居然感动了校长,让他当了一名义务教师。这,正是钱梦龙教师生涯的开始。

一开始,钱梦龙就不甘心只当个混饭吃的教书匠。在他心底,有一杆标尺——当一个像武老师那样对学生倾注爱心的好老师。

起初,钱梦龙担任的是义务美术教师,但仅一个学期,他就得到了一位中学校长的赏识。1950年开始到中学兼课,1951年成为专职中学语文教师。人们觉得奇怪:一个仅有初中学历的青年教师,怎么可能胜任这样的教学任务?但是钱梦龙之所以是钱梦龙,自有自己的方法。他有两条制胜法宝:一是学生时代打下的扎实的国文基础,二是教学中的"反求诸己"的策略。

上中学的时候,钱梦龙的国文成绩已相当突出了。他爱读书,也爱写作;为了写好文章,阅读时他又养成了爱琢磨文章的习惯,尤其是在国文课上,每次在老师开讲新课之前,他总要先把课文好好地预习好几遍,到听课时就能把自己的理解和老师的讲解相互印证、比较。这种学法,触类旁通,使单一的"聆听"变成了全方位的"思考",不但知识学得活,而且锻炼了思维能力。课外,他博览群书,古典的、现代的、中国的、外国的,诗词、散文、小说、理论,都爱随便翻翻;由于爱写作,又独自创办了一份名为《爝火》的壁报,自己撰稿,自己编辑,定期刊出。就这样,在不间断的阅读和写作中,他的知识积累和语言表达能力明显高出了同龄人,这又反过来促进了他课

内的国文学习。每次国文考试前,他都从不需要像人家那样死记硬背地复习,但都稳稳当当地名列榜首。可见,虽然只是初中学历,但他的语文"学力"事实上已远远高于了初中。

钱梦龙在教学方法上比较善于体悟。《诗》云:"伐柯伐柯,其则不远",早年学习国文的这些经验给当了教师后的他很好的启示,既然学得好,当然也可以教得好。初为人师时,他根本不懂什么教学法,但他深信,自学既能帮助他自己学好国文,肯定也能帮助他的学生学好语文。因此,在语文课上,他尽量调动一切手段,或提些有启发性的问题,或设置能引起学生思考的悬念和情境,想方设法激起学生读书、求知的欲望和兴趣,这与当时语文教学中普遍采用的刻板的串讲法确实不一样,学生们简直如鱼得水,读书甚欢,学得比较主动,读书、写作的兴趣也很高,因此大受欢迎,教学质量的明显提升弥补了钱梦龙学历上的"先天不足"。

1956年,只有四年教龄、初中文化的钱梦龙成了高中语文教师,写出了生平第一篇教学论文——《语文教学必须打破常规》。这篇论文,标志着他的语文教学改革意识的觉醒。同年,他被评为嘉定县首届优秀教师。仅仅26岁的他已经是这所县重点中学的高中语文教师、教研组长、优秀教师。当时县教育局举办教师暑期培训班,还聘他去担任语文班的主讲教师,为比他年长得多的语文教师讲课。

遗憾的是,1957年,27岁的钱梦龙怀着"帮助党整风"的满腔热忱坦率建言,却因此戴上一顶"右派"的"桂冠"离开了讲台,被发配农村监督劳动三年半。1961年回到学校,只教了五年书,一场史无前例的"文化大革命"又来了,钱梦龙作为"牛鬼蛇神"又被关进了"牛棚"。1976年,得以平反昭雪后的钱梦龙依旧沿着自己的老路进行着"闭门造车"式的语文教学探究。

经历过苦难与屈辱,钱梦龙比谁都更加珍惜生命与光阴。只要一走上讲台,他便激情澎湃,痴心不改地在求索之路上寻觅着教书育人的真经。

戴着镣铐也要跳好舞

1979年下半年一次"天上掉下来"的机缘,一下子把钱梦龙的名字和"特级教师"的荣誉称号紧紧联系到了一块儿。①

那天,上海市教育局决定在钱梦龙当时所供职的嘉定二中召开上海市郊区重点中学校长现场会,会议的一个内容大概是研究课堂教学问题,并

---

① 沈祖芸:《钱梦龙:我的脚下永远是起点》,《中国教育报》2006年4月27日。

要求所在学校提供上课的实例进行观摩。因平时钱梦龙讲课反响不错,学校临时决定让他准备一堂课以供观摩。但他当时正负责学校的黑板报工作,时间紧,没有时间备课;任务重,郊区重点中学校长都来观摩!他心想:反正我平时就这么上课,校长们来听我的课,就请他们吃一顿"家常便饭"吧。

那天来听课的校长还真多,把一个大教室挤得满满当当的。讲台上,钱梦龙执教文言文《愚公移山》,他用自己研究出来的基本式教学法授课,在学生自读的基础上,结合对文章内容的理解,通过师生对话,引导学生体会文言词句的含义和表达作用。这样教读文言文,学生学得主动,课堂气氛生动活泼。这堂课,令听课的重点中学校长们和市、区教育局领导耳目一新,并给予了极高的评价。

后来教学实录在《语文战线》杂志发表后,当时上海市教研员徐振维老师这样评价:"钱梦龙《愚公移山》的教学震动了大江南北。"福建省教科所程立夫还曾把他的《愚公移山》教学实录作为学习资料印发给全省语文教师参考。不久,在另一现场会上,钱梦龙又以《观巴黎油画记》一课的教学再获好评。1979年底,只有初中学历、且刚被摘掉"右派帽子"的初中语文教师钱梦龙当之无愧地被评为"上海市特级教师"。

有人说,钱梦龙的机遇好,如果没有那次市级会议的听课,他怎么可能脱颖而出?有多少教师在孜孜以求,有多少才俊在独领风骚,为什么单单是钱梦龙?事实上,钱梦龙成功的奥妙不在于别的,正是在于他多年来的勤于思考和巧琢磨。

一线语文老师普遍认同这样的事实:语文难教。钱梦龙在从教几十年后曾列举了三条难教的理由:一是最容易受批评;二是考试特烦琐,刁钻古怪的题目,无所不包的"知识体系",使师生都有防不胜防的恐惧感;三是教学目标最难把握。对此,他发出这样的沧桑之叹:教语文是"戴着镣铐跳舞"。但他并没有停留在悲叹之中,而是积极寻求突破,喊出了"戴着镣铐也要跳好舞"的响亮口号。

钱梦龙认为纵观传统的语文教育,不是"填鸭"——老师滔滔讲授,便是"牵羊"——琐碎频繁的师生问答,或课外用"题海"来弥补课内训练的不足。这样一来,学生的学习主体性被长期压抑,老师越俎代庖,师生"互动"变成一种徒具形式的问问答答,真正意义上的语文训练不是太多,而是太少。这也正是学生总体语文素养不高的症结所在!所以,语文教育一定要认真地、实事求是地面对训练、研究训练。

他提出,训练有三个要件,缺一不可,即:教师的指导、学生的实践和师生的互动、合作。真正用"训练"的要求教读一篇课文,老师必须着眼于指点阅读的门径,学生则致力于自求理解,自致其知;老师当然也要提出一些问题,但它们必须是能够引导学生进一步阅读课文的富于启发性的问题,提问的目的不在找个答案,而在于把学生的思维引导到文本上来。训练的终极目标是什么?可以借叶圣陶先生的话来回答:"学生须能读书,须能作文,故特设语文课以训练之",最后达到"学生自能读书,不待老师讲。自能作文,不待老师改"。这才是名副其实的语文训练。

基于此,钱梦龙提出"学生为主体,教师为主导,训练为主线"的导读教学法。他认为,这三者不是静态的排列,而是对教学中师生"互动过程"的一种概括性表述。从这个意义上说,导读的过程也就是训练的过程;高质量的、生动活泼的训练,是导读成功的必要条件。

他很早就进行过这样的实验:在两个条件大体相同的班级中,用不同的教法、在四个课时内教同一篇课文《一件小事》,以观察其不同的效果。甲班完全由教师讲授,各个知识点力求讲深讲透,语言力求生动,学生在听讲过程中记录详细,课后作业也在课内作了详细的指导。乙班采用学生自读、思考、讨论,教师只作重点指导的教法。先布置自读,要求学生按课后练习题所提示的几个方面理解课文,并提出疑难问题。进而引导学生进一步细读课文,然后以《谈谈〈一件小事〉中的'我'》为题,写出发言提纲,为课堂上的论辩做好准备。经过周密的讨论后,再让学生按照发言提纲和讨论后对"我"的认识写成作文。

实验结果:一个学期过后,以"突袭"的方式对着两个班进行测试,题目以《一件小事》的课后练习题为主。出乎意料的是,没有做过课后练习题的乙班成绩远远超过了甲班。由此他认为,只有把学生组织到一个以"训练"为主的教学结构中去,才能实现学生主体地位和教师主导作用的和谐统一。

有了这样的理念,钱梦龙每备一篇课文,总要先反复阅读,细细揣摩,直到认为确实已经读出了味儿,有了个人的心得,才考虑"教什么"和"怎样教"。在他看来,语文课上的"教",无非就是教会学生读文章,因此,语文教师首先要自己学会读文章,然后把自己读文章的思路和方法"教给"学生,并指导学生在"读"的过程中逐步摸到门径。如果教师在指导时还能注意激发学生独立思考的兴趣,多下些启发、引导的工夫,让学生不时品尝到有所领悟和收获的快乐,那就是教学的理想境界了。所以,在钱先生的课堂上,有教师必要的讲授,也有学生默默的读书;有教师提问学生,也有学生提问教师;有七嘴八舌的热烈争辩,也有交头接耳的"窃窃私语"。这种独创的教学法越来越多地受到了学生的欢迎。①

他把课堂当做一件件艺术品来精雕细刻

在实际教学中,钱梦龙把一堂堂语文课当做一件件艺术品来精雕细刻;而他的学生,也把他充满智慧的教学课堂,看成了自己汲取知识的海洋。

在组织教学中,为了引起学生的学习兴趣,调动学生积极思维,他用足了脑子。例如:有一次学习新课《人民英雄永垂不朽》。课前他把人民英雄纪念碑上十幅浮雕挂图不分次序地挂在黑板上,然后又制止了拿书准备"自读"的学生,告诉大家不要看书。上课了,他要求学生调动已有的历史知识,仔细观察挂图,根据每幅画的背景、人物,用自己的话分析是什么历史事件,再给各幅画加上标题,并按时间顺序把它们排好。学生觉得太难,要求看书,但老师故意不让步,最后经过"讨价还价",允许他们只准看书十分钟。于是,同学们仿佛占了"便宜"似的,迅速高兴而紧张地忙开了。这样,老师真正做到能从学生出发、为学生着想,精心构思教学步骤,课堂效率当然就提高了。

对于一些成绩差的学生,钱梦龙采用的是"激励、唤醒、鼓舞"的方式,帮他们进步和提高。有一次,他接了一个初二的"双差班"。在第一堂作文的讲评课上,同学们拿到作文本后,发现都得了较好的成绩。平时常"吃"不及格的学生们,还认为老师开玩笑,钱梦龙却十分严肃地告诉他们:大家的作文完全符合我提出的两项要求。原来,这次题为《我的一家》的作文,他只提了两个基本要求:一是标题必须写在第一行的正中;二是文章要分段,家里有几个人就分几段,每段起始必须空两格。提完要求,钱梦龙还表示:非常担心大家没能力做到这两点。在郑重宣布了评分依据后,他又谈起了自己那段"差生后进"的历史,学生们听着听着就动情了。最后,他语重心长地说道:"别小看这一次的两个要求,以后每次作文,都要提一两点要求。只要一点、一点地努力去达到这些要求,成绩保证不会比别的班差。"就这样,在他的循循善诱以及卓有成效的指导下,这个班的整体成绩迅速提升。

近年来,钱梦龙又行走于各地讲学,呼吁回归语文教学的本体,寻找丢失的教学之"魂"。他认为当前有一种把"语文素养"概念泛化的现象,他明

---

① 沈祖芸:《钱梦龙:我的脚下永远是起点》,《中国教育报》2006年4月27日。

确指出:"语文素养"就是"语文的素养",它包括必要的语文知识,一定的语文能力,对民族语的深厚感情和正确态度,健康的文学欣赏趣味和较宽的文化视野。其中,语文能力是核心。而在"听、说、读、写"四种基本能力中,"读"又是基础。他强调,语文素养概念的泛化,可能导致操作的偏差。只要我们能"唤醒"学生读书的欲望,使学生真正成为一个书香满身的人,他的语文素养还会不高吗？

为使自己的观点更明了,钱梦龙引用了叶圣陶曾说过的一句话:"教,是为了不教。"继而进一步引用叶老致语文教师的书信中的一段话作为诠释:语文老师不是只给学生讲书的,语文老师是引导学生看书、读书的。一篇文章,学生也能粗略地看懂,可深奥些的地方,隐藏在字面背后的意义,他们就未必能够领会。老师必须在这些场合给学生指点一下。只要三言两语,不要啰哩啰唆,能使他们开窍就行了。老师经常这样做,学生看书、读书的能力自然会提高。

我的脚下永远是起点

华东师范大学的谭惟翰教授评价钱梦龙说:钱梦龙是个"不安于现状"的语文教师,他不满足于做一个"合格的语文教师",而立志做一个"语文教学的专家"。从教一开始就有这样雄心壮志的钱梦龙,在不断的理论联系实际中悉心研究、实践、探寻着语文教学的特殊规律。多年来,他的杰出成就也为人们所津津乐道。

2006年4月15日下午,上海嘉定影剧院——区内可容纳人数最多的场馆。"钱梦龙先生从教55周年庆祝活动"隆重举行。五湖四海的学生、不同年代的弟子、携手的同行,都在这一天齐聚一堂,向他献上最真挚的祝福。

有一位专家的贺词令记者印象深刻:"先生姓钱,却没有多少钱,作为人民教师,他选择了清贫;然而先生却精神富有,因为他一生有'梦',梦的左边是理想,梦的右边是追求;无论是理想还是追求,都只为肩上的一份责任——培养一代又一代龙的传人。"掌声响起,对"钱梦龙"姓名的全新诠释博得了与会者的一致认同。在庆祝会上,语文特级教师陈钟梁如此感言:钱梦龙先生将中国传统文化的精粹——书法、绘画、诗词集于一身,他当语文教师再合适不过了。

然而,钱先生自己却慨叹:我唱着"心头自有春无限,扑面何妨料峭风",我唱着"镜中白发三千丈,眼底红英十万枝",一路磕磕绊绊却又踏踏实实地走到了春光明媚的今天。这都是因为我钟爱的语文教学。他告诫自己:"我是一个精神上的长途跋涉者,我的脚下永远是起点。"

尽管1993年钱梦龙就办理了退休手续,可是他依旧一如既往地关心着语文教育的今天和明天,为教育的发展献言进策。长期以来,他始终把自己定位为一名普通的一线教师,他习惯于从一线角度理性看待一切新理念,默默地奉献与耕耘。在他看来,有些不破的真理、不逝的经典以及不褪的本色在任何时代都不会被淘汰。

教育启示

早在1986年,华东师范大学的谭惟翰教授就评价说:上海特级教师钱梦龙是个"不安于现状"的语文教师,他不满足于做一个"合格的语文教师",而立志做一个"语文教学的专家"。从教一开始就有这样雄心壮志的钱梦龙,在不断的理论联系实际中悉心研究、实践、探寻着语文教学的特殊规律。经过几十年的探索和实践,他形成了自己一套相当完整的"三主四式"语文导读法,这奠定了他在中学语文教育界独树一帜的地位。①

对于自己的成功经验,钱梦龙自己总结说:一个人在中学(尤其是初中)阶段打下厚实的语文基础,知识面广,能读善写,对他今后(乃至毕生)的发展,其作用比通常想象的要大得多;一个教师如果能从自己的发展过程中悟出某些带有规律性的认识,用以指导自己的教育教学实践,他就很可能成为一个教育艺术家或教学的艺术家。一个"基础",一个"规律",充分证明了以一课打响的钱梦龙,他的成功之路并不是偶然。

2005年,76岁高龄的钱老在"全国第四届新教育实验研讨会"主办方的一再邀请下,为参会的老师们上示范课。当这堂少浮华重平实的课遭到质疑时,主办方代表、著名中学语文特级教师李镇西在钱老的报告后对与会者讲了一件事:最初,钱老接受邀请后准备上《死海不死》一课。后来,又考虑到听课的学生都是高中生而换成了《世间最美丽的坟墓》一课。但是在参会前他又换了。他说,老用自己上过的课去讲不大好,就挑了一篇课外阅读文《睡美人》。②这个内容,此前钱老并未上过。敢于在76岁的高龄挑战自己50多年创造的辉煌,再次说明,无论是初出茅庐,还是已然成为教育界的大师,钱梦龙永远将脚下当成起点。这种敢于挑战自我,勇于不

---

①② 沈祖芸:《钱梦龙:我的脚下永远是起点》,《中国教育报》2006年4月27日。

断超越自我的精神无疑是值得我们学习的。

钱梦龙的成功还离不开他对教育的这份热爱,用"如痴如醉"来形容钱梦龙对语文教育的热爱,那实在是太恰如其分了。从他带着一颗感怀恩师的赤子之心站上讲台,他的这一生,便与教育再也分不开。人贵在爱了,一旦爱上,便一如既往,矢志不移。正因为热爱,他一生刻苦钻研教学,为了更好地教学,让学生更好地学到知识,他推崇灵活、高效教学,提出了一系列行之有效的教学方法,影响后世。

钱老热爱教学,更热爱生命。他的生活从不单调。办公室毫不奢华,但满目的书和植物,以及四壁的诗画摄影,都将一位老人生活的情趣和对生命的热爱展现得淋漓尽致;70岁开始学电脑,学会了上网查找资料、发Email与人沟通、用QQ即时切磋交谈……如此乐此不疲。这位对生活和事业极度热爱的老人,散发出高洁的人性光辉。

参考文献

1. 沈祖芸.钱梦龙:我的脚下永远是起点.中国教育报,2006-4-27
2. 教育部师范教育司.钱梦龙与导读艺术.北京:北京师范大学出版社,2006
3. 钱梦龙.我和语文导读法.北京:人民教育出版社,2005

让农民的孩子受到最好的教育
——记全国名师杨瑞清

人物素描

　　杨瑞清(1963—)，男，南京市人。江苏省十大杰出青年、十佳青年教师，全国教育系统劳动模范，全国师德先进个人。1981年从南京晓庄师范学校毕业后，主动请求到条件艰苦的南京市江浦县五里大队小学任教。20多年来，为实践陶行知教育思想献身乡村教育，他先后创办了行知实验班、行知小学、行知基地，开展了"不留级实验"、"村级大教育"以及"赏识教育"研究，现任南京浦口区行知小学校长。

杨瑞清

经典语录

★ 最好的教育就是让学生能在这里快乐成长、成人。

★ 办农村小学要学会联合,教农村孩子要学会赏识,当农村教师要学会自信。好的乡村教师,第一有农夫的身手,第二有科学的头脑,第三有改造社会的精神。

★ 我在乡村小学20多年没挪过步子,我一直坚持走行知之路,所以就使得我所做的事情有了一个好的局面。我坚信任何一个人只要肯把10年、20年的生命集中起来做一件事,一定会有一个大气象。

★ 让每个班级成为爱的磁场,让每个家庭成为爱的港湾,让每个生命成为爱的化身。达成被爱,让每个生命成为爱的聚焦;引导施爱,让每个生命成为爱的源泉;启发自爱,让每个生命成为爱的堡垒。

激情满怀,18岁少年立志乡村教育

"我是农民的儿子,虽然我跳出了农门,但看到农村的教育还很落后,很多农民的孩子不能上学,更不能上好学,我感到揪心如焚。多年来,陶行知先生'为一大事来,做一大事去'的伟大精神,一直在强烈地感召着我。我想,城里的孩子是祖国的花朵,乡下的孩子也是祖国的花朵啊。为此,我决心要到最偏僻、最艰苦的地方去办学,为农村教育事业的发展,贡献自己全部的青春与力量!"

这是1981年,时年18岁的杨瑞清刚从陶行知创办的南京晓庄师范学校毕业时,向党组织递交的志愿书中写下的一段话。

早在三年前,杨瑞清刚初中毕业时,正赶上"文化大革命"后的第一次中考。农村孩子出身的杨瑞清门门学业优秀,像许多渴望迅速参加工作的学子一样,杨瑞清报考了中专。当时,全乡总共有三位考生考取,杨瑞清就是其中的一个。填报志愿时,父亲帮他填上了"晓庄师范"。

这是父亲帮儿子做的最后一次决定,也是最重要的一次决定。做完这件事儿,父亲就病倒了,后来查出来是白血病。当学校录取通知书送达那天,病重的父亲已不能说话,他紧紧地攥着那张通知书,带着一丝安慰,平静地走了……

15岁的少年杨瑞清,背着简单的行李,带着刚刚失去父亲的痛苦,走进

了晓庄师范。在这所由陶行知先生创办于1927年的著名师范学校里,三年的刻苦学习和情操陶冶,让杨瑞清这个来自农村的懵懂少年有了"脱胎换骨"的变化。他全面了解了陶行知先生的生平事迹和教育思想,心中树立了一个光辉的榜样,心里慢慢萌生出一个信念——向陶行知先生学习,走行知之路!

一转眼就要毕业了。杨瑞清这一届正好是"文化大革命"后的第一批师范生,分配形势非常好,留城,到好学校去,成为很多同学竞相争取的目标。1980年底,在那次彻底改变杨瑞清人生道路的同学聚会上,有个同学提议:咱们也像陶行知先生那样,到最艰苦的地方去创办一所"行知小学"吧!这个提议,一下子在杨瑞清心中掀起了狂涛巨浪。我应该怎样实现自己的人生价值?整个春节,杨瑞清都在激动中度过,他的心完全被想象中的"行知小学"占据了。

飞扬的青春是无悔的,当激越占据主流,杨瑞清决心要把梦想变成现实。当毕业生杨瑞清把一封洋洋数千字的"志愿书"呈递给校长,并誓言要像陶行知先生那样将自己的一生奉献给农村的教育事业时,整个平静的校园都开始沸腾了。他一时成了大家议论的焦点。同学们都在为留在大城市而绞尽脑汁时,一向沉默寡言的杨瑞清却做出了一个让很多人感到难以理解的决定——回到农村,发展农村教育。

1981年夏天,杨瑞清的申请得到了批准,他被分配到江浦县建设乡五里大队小学,成了一名名副其实的乡村教师。这所学校地处偏僻,下了公共汽车还要步行七八里山路,一排简陋的破房子建在一个小山坡上,只有100来个学生,七八个教师,几间漏风漏雨的教室和一些破旧的课桌凳。杨瑞清就住在用芦席隔开的半间小屋里,一张木床,一口水缸,一个难伺候的小煤炉,就是他的全部家当。

杨瑞清刚来时,村民们见这个小伙子身材单薄,满脸稚气,不免露出失望的神情。村干部们也在背地里议论说,这个年轻人肯定是被好学校挑剩下来的,成不了什么大事。但是,杨瑞清依旧乐乐呵呵,他不但没有把这些误解放在眼里,相反依然忘我地工作。农村学校缺老师,尽管教学经验不太丰富,但爱岗敬业的杨瑞清还是立即就被校长器重起来,并被委以重任,挑起了重担。他当上了小学一年级的班主任,教5门课,兼任大队辅导员。

对于这个此生第一次接手的班级,杨瑞清无疑倾注了特别的情感。为了践行陶行知的教育理念,杨瑞清将自己手把手带的这个班命名为"行知实验班",决心用陶行知"爱满天下"的思想,不让一个孩子失学,不让一个孩子掉队,让五里村从此不再产生新文盲。

开学前,杨瑞清对全班学生进行一次普遍家访。随后,杨瑞清开始了他的"教学改革"。学生流失严重,杨瑞清就一个个盯住不放,反复做家长的工作;班里70%的学生都是留级生,学习基础不好,他就及时鼓励孩子,手把手地辅导;学生眼界狭窄,他就在班上搞了一个图书箱,摸索出一套简便易行的课外阅读管理办法,迅速扩大了学生的课外阅读量……

农民感到有些新奇:这个新来的老师倒挺认真的。

陶行知先生说,"生活即教育"。学校虽然没有先进的教学设备,却有美丽的大自然和丰富的农村生活,这些都成了杨瑞清取之不尽的教育资源,原先苍白枯燥的课堂教学变得生动起来。学生们夏天到长江里游泳,秋天去登山,国庆节开诗会歌会……以前让学生们厌烦的学校,现在成了他们最喜欢的地方!

所有这些,都被五里大队的村民们看在了眼里,大家纷纷奔走相告,学校里来了一个好老师。第二年春天,村民们拿出改革开放后挣的第一笔巨款——7万元,在小河边为学校盖了21间新校舍。年底,孩子们欢天喜地地搬进了新学校。原先从村里转学出去的孩子也纷纷回来了。乡亲们的支持让杨瑞清感动万分,这些善良敦厚的人们,虽然无法说出豪言壮语,但他们用最朴实的行动,表达了对于教育的支持!他暗暗在心底对自己说:就让我这样干他十年二十年吧,就让我在这里一辈子吧,把我的光和热,全部洒向这片深情的土地!而与此同时,五里大队小学的变化,也引起县、乡各方面的关注。

矢志乡村教育,好马也吃回头草

短短两年间,因为杨瑞清的到来,五里大队小学发生了巨大的变化。校舍明亮了,桌椅整洁了,校园里随处都是琅琅的读书声,到处都是孩子们纯真的笑脸,这一切的改变引起了当地教育部门以及全社会的关注。

1983年5月,杨瑞清突然接到一个调令——到共青团江浦县委担任团委副书记。很多领导、老师、亲朋好友都说,这可是个大好机遇,不可错过;也有人说,事业才开头,丢掉太可惜。矛盾中,杨瑞清服从了组织的调动。

在告别会上,孩子们一个个哭成小泪人,家长们也纷纷放下手头的农活,专程赶来为杨瑞清送行。村里的老支书拉住他的手,动情地说:"孩子,大伙是真舍不得你走啊。有你在这里,我们的孩子们才学得好,但是,我们又实在不忍耽误你的前途……"一席话,说得杨瑞清眼里泛起了点点泪光。

但组织的派遣就是任务,他无法抗拒。在团县委工作期间,杨瑞清努力熟悉业务,精心组织活动,工作十分繁忙,但他没有一天不想孩子们,不想念五里村那些可爱的乡亲父老们。两个月后,刚毅的杨瑞清下定决心重回五里小学。他诚恳地向团委领导提出申请:"做共青团工作不缺我一个,而扎根乡村教育却不能少了我!"

对于杨瑞清的选择,很多人感到不可思议,认为他太傻,白白断送了"美好前程"。他却说,陶行知先生当年留学归国,脱去西装革履,穿上布衫草鞋,捧着一颗赤诚之心,下乡为农民办教育,也有人说他是"傻瓜",可陶先生却写了一首诗回答:"傻瓜种瓜,种出傻瓜;唯有傻瓜,救得中华。"我不过是一个中师毕业生而已,为什么害怕人家说一声"傻瓜"?这个地方,根本就是我自己的语言啊。

基于多方考虑,县领导批准了他的请求,相隔四五个月后,杨瑞清终于回到五里小学。看到敬爱的老师重返校园,孩子们都高兴得欢呼起来。老支书逢人便说:"这个年轻人不简单啊!"

杨瑞清回来了,一批有志于农村教育事业的青年教师和师范毕业生也聚来了,五里村农民办教育的热情高涨,他们自发集资10多万元,为学校盖起体育室、音乐室、图书室、自然室,建立围墙、校门,安装体育设施。一时间学校办得红红火火,国内外同行纷至沓来,联合国教科文组织的官员也专程来学校考察。五里小学成了全江苏办学条件最好的小学之一!

1985年1月10日,五里小学被正式命名为"行知小学",成为江苏省第一所以"行知"命名的学校。22岁的杨瑞清被任命为校长。1986年夏天,"行知实验班"的学生以良好的成绩毕业,杨瑞清开始在全校开展"不留级实验"。那一年,他还考取了南京师范大学教育系的本科函授班……

联合办学,让梦想开出茁壮的花

进入20世纪90年代,行知小学受到越来越多的各方关注。各种省市级、国家级荣誉纷至沓来,不少外国学者还慕名前来参观访问。杨瑞清热情地敞开校门,迎接各方来客。但他没想到,之后发生的一些事情,会令自己陷入空前的烦恼和苦闷之中。

1991年6月,行知小学的第一届"不留级实验班"毕业。因为有免试直升的上方宝剑,学生们很大意,没有专门针对考试进行有系统的复习,也没有进行必要的考试训练。没想到临考前,教育局突然通知他们也要一并参加小学毕业会考。这一考,竟考了个全乡倒数第一。

可想而知,有多少流言飞语铺天盖地而来。人们的结论是——"不留级实验"空有其表。杨瑞清被请到教育局领导那里申辩,讲如何转化后进生,讲如何克服困难不让一个孩子留级,讲如何组织活动促进学生全面发展,讲了很多个"好"字,得到的回答却是反唇相讥:"一丑遮百好!"

在经历了这次事件之后,杨瑞清对待教改的态度有了很大转变:教育改革既要改造现实,又要适应现实。行知小学后来还一直坚持搞"不留级实验",但他们加强了基本功训练,不再犯把学习文化知识和提高综合素质相对立的幼稚毛病。特别是针对毕业班,一定要加强应试强化训练。

事实证明,行知小学毕业的学生虽然始终没出过特别拔尖的分数,但调查结果表明他们在上初中之后,后劲是很足的。此后全国在义务教育阶段都实行了不留级制度,不留级实验正好与此实现了很好的契合。

上世纪90年代,行知小学面临了巨大的困难,村里再也拿不出钱来支持学校了。当年修的校舍开始漏雨,墙上的粉刷剥落了,课桌凳也摇晃了,怎么办?随之而来的是教师队伍的不稳定。特别是那些表现好、成长快的青年教师,刚刚被培养成骨干,就迅而因为向往城市的生活而选择了离开。无奈之下,作为校长的杨瑞清只一次次地陪同新来的教师重新起步。看着心爱的学校一点点落后和陈旧,杨瑞清十分焦虑。而屋漏偏逢连夜雨,这时候偏偏他的健康也发出了警报,胃炎频频发作,经常痛得脸色蜡黄,腰都直不起来。

那段日子,没有人比杨瑞清更愁苦。为了走出困境,他做了很多尝试。开始,他想像苏南的一些学校那样,办校办工厂。他先后办过塑料管厂、扎绣厂,但都以失败告终,不但没有为学校带来良好的经济效益,反而欠下了更多的债。

后来,还是一件小事启发了杨瑞清。学校有一小块种植园地,是给学生搞小种植、小观察用的。杨瑞清带领学生在上面种了些爬山虎,很快,这种漂亮的植物就爬满了学校的围墙。后来就有人来向他们购买爬山虎的苗,没想到,这一小块地竟为学校带来了一两千块钱的收入。

"我渐渐明白,办工厂、闯市场,对我们来说就像李逵打水仗——不在行。要发展,就得立足自己的优势"。于是,他向农民要了更多的地,租了100多亩山地、坡地,办了一个几百亩的实验农场,有了自己的茶园、桃园、毛竹林,还有苗圃、花圃。

1991年,仿若茅塞顿开的杨瑞清提出创办"乡村大教育"的办学思想:以小学教育为中心环节,以幼儿教育为基础环节,以成人教育为延伸环节,以产业建设为中介环节,以基地建设为开放环节,以文化建设为相关环节,以队伍建设为保障环节,扎扎实实地开展乡村大教育。

1994年,正赶上孙云晓的《夏令营的较量》在全国产生了巨大影响,素质教育成为全社会的呼声。有城里的学校找到杨瑞清:"能不能把学生送到你那里去学学农?"杨瑞清立即表示欢迎。刚开始,学校条件很差,学生自己带铺盖,在活动室里打地铺。杨瑞清领着他们去农场干活,到农民家走访,到山林拉练。几天下来,尽管很苦很累,学生们却感到很新奇,乐此不疲,家长们也特别满意。

这件新鲜事马上被新闻媒体报道出来,引起了社会的关注,于是又有更多的学校要求来搞学农实践。南京市有关部门决定扶持行知小学办一个中小学生体验乡村生活的基地,筹款10多万元,帮他们建起了食堂和浴室,使基地初步具备了接待100人的能力。

1994年7月18日,在各方的努力下,"行知基地"正式挂牌,成为陶行知"生活教育"、"实践教育"思想的一个实践基地。市里陆续投入了300万元,把基地的接待能力提高到800人。不仅如此,基地还成为了南京市中小学素质教育的"活跃细胞",拥有200多张床位和配套的生活、活动设施,每年接待五六千城市中小学生进驻基地开展活动,成为全市中小学生向往的农村生活乐园。南京市区20多所重点中学和实验小学纷纷在基地挂牌定点,农村的小学生成了城里学生的"小先生"。来此参加活动的学生,他们也收一点住宿费、伙食费,每年有10万、20万的收入。有了这笔钱,学校的发展就有了很大的保障。

为了解决教师的问题,杨瑞清还与自己的母校——晓庄师范签订协议,使行知小学成为晓庄师范第二附属小学。他们为晓庄师范的学生提供实习见习场所、教育科研基地,晓庄师范为他们培训教师、推荐师范生、做业务指导。"这样一来,我们这个队伍,虽然流动得快,但成长得也快。只要成长的速度大于流动的速度,我们的教师队伍问题就能从根本上得到解决"。

"乡村大教育"思想的探索,使行知小学走出低谷。杨瑞清"学会联合"的乡村小学办学模式,也被审定为省级"九五"重点课题。该课题被中国陶行知研究会列为全国推广项目。

从2000年到2002年,南京市教育局和江浦县政府共投资900万元,按24个班的规模为行知小学建了一栋徽州民居风格的教学楼,还建起了食堂、运动场,内部装备也按教育现代化的标准配齐,电脑网络、图书仪器陆续到位。如今的行知小学,竟然会拥有200亩荷塘、700多种莲花,还有200亩的枣树园、80多种枣树。置身在这美丽的校园里,山村里的孩子学习起来是多么地带劲啊!这一切的改变,都来自于敢于探索的校长杨瑞清。杨瑞清多年来追求的"为农民建一所真正的好学校"的愿望,终于在硬件上得以实现。

用"心"推行赏识教育:激发孩子的潜能

除了实行"不留级制度",杨瑞清多年来一直在苦苦寻求教好农村孩子的办法。1995年5月,他在南京听了一场深受震撼的报告,是周弘老师介绍如何教育他的耳聋女儿树立自信,超常发展的。周婷婷成功的事例也告诉他,每个人的潜力都是巨大的,而开发巨大潜力的金钥匙就是自信心。自信心!这个突然跳入脑海的字眼一下子激活了杨瑞清对陶行知教育思想的领悟,他深切地意识到,周弘老师教育女儿的心态、方法,与陶行知的儿童教育观非常一致,这不正是他一直在苦苦寻找的教育方法吗?

为此,杨瑞清结合自己的教育实践、陶行知的儿童教育观和周弘的家教经验,提出了"赏识教育"理论。此后的日子里,杨瑞清和赏识教育一并出现在公众面前,渐渐在全国有了影响。此后,他专门向教育部申报的"实践陶行知教育思想,创建赏识教育特色的新型农村小学研究",成为全国教育科学"十五"规划的重点课题。"实际上,文山书海里不缺我们这一篇论文或专著,我们的优势是实践,是办学,我们要把教育科研的论文写在乡土上"。

新世纪的第一个教师节,杨瑞清作为教育部组织的师德报告团的一名成员,在人民大会堂为4 000余名首都各界代表作了报告,题目是《温暖的师德,快乐的教育》。在历经十年风雨之后,讲台上神采飞扬的杨瑞清向人们展示了他作为一个乡村教师的自信与快乐。

杨瑞清认为,童年时代失落的自信,要用很大的力量才能找回来。他们办行知小学,就是不能让农民的孩子缺少或丢失自信,而要做到这一点,必须实施"赏识教育"。

杨瑞清经常强调:"让孩子们快乐、自信,就等于抓住了一个西瓜,仅仅忙于考学,只是抓住了一粒芝麻。"学校制作了精美的优点卡,要求每一个教师用赏识的眼光发现学生的闪光点,有时间、有地点、有细节、有点评地写在优点卡上,每周获得优点卡的学生名单在全校黑板报上公布。学校还请家长替孩子在优点卡背面写上一条优点,由此形成充满赏识的氛围、良性互动的教育局面。①

"赏识教育"的成果得到了全社会各界的一致肯定和赞赏。许多中学老师反映,行知小学的毕业生活泼自信、全面发展、学习潜力大。尽管如

---

① 陈兆兰:《杨瑞清和他的乡村教育》,《人民教育》2003年第11期。

此,仍有个别家长将孩子转到升学率高的学校去。对此,杨瑞清认为,农民将自己的孩子转走,一方面说明农民重视子女教育了,另一方面,对学校也是一种动力,它鞭策教师们下大决心和力气让学校变得更有吸引力。在杨瑞清看来,要让农民认同他们的办学目标和赏识教育的理念,需要一个渐变的过程,但自己一定要守得住内心里认定的东西,不能因为几个学生转走而改变初衷。①

带动更多的人一起走在行知路上

"农村教师可以不进城,可以不提拔,也可以不发财,但是不可以不自信,不可以不快乐,不可以不成长。"这是杨瑞清的观点,也是他行动的指南。正是认识到了教师成长远比进城重要,比提拔重要,比发财重要,所以他格外重视自身的成长,重视教师的成长。

20多年来,行知小学发生了翻天覆地的变化,如同河南的新型农村南街村一样,受到了全世界的瞩目。一个普通的山村教师,他何以有巨擘能将一个一穷二白的山村学校建设成为如此美丽的精神家园?那是因为杨瑞清从年轻时就立下志愿——让农民的孩子受到更好的教育。所以,他全部的精力和心血都用在了学校、用在了孩子们身上。他勤勉地一心实践农村教育改革,一点一滴写下了150多本、总计六七百万字的教育日记;他到中央教育研究所做过访问学者,先后承担了市、省、国家级教研课题,他撰写的《走在行知路上》列入高等教育出版社的"中国当代教育家丛书";他的赏识教育实践和研究引起海峡两岸和东南亚地区广泛关注,多次应邀去新加坡、马来西亚讲学,引起轰动。当年"黑屋子,土台子,里面坐着泥孩子"的五里小学如今成为江苏省第一所以"行知"命名的学校、省模范小学。

追随陶行知,学习陶行知,实践陶行知,杨瑞清做到了,他始终走在行知路上。他带给我们的影响和思考是深远的,未来的日子里,相信他会带动更多的人一起走在行知路上。

教育启示

"小里见大,乃是真大;平中出奇,乃是真奇。"这是杨瑞清自己的话。他

---

① 陈兆兰:《杨瑞清的乡村教育童话》,《江苏教育》2003年第11期。

是这样说的,也是这样为之去奋斗的。毕业时,放着城市里的工作不争取,他主动要求到乡村小学当教师;有"升迁"机会,却不到县城里当官,他安心在乡村小学扎根20年。艰苦的条件下,他埋头苦干,搞教育改革,不断探索求新,最终取得了让众人瞩目的成果,实现了"平中出奇"的人生目标。

杨瑞清成功之路让我们看到了理想和激情对一份教育事业的重要性。青春不能没有理想支撑,不能没有激情相伴。在两次人生重大选择面前,杨瑞清始终抹不去自己的"农"字情结,心灵的天平总是倾向农村、倾向农民。矢志农村教育,关注农村的孩子成长,这是杨瑞清从年轻时就怀揣的理想。正是因为有这份理想的支撑,他摈弃了世俗的观念,毅然投入农村教育实践,用一个普通山村教师的执著和坚韧,将一个一穷二白的山村学校改写成为一个美丽的精神家园。

杨瑞清也是睿智的,他以世人敬仰的陶行知先生作为奋斗的标杆,从教20多年来,杨瑞清始终以陶行知先生"为一大事来,做一大事去"的精神激励自己,追随陶行知,学习陶行知,实践陶行知,终于练就成为"陶子之后,亿万陶子"中突出的一位,被人们誉为新时代"陶行知式教育家"。

杨瑞清善于创新的实践精神无疑是他身上的另一大亮点,甚至可以说是他教育事业成功的关键。认识杨瑞清的人都说,杨瑞清为人谦和,平日里教书育人,是一个再普通不过的乡村教师,和众多乡村教师没什么两样。但是在了解他的内心世界后,人们才知道他的平凡背后有更多的不平凡,他的不平凡就在于他勇于实践,善于创新。杨瑞清说:"实际上,文山书海里不缺我们这一篇论文或专著,我们的优势是实践,是办学,我们要把教育科研的论文写在乡土上。"就是以这种大胆创新、大胆实践的思想做指导,杨瑞清成功破解了所面临的一次又一次困难,从"不留级实验"到"赏识教育"理论的提出,从最初的一排简陋破房子到蜚声海内外的现代化小学建成,从在贫穷落后的山区小学教书到如今国内外四处奔走宣传自己的教育理念,杨瑞清所取得的成绩再次向我们证明勤于实践、勇于创新是一个人事业成功的必然之路。

参考文献

1. 陈兆兰.杨瑞清和他的乡村教育.人民教育,2003(11)
2. 陈兆兰.杨瑞清的乡村教育童话.江苏教育,2003(11)
3. 杨瑞清.走在行知路上.北京:高等教育出版社,2004

素质教育的改革先行者

——记全国名师魏书生

人物素描

魏书生(1950—),男,河北交河县人。当代著名教育改革家,曾获全国劳动模范、全国优秀班主任、全国中青年有突出贡献的专家、首届中国十大杰出青年等殊荣。现任辽宁盘锦市教育局局长、党委书记。身兼全国教育科学规划领导小组成员、中国中学学习科学研究会理事长、全国中语会副理事长等38项社会职务,讲学足迹遍及我国31个省市自治区和台湾、香港、澳门地区,以及东南亚的马来西亚。

魏书生

经典语录

★ 教育是什么？就是帮助人培养良好的习惯。

★ 凡是学生自己能做的事，你老师就不要去替代。如果你替代了，你这是剥夺人家的权利，压抑人家的才能，助长人家的依赖思想。

★ 人是有双重性的，幼稚也是相对的。不应该轻率地给那些智力较好而成绩较差的学生下幼稚的结论。他们灵魂深处，一般都有较复杂的闲思缠绕着，使他们无力自拔。

★ 讲思想教育，往往使人误解为政治说教，可不可以叫思想感染？感染，就更富有艺术性，富有人情味，符合心理学的规律。

★ 学生最初没有自学习惯，好像一部静止的汽车，产生培养好习惯的欲望好像打着了火，第一次推动不能性急，要慢，慢才符合运动规律，才符合人的心理状态。

自强：魏书生教育思想的基石

语文界的泰斗、著名语言学家吕叔湘先生在1984年中国语文教育研究年会上对魏书生是这样评价的："魏书生同志还不只是一个一般的教育家。他立志献身教育事业，有一种忘我精神，这不是一般人所能做到的，也不是一般教育家都能做到的……把学生看得比自己重要，自己可以忍受生活上的种种不便、种种困难，目的是把这些学生一个一个地教育成材。这是一种真正的共产主义精神，也可以说是宗教家的精神，就是牺牲自己，拯救别人。"能够得到吕叔湘先生如此高的评价，魏书生到底有什么样的传奇经历呢？

魏书生成长在五六十年代的沈阳砂山大地上，在贫穷的境遇中，是勤劳而质朴的父母亲让他学会了自强。魏书生最早的理想是当一名侠客；他的第二个理想，是当一名能够改造社会、影响历史进程的政治家。父母曾告诉他：要实现理想，就必须得好好学习。魏书生原名叫魏贤生，但是从河北老家来到沈阳后，母亲李忠敏由于对儿子寄予无限厚望，希望儿子成为一个读书人，便把魏贤生这个名字改成了魏书生。

在母亲的影响下，魏书生手不释卷，苦读不辍，从那时起魏书生一直保持逛书店的习惯。后来，在弟弟妹妹们稍大以后，他还会率领一批更小的读者出入书店。现在魏家五兄妹早都有了各自的工作、各自的家庭和生活，一年也难得聚齐一次，但大家只要聚到了一处，在大哥魏书生带领下逛书店的活动仍然是魏家兄妹的保留节目。

魏书生少年时期的阅读博杂散乱，多少带着囫囵吞枣的味道，缺少咀嚼反刍及至咀嚼反刍后的消化吸收与吐故纳新。但这时期，魏书生广泛的阅读，拓展了他的视野，丰富了他的知识，训练了他的自学能力，为他后来的自学打下了基础。

魏书生的阅读真正进入为我所用的理性阶段，则开始于1965年，那一年他刚好15岁。在哲学书籍中，他的生命从此被照亮了。一个偶然的机会，他手头出现了两本哲学书籍，一本是艾思奇的《辩证主义唯物主义讲课提纲》，一本是大开本的高校教材《哲学讲义》。一读之下他竟然感到心醉神迷，能够使他在迷醉之后得到清醒，得到一种醍醐灌顶般的大彻大悟。是非、矛盾、对立、统一、内因、外因、唯物论、辩证法、形而上学、唯心主义、一分为二……那些枯燥乏味的名词术语，完全可以像三国争霸、水浒英雄和悟空八戒那么鲜活生动，引人入胜。魏书生对《辩证主义唯物主义讲课提纲》和《哲学讲义》反复阅读后，又到各处去收罗与之相关的书籍，进而读《马恩列斯论共产主义》，读毛泽东的《矛盾论》、《实践论》。在这样一个大面积的阅读思考过程中，他发现，他最大的收获并非是对一个专门的学科产生了热爱，而是在找到哲学的同时，他更找到了自己，找到了属于自己的独立意志，找到了属于自己的自由思想。

正是由于找到了属于自己的独立意志和自由思想，锋芒毕露的他差点在"文化大革命"的旋涡中蒙难。但同时也是哲学让他想到了要葆有自己人性的完整，想到了要将蛰伏于自己内心的兽性剔除。借助着上山下乡这个能促使人进行新的思考的特殊机缘，他主动地远离了这场政治的斗争。

1969年受上级指派，魏书生在下乡地辽宁省盘锦地区新建农场的红旗小学教书。两年多红旗小学的教学经历，他发现自己完全可以成为一名非常出色的教师，甚至认准了自己会成为一名教育家，在那里魏书生找到了职业的自信。

"教书之后，我才发现学生们心灵世界的广阔。农村孩子们真诚、质朴、勤劳的品质深深感染着我"，魏书生在他对这段经历的回忆中写道："生活在他们之中，我感受到精神的满足、灵魂的安宁。""这一段教学生活，给我的收获十分丰富：这就是我发现了一个十分纯洁十分美好的世界——儿童世界，和他们在一起你也变得纯洁起来，并且觉得十分温暖。"魏书生在教学工作中收获了人生中两样至关重要的事物：快乐和安宁。

这也促使他做出了一个至关重要的决定:为教育事业奋斗终身。他自己说:"我为教育干一辈子的决心已牢牢地树立起来了。"但是由于上级的安排和家人、乡亲的劝说,魏书生又不得不带着遗憾离开了学校。

1971年秋,魏书生被分配到当时盘锦最好的工厂——盘锦地区电机厂。到厂第一天,他便向领导提出不愿在工厂上班而要到学校教书的要求,但因为他赞扬过孔子,受到批判,未获批准。由于他在工厂工作出色,组织上要保送他上大学,将来做厂领导的接班人。这于旁人是莫大的喜讯,但魏书生却高兴不起来:他还在痴痴地想着当老师,此后,他反复向组织上提出不愿去上大学而想当老师的申请。

皇天不负有心人,终于,在1978年,电机厂党组织通知他:申请获得批准了!六年的愿望得以实现,魏书生激动不已,他套用杜甫的《闻官军收河南河北》诗,在日记里写下了一首感情真挚而热烈的七律:

六载夙愿今始偿,初闻涕泪满衣裳。
却看昨日愁何在,强抑激情喜若狂。
白日攻读须刻苦,青春莫负好时光。
我以我心付童心,笑看花苑迎朝阳。

这首诗是魏书生当时心理状态的写照,"攻读须刻苦"、"莫负好时光"、"我以我心付童心"等语句也是他此后实际行动的写照。

探索:教书与育人相结合

1978年2月,魏书生来到盘锦市盘山县三中担任语文教师兼班主任,半年后被任命为教导处主任。从此,他一直在教师职位上兢兢业业地工作,为学生的成长呕心沥血。

教育的根本目的是育人。魏书生一直努力探索育人的方法,把育人和教书很好地结合起来。他认为传统的思想教育之所以很难取得效果,就是因为总是不能切合学生的实际心理状况,很容易成为空洞的说教。魏书生注重将"育人"寓于语文教学之中,使学生在训练语文能力的同时也受到思想上的熏陶。讲读课、写作课、课外阅读、写日记、办班级日报……语文教学包含的内容丰富多样,在魏书生这儿,没有一项不可以用来进行思想教育。[1]

魏书生常常引导学生看好人、伟人的传记,提高他们的认识,从情感上

---

[1] 朱江:《魏书生语文教育思想与实践研究》,扬州大学2003年硕士学位论文。

受到感染。但重要的还是要在行动上落实,使学生把向真、向善的想法用行动展现出来。所以升任市教委主任时,他向盘锦市的全体中小学学生提出了每天做到"五个一分钟",即:

一、每天在家至少做一分钟的家务。培养学生爱国、爱党、爱人民,首先从爱父母和爱周围的人做起。

二、每天至少写一分钟的日记。要求学生时常劝诫自己,养成良好的道德情操。

三、每天至少唱一分钟的歌曲。鼓舞学生奋发向上的斗志,活跃文化生活,焕发出学校的勃勃生机。

四、每天至少练一分钟的踏步走。使学生步调一致,自我约束,增强凝聚力。

五、每天至少搞一分钟的记忆力比赛。锻炼学生的记忆力,开发智力,培养能力。

在20多年的教学改革实践中,魏书生一直在以自己的人格力量塑造学生的美好心灵。凡是要求学生做到的,他总是自己首先做到。

为培养学生完善的人格,魏书生要求学生通过写日记来进行"道德长跑",不断完善自己,同时,他自己也不间断地进行"道德长跑",十多年来一天不漏地写下了160多万字的日记。魏书生勉励他的学生胸怀宽广,与此同时,他也是一直这样要求自己。他用自己的人格力量去感染学生,以身作则,这是魏书生教书育人成功的重要原因,也是他教书育人艺术中内在的重要品质。[①]

尊重:按教育的科学规律教学

一次课堂上,魏书生正在课堂上讲授一篇课文,照例在解题、释词、朗读课文后进行课文分析,正分析得意之处,他神采飞扬——啊!怎么听到有人打呼噜?他放下书本有点生气地看着睡得正香的学生,再一看,打瞌睡的还不少……我讲得这么精彩,你们怎么倒睡着了?魏书生感到一阵莫名的失落。他索性停下课,向一个打瞌睡的学生提了个最简单的问题:"什么叫做中心思想?请你说说。""不知道,老师从没讲过。"全班大笑。"什么叫写作手法?请你说说。""是不是比喻什么的呀?"全班同学笑了起来。他镇定下来,点名让一位没有睡觉的同学回答:"你懂什么叫中心思想吗?"

[①] 朱江:《魏书生语文教育思想与实践研究》,扬州大学2003年硕士学位论文。

"懂,中心思想就是说明人物机智勇敢。"顿时,他的心发凉了,他感到了孩子们无知的可怜。他灵机一动,干脆把这半节课当做调查课。"请同学们拿张纸出来,把自己住的街道、居委会、门牌号码、爸爸妈妈的名字写下来,字迹不许潦草,认真写完了交上来"。一下子大家来劲了,这还不容易?一下子就有人交了,但还有不少学生在交头接耳。原来,爸爸妈妈的名字把他们难住了,有的同学说:"俺爸的名字可真难写!"

他进一步调查学生。问学生为什么要读书,学生回答道:"少挨打呗!"当他讲到要好好读书上大学时,竟引起哄堂大笑,学生们坦言:"我们要能读大学,那要重点中学干啥?""老师,您就别使我们开心了!""老师,我听说读书多了,会倒霉的!"

魏书生这才领悟到,原来自己从事的是无效劳动。这种劳动量越大,有效率反而越低;教案备得再好,学生没听进去等于没教,欺骗自己也欺骗别人。自己认为讲得好的课,领导老师认为讲得好的课,学生不一定认为讲得好,或者根本认为讲得不好。只有学生听得懂、喜欢学、学得会的课才是真正的有实效的课。那么,目前的教学法甚至整个教学理论、教学思想就非从根本上改变不可!

魏书生从此开始琢磨教学改革。他一边读书、写作,一边进行教改实践,魏书生从此开始琢磨教学改革!从各种不同的角度丰富自己的教育思想,决心打破常规走出误区。

让学生喜欢上学习,使学生德、智、体都得到发展,这是每一个教育家奋斗的目标。魏书生认为整体地发展学生的德智体肯定比单纯抓德育效果好。作为班主任的魏书生便把自己班下午后两节课的时间做了新的安排,从周一到周日,依次安排为:(1)思想动态;(2)画画;(3)游戏;(4)竞赛;(5)唱歌;(6)作文;(7)郊游或到社会做好事。这七项课程对于正在成长和发育的孩子来说,是多么喜爱,又多么需要啊!

可是,正当他带着学生唱歌、寻春、种地、画画、游戏、做好事的时候,一位又一位的家长上学校找魏老师来了——他们要给孩子转学。那时校外议论纷纷:三中那个叫魏书生的哪是教书呀?成天带着学生胡闹,自己也才初中毕业嘛!

有一次上完公开课,听课的老师全傻了:"魏书生这是怎么啦?这样上课……""乱糟糟的,像上课吗?""也没分段,教学任务完成了吗?"

一点教学方式上的改革,就引来反对声一片,但是魏书生不怕反对,怕反对当初也就不改革了。他要做的是顶住压力,继续思考,总结经验,好发现更多更好更有效的教学方式和技巧。

1979年10月,盘山县教育局要组织全县各初三年级进行一次语文知识竞赛。魏书生带的初二年级的学生参加了这一次比赛。比赛结果,在59个参赛单位中,他们名列第七!这可是出人意料的显赫名次,在当时的盘山县不失为一个爆炸性新闻。学校是第三世界,年级低了一个档次,类别是普通班,竟然取得如此辉煌的成绩。初二(7)班欢腾了!

社会上的舆论也马上转了风向:看不出魏老师还有点本事。魏书生成了大家津津乐道的新闻人物。许多外校的学生纷纷通过各种渠道找到三中来了,要求转到魏老师的班上读书。这次竞赛的第七名,成了魏书生进行语文教学改革的许可证!从此,他对教育教学改革更坚定了信心。

这是一个聪明而肯于钻研的老师,他从古今中外教育家的教育理论中吸取养料,用他的哲学头脑,探索切合学生实际的科学的教育方法:科学和民主。

魏书生最不一般的成就就在于他成功地使许多后进的学生取得了长足的进步。而这正是他遵循教育学的科学规律办事的结果。魏书生发现,许多后进生对体、音、美、劳方面很感兴趣,他就引导学生进行能力迁移:让球艺高超的教会大家怎样传球,爱听评书的为大家说一段评书,爱画画的向大家解析对不同的画的欣赏,爱唱歌的说说李谷一和苏小明各自的特点。常常是一人说,大家听,边听边记,记完了读一读,后进生都感到很有趣。这样听说读写都练了,也就是在学语文了。

魏书生认为,每位学生都有辅助教师提高教学水平的潜能。于是,他把每个学生都当作自己的助手,这些助手不但帮教师留作业、出试题、评试卷、改作文,而且教师在与助手们的交往中,加深了对他们心灵世界、性格、爱好等的认识,从而使教学科学化。

他曾让学生集体写过一篇这样的日记:《假如我是许东辉的班主任》,从这篇短小普通的日记中,我们就能看出魏书生的良苦用心。许东辉是一个大家公认的聪明学生,性格也开朗,为人也善良,可就是没有毅力,使得学习成绩远未达到他的智商应该达到的水平。而写这篇日记,看上去只是让大家替老师出出主意,如何帮助许东辉取得进步;可事实上,要写好这篇日记,还需要好好动一番脑筋呢。要了解许东辉的性格特点、学习方法是不是得动用观察力,发现别人的真善美并学习之;要找出许东辉的病源病根之所在是不是得动用思维力,自主检验身上不良的学习习惯和性格;要给许东辉开出药方、定出良策是不是得动用想象力,并给予自己一些勉励……同时呢,大家还能站在教师的角度上,在为教师出谋划策想办法的时候,也进行了一番自我教育。

魏书生以培养学生自学能力为中心,重视科学与民主,创造出一系列新的教学方法,如情境教学法、学导式教学、快乐学习法,其中还有著名的六步教学法。

"商量",是魏书生最具个性色彩的教学技巧,也是他教学民主思想在决策过程中的具体体现。许多教学决策的过程,魏书生都会广泛征求和听取学生的意见,反复"商量"后,再按照民主集中的原则,根据大多数学生的意见去实施教学。"商量"的过程,实质是把学生摆在了语文学习的主体地位,既让教师了解学生的需要,又培养了学生的参与意识。学生们所提出的策略往往更符合他们自身的心理需求和学习状况,因而具有较强的针对性,绝大多数学生是易于接受的。

正如魏书生所说:"民主化、科学化像语文教学的两翼,它能载着我们从必然王国逐渐飞向自由王国,使我们的教学变得轻松。"[1]

教育启示

魏书生不是一个一般的教育家,与同时代的许多语文特级教师、教育家相比,魏书生的个性更显得突出,被人们认为是一个创造奇迹的人。他可能是全国唯一一个不批作业、不批试卷、不改作文的语文老师了:繁忙的讲学加上众多的兼职,使得他每年有1/3以上的时间不在学校,他带的班却不用请老师代课……就是在这样的情况下,他的学生还都能取得骄人的成绩。他到底有什么样的教学法宝呢?

用魏书生自己话来说,法宝就在于培养学生的自学能力。叶圣陶先生曾讲过"教是为了不教",这绝不仅是教者一相情愿的教学最佳境界,这话体现了学生们渴求获得自学能力的愿望。魏书生就是满足了学生的这个愿望,他致力于培养学生的自学能力。自学能力从心理学上讲,既是一种优良的心理品质,又是一种个性特征。理论告诉我们:任何心理品质和个性特征的形成,都要经历知、情、行、恒的心理过程才能形成和发展,魏书生就按照这个规律去培养学生,由于知、情、行循环往复,学生都把学习当成了自己的事情,并初步具有了知识系统和自我意识的能力。学生在方向确定的前提下,掌握了利用生物钟的规律做规则运动提高学习效率的方法,自学能力明显增强,成绩提高自然较快。

---

[1] 朱江:《魏书生语文教育思想与实践研究》,扬州大学2003年硕士学位论文。

除了学习成绩,魏书生教出来的学生,在思想素质、学习态度、学习能力、身体素质等各方面都能出类拔萃,这足以证明,魏书生所进行的教育改革,是真正的素质教育,而不是单纯的应试教育。魏书生认为,尊重与发展学生的人性和个性,会使师生生活在一种相互理解、尊重、关怀、帮助、谅解、信任的和谐气氛之中,从而真正体验到做人的幸福感与自豪感,减少内耗,提高工作和学习效率。所以,他不主张对学生进行填鸭式的教育,而是尊重与发展学生的人性和个性,用科学民主的方法去引导学生,促其举一反三、促其自学、促其成材。这种"商量"式的教学方法由于尊重了客观的教学规律,所以推动了魏书生素质教育改革获得了成功。

参考文献

1. 朱江.魏书生语文教育思想与实践研究.扬州大学硕士学位论文,2003
2. 魏书生.教学工作漫谈.桂林:漓江出版社,2008
3. 教育部师范教育司组编.魏书生与民主教育.北京:北京师范大学出版社,2006
4. 董春水.魏书生的民主教育.沈阳:辽宁人民出版社,2006
5. 邱丹阳.向魏书生学什么.广州:广东人民出版社,2002

50年谱写儿童教育的诗篇[①]

——记全国名师李吉林

人物素描

李吉林(1938—),女,江苏南通人,特级教师,著名儿童教育家,小学语文教育家。全国劳模,全国三八红旗手,全国五一劳动奖章获得者。

1956年8月毕业于江苏省南通女子师范,毕业后在江苏省南通师范第

李吉林

---

① 本稿正文部分由王亦晴撰稿,略有改动。

二附属小学任教至今。现任江苏情境教育研究所所长,中国教育学会副会长,全国小学语文教学研究会副理事长,中国教育实验研究会副理事长,教育部中小学教材审查委员,中央教科所兼职研究员,南京师范大学兼职教授。专著《情境教学实验与研究》、《小学语文情境教学》分别获全国首届、第二届教育科学优秀成果一等奖,并获全国优秀教育图书一等奖、二等奖。

经典语录

★ 看山看水小学最美,儿童最让我爱恋。从此,我像农民忠实地守着自己的园地,不断地耕耘,不断地播种,不断地收获。

★ 我不是农民,却是一个播种者;我不把谷子撒进泥土,却把另一种金色的种子播在孩子的心田——那是一块奇异的土地,播上理想的种子,便会获得令人惊奇的收获。

★ 所谓"学做人",我以为就是让孩子首先懂得如何对人、对己,进而懂得如何对公、对私,以至如何对待祖国的命运和个人的前途。

★ 教师也是诗人,教师也在用心血写诗,而且写着人们最关注的明天的诗。不过那不是写在稿纸上,而是写在学生的心田里。

★ 孩子生来求异,不愿像鹦鹉学舌那样,没有自己的思想。教师的宽容、期待、激励是诱发孩子创造至关重要的因素。

"诗人是令人敬慕的。其实,老师也在用心血写诗,而且写着人们最关注的明天的诗。"这是在小学教育领域辛勤耕耘了半个世纪的儿童教育家李吉林对事业的美好定义。的确,从18岁走上三尺讲台到如今年近古稀仍满怀热情地进行着教育研究,李老师用心血和智慧写下了情境教学—情境教育—情境课程的精彩诗篇,始终不变的是她对儿童教育的赤诚情怀和诗人般执著的对完美境界的追求。

在爱与被爱中选择人生之路

李吉林出身贫寒,父亲病逝那年,她才5岁。但是造物主是公正的,它把丰富的想象力同样赐予了穷孩子,于是在李吉林的心中同样充满着美丽的童话。小时候,她就常常和邻家的孩子端上小板凳,在院子里玩"小先生"的游戏。她总是要抢着第一个当"小先生"。从那时起,她就梦想着当一名教师该是多么快乐而有趣啊！

从小学三年级开始，李吉林开始进慈善学校读书。因为聪慧活泼，深得老师喜爱。初中又就读于免除伙食费的教会学校，仍然是同学中的佼佼者。初中时代的老师给予李吉林很多帮助。比如林弥励老师悄悄地替李吉林交了欠学校的5元学杂费。李吉林谈起此事，深有感触："那时候，老师对学生是非常热爱的。这5块钱对我来说不仅仅是5块钱，它给了我人格上的支持……这是我一辈子忘不了的。"

初中毕业后还是因为家贫，李吉林报考了可以免费学习的师范，读了南通女师学校。女师时代，有许多老师给予李吉林无私的关怀和鼓励。正是老师们无私的爱对她产生了潜移默化的影响，催生其心灵深处爱的萌芽，塑造了其充满爱心的人格。也正是老师们渊博的学识、精彩的教学和优良的作风，对李吉林产生了潜移默化的影响，使她立志要做一名优秀的老师。

1956年，李吉林师范毕业了。由于国家大发展的需要，那年师范生都可以报考大学，而一向成绩优异的她却选择了小学。

在许多人看来放弃了深造的机会选择做一个平凡的小学教师，今后的人生道路就会稳定而平静了，小学老师好当、轻松。但李吉林却不这么认为："我的同学都读大学去了，我虽然在小学却不能落后。上大学固然可以深造，但作为一名小学教师，只要自己奋发努力，同样可以在事业上做出成绩来。学习永无止境，我要抓紧分分秒秒把没能学到的补回来。"于是她异常刻苦、勤奋地在小学里读起了"大学"。她坚持每天黎明即起，坐在校园的荷花池畔背唐诗、宋词，背郭沫若、普希金、海涅等中外名家的诗篇，用优美的诗篇来陶冶自己的情操。摘抄的古今中外的优秀诗篇，就有厚厚几本。晚上有计划地阅读鲁迅、莎士比亚、列夫·托尔斯泰等文学巨匠的名著。后来为了搞教育科研，她又如饥似渴地学习教育学、心理学和美学，还阅读了许多中外教育家的论述及国外教学实验的资料，做了不少卡片。正如中国教育学会副会长郭永福所慨叹的："她什么都想知道，什么都想学。她实际上读了一个又一个大学。"

其实在这段时间里，有好几次机会可以让李吉林离开小学：上级部门曾想选拔她去当运动员，当跳伞队员，当演员。这些工作都是对青年人颇有诱惑力的，而且容易露头角。但这些令人心驰神往的职业都没有能动摇李吉林当好一名小学教师的志向。她说："学师范，当小学教师是天经地义的事，不必'这山望着那山高'。"

正是对从事儿童教育事业的坚持，正是毅然选择小学后不放弃自我追求的刻苦，奠定了李吉林日后的成功。

做石缝中的小草

不懈的努力自然使李吉林脱颖而出。领导上不断培养，让年轻的她去省里编写教学参考书，出席省教育厅召开的语文教学研究会议。在这次会议上李吉林的发言得到了吴天石老厅长的肯定，《江苏教育》杂志还向她约稿。由于积极贯彻会议精神，加强双基，有效地提高了语文教学质量，李吉林的成绩越来越突出，还当选了南通市人民代表和先进工作者。

这一切在一位刚刚冒出头的优秀青年教师面前无疑展开了一片广阔的天地，李吉林描述她当时的感受："仿佛来到大海之滨，波涛的喧腾是那样诱人，终身从事小学语文教学工作的志向就这么树立和巩固下来了。"然而正当进取的涛声激荡着内心，她满怀信心和热情准备投身心爱的事业时，一场史无前例的暴风雨向她袭来，在28岁的美好年华，李吉林被当作小学的"反动学术权威"受到了无情的冲击。

回忆起当初经历的苦难，李吉林仍然感慨万千。"那时候校园里硝烟弥漫，我也整日忧心忡忡。百无聊赖中，为了打发日子，我学起了缝纫，学裁剪，学做衣服。岁月流逝，青春消逝。我猛地发现一种颓废的心绪在滋生，发现自己开始沉沦。沉沦，意味着什么：意味着倒退，意味着毁灭！有一天我读到高尔基的一段话，大意是：我从小就是在和周围环境的斗争中成长起来的。这句话使我在黑暗中看到一丝光亮。我历来警惕自己，女人切不可碌碌无为，而如今这样，不正是既庸庸碌碌，又无所作为吗？当然，我也深知，在那凄风苦雨中，在那黑白颠倒的年代里，要有所作为是不可能的，但总不能任其荒芜。我把自己看成一棵寂寞的小草，即使在石头下，也要从石缝中曲曲折折地生长起来。虽不能有事业的成功，至少给自己一个充实的精神世界。"

在沉沦与奋发之间，李吉林毅然走向奋发，她又开始了苦读。每天晚上坐在灯下看鲁迅先生的杂文，边看边摘录，从鲁迅先生的作品中汲取了一种不屈的力量，支撑着自己的精神世界。在那赞美"交白卷"的年月里，李吉林仍然把提高语文教学质量放在第一位。她从不让学生写那些"讲用稿"、大批判稿，而是坚持写记叙文。她说："那几年单单批改学生的日记就有2万多篇。就这样，在那漫长的10年里，我凭着'因为我是孩子的老师'的纯真感情和一股子韧劲，默默地严格要求自己。我总想，老师面对自己的学生应该做到问心无愧。"在那样的困境里，她白天遭受冷眼、诽谤；夜晚等着孩子睡了,就坚持学习写点东西,坚持练字,坚持看书、写笔记。李吉林说,在那些没有星星和月亮的晚上,有三句话时常激励着她:第一句是普希金说的:"心憧憬着未来";第二句是高尔基讲的:"我从小就是在和周围环境不断的斗争中长大的";第三句就是毛泽东所说的:"人总是要有点精神的"。十年,漫长的十年,惶惶不可终日的三千多个日日夜夜,她没有低头,没有抛弃自我,始终警惕着寻常女人的脆弱和碌碌无为。

改革需要激情

经历过黑暗的人更了解光明的可贵。1976年"文化大革命"结束,李吉林终于可以重新无拘无束地走上讲台。这劫后余生的年月令她无比珍惜。1978年,她主动向校长请缨,放弃了熟悉的中高年级的语文教学,从一年级教起,着手改革。

一年级的孩子们是那么纯真可爱,眼睛里充满了对知识的渴求。然而传统的课堂却是单调、枯燥。一节课只教一个拼音字母,孩子反复地练习发音,鹦鹉学舌般地跟着念;教学手段就是粉笔+黑板。孩子的好奇心,求知欲,无法得到满足。满怀美好憧憬的孩子,对上学失望了。李吉林十分焦急:"当时的我,真是内心燃着一团火,那颗心吐出来定然是滚烫滚烫的。我恨不得一下子从'旧框子'跳出一个崭新的小学语文。"这种真切、热切、急切的心理状态,令她终日沉浸在教学工作的思考中,苦苦求索。路在脚下,究竟怎么走?在小学语文教学中,儿童发展究竟是个什么规律?她渴望学到新的东西,努力突破传统的条条框框,为孩子挣脱束缚。

一个偶然的机会,李吉林获得了外语情景教学的信息。她赶紧翻阅杂志学习、了解,思考将这种方法移植到小学语文教学中来的可行性,并且小心地在她的课堂上初步实践。通过一段时间的摸索,效果显著。但是她并没有停留于此,工作之余的苦读果然使她积淀了深厚的基础,迅速地触类旁通,她从外语的"情景"很自然地联系到中国古代文论的"意境说"。"'意境说'博大精深,比外语的情景教学更为丰富,更有深度,也更有品味。我汲取古代'意境说'的营养,以古人'情以物迁,辞以情发'的'诗论'观点,丰富今天的'作文论'。通过创设情境,带入情境,为学生提供作文题材,激发学生创作的情感,改革作文教学,迈开了关键的一步,也从此走出了自己的路。"

为了选择大自然中孩子容易理解,容易接受的典型的场景。李吉林跑了很多地方,实地观察、进行比较。从学校北边的田野、小沟渠到光孝塔、城南的公园桥畔,濠河岸边……都留下了她的足迹。为了带一年级孩子去看日出,她甚至独自一人半夜起身,赶在日出前到达前一天选择好的观察点,站在大桥上,专注地等待太阳的升起。李吉林说:"我深感改革需要激情,需要有股子劲!"

李吉林孜孜不倦地进行情境教学的探索与研究。在探索的过程中,逐渐形成了她"一切为了儿童的发展"的教育理念,这理念也指导着她将情境教学发展成为一种"发展性的教学"。

1983年,第一轮实验接近了尾声,李吉林实验班的孩子必须参加全市的升学考试,客观检验成果的时刻也随之来临。在这酷热难当的盛夏,她和她的学生却尝到了丰收的快乐。实验班学生们的成绩打破了纪录!作为五年制的学生和兄弟学校六年制的学生一起考,全班43个人考入省重点中学的就有33个,其他10个孩子考上了实验中学。为了全面考查实验班学生的语文质量,南通市教育局决定进行各项语文能力的测试。单项、综合加起来一共有十项,难度高于统考,还有不少是超大纲的。但最后的结论是:"李吉林班的学生不怕考!100%的合格率,83.6%的达到优秀、优良。"过硬的成绩使所有人心悦诚服,甚至原本对实验有些微词的人也无话可说了。

这届学生毕业后,李吉林回顾了情境教学五年的探索历程,写成了《情境教学实验与研究》,后由四川人民教育出版社出版,这是她的第一本专著。在这本书中,李吉林阐述了情境教学的特点、原则,与儿童发展的关系,以及情境教学在识字教学、阅读教学、作文教学中的实际操作。李吉林微笑着说:"我想在这本书里告诉广大的同行们,怎么运用情境教学教语文,怎么运用情境教学促进儿童的发展,没想到这本书获得国家教委首届教育科学优秀成果一等奖、全国优秀教育图书一等奖。我和学生都丰收了,我感受到播种者的快乐。"

追求教育的完美境界

实验取得了成功,探索却远远没有结束。李吉林说:"对儿童教育的执著使我总想到新的高度永远在前面。"的确,她就像一个登山者,登上了"情境教学"的山峰又向"情境教育"进发。对儿童、对教育发自内心的热爱,使她无法满足于仅仅在语文教学中使儿童得到发展,她追求的是儿童全面的发展、各方面素质的协同进步。顾不得感受丰收的喜悦,她又陷入了习惯的思考:1982年概括出的促进儿童发展的五条要素,"以培养兴趣为前提,诱发主动性","以指导观察为基础,强化感受性","以发展思维为核心,着眼创造性","以激发情感为动因,渗透教育性","以训练语言为手段,贯穿实践性",不也是其他学科促进儿童发展的要素吗?哪一个学科不要"诱发主动性,强化感受性"?哪一个学科不要"着眼创造性,渗透教育性"?只要把最后一条"以训练语言为手段",改为"以训练学科能力为手段",各科老师就都可以理解,可以操作了。李吉林深情地说:"我记得那个晚上,当我想到这儿时,我把手中的笔往桌上一搁,站起身来,走出屋子,来到小院里。晚风轻轻拂面,舒坦而充实,月光透过大槐树多情地望着我,我真想喊出声来。整体改革的路一下子拓宽了,清晰了。我得出结论:'五要素'符合儿童的心理特点和发展规律,具有普遍意义,情境教学不仅仅属于小学语文教学,它同样属于整个小学教育!情境教学的'学'有可能改成'育'字了!情境教育它属于整个小学教育,它必然会为儿童素质的全面发展开拓了一个有效的途径。"果然,这之后经过一段时间的实践探索,情境教学成功地向各科展开。走进各科教学的教室,可以看到老师们都非常投入,图画、音乐、表演这些创设情境的生动手段都被老师用起来了。情境教育使各科的课堂教学亮起来,生动形象,有情有趣,呈现出崭新的面貌。

看着情境教育取得的喜人成果,李吉林又习惯性地回顾、思考。"我问自己,情境教育究竟是怎么在情境教学的基础上发展起来的呢?它的基本模式是什么?它促进儿童素质发展的基本原理又是什么?"经过反复的归纳,取舍,提炼、概括,她终于将情境教育的理论体系构建起来,并在1996年举行的全国情境教学——情境教育研讨会上向专家们和盘托出。来自全国的70多位知名专家不仅认真听取了李吉林的大会报告,更走进孩子们中间看他们上课,与他们一起活动,亲眼见到了情境教育给课堂带来的活力、给儿童带来的快乐。当时的国家教委副主任柳斌对情境教育给予高度评价:"把德育、智育、美育融会于情境之中,在教学生学会求知的过程当中学会做人是情境教育最大的一个特色。情境教学——情境教育是植根于中国的大地,是有中国特色的,而且对于解决目前中国基础教育存在的一些问题是有效的。情境教育的好处是把教材教活了,把课教活了,把孩子们教活了。"

1996年的这次会议又极大地鼓舞了李吉林,使她认定情境教育的道路完全可以继续向前走,而且有着巨大的发展空间。继过去的"八五"、"九五"课题成功结题后,2002年李吉林又申报了全国教育科学规划"十五"重点课题《开发情境课程的实验与研究》。她与老师们一道在开发情境课程的热潮中挥洒热情与智慧,将过去伴随着情境教学、情境教育实验逐步生成的情境课程明晰化、系统化;开发出"核心领域:学科情境课程"、"综合领域:主题性大单元情境课程"、"源泉领域:野外情境课程"、"衔接领域:过渡性情境课程"四大块内容;概括出:以"美"为境界,以"思"为核心,以"情"为纽带,以"儿童活动"为途径,以"周围世界"为源泉的五点操作要义。情境课程,从课堂内学科与活动的组合,到打破学科界限,走出课堂,实行大单元联动,再到走出学校,走向广阔的天地间获取源泉,加上低幼衔接的过渡课、微型课程的补充,如网络一般使教育空间通过课程紧密地联系起来;儿童作为活动主体角色的系列性操作,又在情境课程中得到体现,得到落实。新的研究成果使儿童得益、受到家长们的欢迎,也获得了专家的肯定,2006年10月李吉林主持的这项课题又成功通过了全国教育科学规划领导小组的鉴定。

2006正是李吉林从教整整50年,而这一年也无疑是李吉林教育生涯中十分重要的一个里程碑,因为这一年的收获还不仅仅是这些。2006年4月,300万字的8卷本《李吉林文集》由人民教育出版社出版。这部凝聚着李吉林50年心血与智慧的文集引起了教育界的广泛关注。2006年5月由中国教育学会、人民教育出版社、中央教育科学研究所、中国教育报刊社联合主办了"李吉林教育思想研讨会"。中国教育学会会长顾明远先生说:"这是教育界的一件盛事,标志着具有中国特色的、我国原创的教育思想流派的出现和成熟。"《中国教育报》、《光明日报》、《中国教师报》等各大报刊都竞相报道了这次盛会。

可是正如她过去多少次赢得鲜花与赞美后所表现的那样,李吉林又把目光投向了新的研究领域。她说:"情境教学—情境教育—情境课程这三个课题这么长时间做下来,都是为了儿童的,是从为了儿童'学'研究怎么'教',确实儿童获得了发展。但是,在优化的情境中,儿童究竟是怎么'学'的,这个问题我还不能做出很明确的回答。也就是我们还不清楚儿童学习的机理、内化的过程。学习过程中,儿童的脑是怎么活动的?心理是怎么活动的?"这最核心、最本质的问题促使她又申报了"十一五"课题,直面儿童学习的现状,向更深处开掘,"我们必须回答在优化的情境中儿童究竟是怎么学习的。因为一旦知道了儿童是怎么学习的,我们就可以来调整情境课程,进一步优化情境。"

就在2007年9月,李吉林主持的国家"十一五"课题《情境教育与儿童学习的实验与研究》在上海华东师范大学正式开题。李吉林带领的研究团队与华师大学习科学研究中心的教授、学者,以及22个子课题学校的老师们一起开始了新的探索。李吉林希望通过研究"在优化的情境中儿童究竟是怎么学习的"，也能促使一线的教师学习和掌握"学习科学"，来减轻学生不必要的负担，而又能有效地全面地提高教育质量。

李吉林说："我每天从家到学校，那条小巷子走了50多年。虽然岁月已经无情地把我推到了老人的行列。但是，我感觉到我的心仍然是年轻的，我总感到世界还是那样的美好，一切都是那么新鲜，仿佛是第一次看到。我仍然像孩子一样，怀着强烈的求知欲望，什么都想知道，什么都想学。""只要像孩子那样，憧憬着未来，敞开自己的心怀，便能不断地呼吸到新的空气，吮吸新的营养，而这一切都是教孩子所必需的。"

半个世纪的教师生涯，李吉林就是怀揣着这样一颗赤子之心走过了美好的一程又一程，充实而幸福："我深切地感到教育充满诗意，教育本身就是诗篇。"

教育启示

刚踏上讲台时，李吉林的脚下本有许多条路可选择。没有犹豫、没有挣扎，教师从一开始就是她认定的职业。在许多人看来，小学语文教师这个职业起点低得不能再低，而李吉林却从这里起步，在醉心教学实践20载的基础上，又执著探索30年，完成了从情境教学到情境课程，再到情境理论的"三级跳"，向世界教育发展大潮作出了独具中国特色的回响。

李吉林是一位充满诗情的女教师。她说："教师也是诗人，教师也在用心血写诗，而且写着人们最关注的明天的诗。不过那不是写在稿纸上，而是写在学生的心田里。"于是我们看到，对待工作和学生，她投入以对诗歌般的赤诚与热爱，那句可爱的"看山看水小学最美，儿童最让我爱恋"，曾温润了多少人的心田！而几十年来，在钟爱的教学战线上，李吉林更是用自己诗情的心怀，母亲般的耕耘，播撒下知识的芬芳。顺时，她风雨无阻潜心教学，力创情境教育，把爱和知识如雨露般漫天播洒；逆时，她"心憧憬未来"，不屈不挠，坚强挺过。

李吉林又是一位典型的"科技型农民"，是"田野的耕作者"，也是"庄稼的实验者"。她的每一步行走、每一点耕耘都有着很高的"科技含量"。这既源自于她对理论的学习、消化、吸收，也有批判和超越，更得益于她日益清晰、不断深化的教育实验意识和教育实验行为。无论是语文学科的"情境教学"，还是其后向各科渗透和延伸的"情境教育"，或者是她曾一度"集中攻关"、钻之颇深的"情境课程"，都形成了独具个性的实验方法，建构了日臻完美的实验体系,结出了值得推广的实验成果。

  李吉林还是一位深受儿童欢迎的"妈妈"。仔细想想,人的一生能有多少个30年?有多少人的30年能像李吉林一样,只专注于一件事——为了儿童的学习和发展?又有多少人能像李吉林一样,像一位循循善诱的母亲那般,把对儿童的挚爱不仅放在言语里,更时刻落实在行动中?正如顾明远先生所说的那样:"我们要学习李吉林老师的教育思想、推广她的教育经验,更要学习她热爱教育、热爱儿童、敢于探索、不断创新的精神。"其实,后者恰恰是李吉林老师最难学习的地方。

用力地活着才有丰厚的回报

——记全国名师张思明

人物素描

张思明(1957—)，男，上海人，特级教师，博士，先后就读于北京大学、首都师范大学、日本岗山大学。现任北京大学附属中学副校长。曾获北京市十大杰出青年、首都五四奖章、全国模范教师等称号，并获得苏步青数学教育奖一等奖、胡楚南优秀教学成果奖，享受国务院特殊津贴。

张思明

经典语录

★ 教育的最高境界应该是不留痕迹的教育。

★ 有句话：要给学生一杯水，教师就要有一桶水，我觉得不对，在信息爆炸的时代，一桶水远远不够，要开凿一眼泉，有了源头活水，才能真正做一名让学生满意的教师！

★ 师德就体现在对学生深深的、不图回报的爱。廉价的爱是要什么给什么，而真正的爱，不是你帮学生点火取暖，而是给他一把柴刀，让他自己去打柴；给他火柴，让他自己去点燃生命的火焰。

★ 人的命运充满着辩证法。如果你的生活条件太优越了，你就会退化很多生存能力。如果你遇到厄运，看起来它剥夺了你很多东西，但它无形中又给了你另一些东西。

★ 作为一名教师，永葆"职业青春"的秘诀只有一条，那就是：终身学习，不断进取！

自学成才，在磨难里成长

小时候的张思明，原本有一个幸福美满的家庭，父亲是北京大学中文系教师。可是一切的平静与安宁，随着一场突如其来的变故彻底打碎。1970年，张思明一家四口随父亲从北京下放到江西，回来的时候，却只剩下他和母亲、妹妹。他的父亲已在一次突然的车祸中不幸遇难。回北京的当日，他捧着父亲的骨灰，和母亲、妹妹坐车经过天安门广场时，张思明一直站着，看着无助地蜷缩在一角的体弱的母亲和年幼的妹妹，他突然间感到自己长大了，他决心用自己的肩膀把这个家担起来。那一年，他年仅13岁。

父亲的离去，将生活的磨难重重地推到张思明面前，同时，他也开始感怀父亲当年的挫折教育，他理解了父亲为什么明知儿子恐高，却一次次将他带到高高的台阶上，为什么在自己4岁时就留他一个人独自看家，7岁时就让他在假期单独一人回老家，为什么从他上小学时，每个暑假都让他一个人一大早起来打扫20多户人家合住的大院——多年以来，父亲对于唯一的爱子这近乎"残忍"的教育，在潜移默化中将张思明锻造成一位坚强的小小男子汉。

是父亲,以自己知识分子清贫的做人准则和含蓄的示爱方式,为张思明打上质朴、坚强、勇敢的人生底色。

此后的日子,是如此地艰难、困苦:从江西回来后,母亲的身体一下子垮了,妹妹又被怀疑患上白血病。从那时候开始,张思明经受了一次次痛苦的选择:为了给妈妈和妹妹看病,他卖掉了自己上学用的自行车,卖掉了父亲留下的唯一遗产——心爱的书;高中毕业时,正值"文化大革命"末期,"反潮流、交白卷"盛行,上大学只能是他一个可望而不可即的梦。

为了担起养家糊口的责任,17岁的他拿起了教鞭,走上了讲台。

自1975年开始,张思明工作于北京大学附属中学数学组。他通过刻苦自学、顽强拼搏取得了自学考试的优异成绩,是全国自学成才的先进典型之一。

1981年,国家恢复高等教育自学考试后,他第一批报了名,然而却没有通过公共课考试。第二年再考,结果还是一样。两次失败,他并不甘心,第三年,他又报了名。这一次,他终于如愿以偿。1985年,他自学修完了北京大学数学系的本科课程,取得了理学学士学位。1989年,他被公派在日本冈山大学教育学部研修日语和计算机辅助数学教学。1993年,他又以全优的成绩,提前半年学完了首都师范大学数学系的研究生课程,获得硕士学位。

在艰难困苦中自强不息,张思明用自己的所作所为践行着什么叫做坚韧。面对一些人"你为什么要这么拼命?""你是为了出名吗?"的疑问,张思明说了这样一句耐人寻味的话:"很多人都希望找座山,一不留心就走到了一个坡上,这才发现,你只是一个坡,山在你身后。"

不会"念经"的和尚成了方丈

张思明还清晰地记得自己初次登上讲台的那一幕。他上的第一节课是历史课,一脸青涩的他明显地紧张和慌乱,他用孩子式的语言,把一节课给"念"了下来。课堂上,学生们都大笑不止。下课后,一个女生在交上来的作业本封面上画了一幅漫画,一只老鼠拿着麦克风在讲台上讲话,下面写着:"你是哪个庙里的和尚,会不会念经?敢来教我们?"[1]

不仅如此,初为人师的张思明还面对许多的挑衅。"当时的我,可以想

---

[1] 斯盛:《甘居平心 但求出色——记北京大学附中特级教师张思明》,《校长阅刊》2005年第12期。

象有多伤心,但那时候我没有人可以求助,男儿有泪也不能轻弹。

这种沉重的责任感使张思明在失败与痛苦面前只能往前走,他暗下决心,一定要做一名优秀教师,让学生喜欢。

在最艰难的时候,他总会想起父亲生前对自己的教导:"人最主要的素质就是要有学问,要有一种高贵的品质,要有意志。"

张思明深知作为一名中学数学教师,自己欠缺得太多了。他没学过立体几何、排列组合、二项式定理,复数、三角和解析几何也有大量漏洞,更别说微积分了。①

一天凌晨四点多钟,张思明就起来了。心事重重地跑在白颐路上。听着自己的脚踏着路面的积雪发出的声音,眼前闪过一根根路灯灯竿的投影,他就这样一直忘我地跑着、跑着,突然,一种信念在他眼前越来越清晰,他觉得自身之外的一个"我"在对自己说:"人不能只听命运的摆布,你给学生讲过许多动人的道理,可为什么自己不先身体力行?"

从那以后,他坚持每天 4 点半起床学习。那些年,张思明的生活节奏是用"秒"来计算的。他坚持每天早起,是因为只有每天早晨的时间属于自己。那时候的他,不断奔波辗转在自己的多重身份里:他是北大数学系 1978 届的旁听生,还是首师大夜大的借读生,1981 年北京开设高等教育自学考试,他又毫不犹豫地报名参加。此后,他又成为日本冈山大学的教师研修生。而与此同时,这个不断进取的"学生"还担任着年级主任的要职,每周两个班有 12 节数学课要上,300 本作业要改,时间全靠从一分一秒地里挤。

1985 年,张思明终于通过自学考试完成了北京大学数学系本科阶段的全部学业。作为自学考试的优秀毕业生代表,张思明在中南海怀仁堂受到中央领导同志的接见和鼓励,10 年的苦读终于换来了累累硕果。"5 年的自学,使我学会了合理地运筹时间,培养了克服困难的勇气,这是比文凭更宝贵的东西"。此后,张思明给自己设计了更高的目标,他认识到,要给学生一杯水,教师就要有一桶不断更新的活水,教师应终身学习。

1990 年,33 岁的张思明成为日本冈山大学的教师研修生。在日本一年多的时间里,他的勤奋、善良,广为人知。毕业时,他优秀的毕业论文,第一名的骄人成绩,自尊豁达友善的品质等改变了马来西亚、泰国的留学生以及日本人对中国、中国人的偏见。

回国后,张思明一边工作,一边在首都师大接着攻读硕士学位。他用

---

① 符德新:《给你数学的美丽天空》,《中国教育报》2002 年 9 月 7 日。

两年半的时间,完成了 24 门课程的自学考试并以全优成绩完成了硕士研究生的全部课程学习和论文答辩。①

"当时的确非常紧张,几乎都有点受不了,不过我终于没有放弃,第一个打倒自己的,常常就是你自己。我明白这一点,就咬牙坚持下去。我发现人其实有难以想象的潜力,能突破所谓的极限"。对这段漫长、艰难的求学经历,张思明这么说。

然而,正是这一次次挫败、一次次挑战、一次次成功、一次次收获,让张思明在坚韧中感悟到人生的真谛——人生的旅程,有顺境也有逆境,虽然它们一点都不温馨,但它却是人生中最真实的组成部分。它往往促使你拼搏、奋斗,从而加速成长。

创新教学,让学生爱上数学

怎样才能让学生真正喜爱数学,学好数学?这是张思明多年来一直在思索的问题。

为了让课堂变得更生动,他一反过去教师自编、自导、自演的教案剧课堂模式,提出"导学探索,自主解决"的教学模式。它可以通过如下形式来实现:引导与问题的设置—探索讨论后或分解或化归—自主解决问题—自我评价,练习小结—求异、探新,延伸问题链—回到第一个环节。在教学中,他有时甚至有意识地"误导"一下学生,再让学生检错,找漏洞,从反面加深认识。

张思明认为,教师的创造性应更多地体现为对问题的设计、环境的创设以及引导学生走向创造。他认为真正的启发式不是提问题设圈套,让学生一个一个回答,而是教师自然地创造一种提问的氛围,让全班同学的脑子都快速转动起来。而且这种问题环境并不以课堂为界限,而是一直延伸到课堂外、假期中,以至于学生的整个生活之中。

假期来临,张思明从不给学生留一大堆笔头作业。为唤起学生的主动学习意识,给他们提供展现创造力的机会,他把传统的假期作业改成 8 类可供选择的作业:(1) 阅读一本科普读物,写一篇书评;(2) 找出数学学习参考书中的 3 处非印刷性错误,并予以更正;(3) 利用立体几何的知识,用纸制作模型或工艺品;(4) 发现生活中的数学问题并试着解决它。如:游戏中的数学、体育中的数学、玩具设计中的数学、商业服务中的数学……

---

① 白洁静:《模范教师张思明》,《牡丹》2008 年第 8 期。

(5)写一篇数学小论文,可以是小发现、小研究、小成果、小窍门儿……甚至自己的解题失误谈;(6)利用掌握的数学知识,自编3个数学小综合题(要求运用几何、代数、三角甚至物理、计算机等两到三科知识);(7)用计算机自编一个程序,解决某学科的一个问题;(8)以计算机为工具进行"微科研"6个。[①]

让数学开始变得好玩

"数学好玩",是数学家陈省身致中国少年数学论坛开幕的题词。学生们感叹,跟着张思明学数学,确实乐趣无穷。

在此之前,学生究竟能从数学中学到什么,这看似简单的问题曾无数次地盘旋在张思明的脑海。直到有一天,他在班里搞了一项调查,题目是"数学是什么?"一个学生写道:"数学是一些居心叵测的成年人为学生挖的陷阱!"另一个学生说:"数学是一些仅仅出现在课本和试卷上的,让某些老师看着学生崴脚而感到窃喜的东西。"学生们诙谐的表达却令身为教师的他感到了无限的悲哀,原来自己尽心尽力的教学,在学生眼中却是挖坑布雷的高手,而数学竟成为老师惩治学生的工具!

张思明感到了压力。他在思考,我们的中学数学到底怎么了?1993年,张思明找到了答案。他在去美国考察时,亲眼看到的"烤面包的程序设计"、"用虚拟现实的计算机技术让学生设计一辆自己认为最好的自行车"等几个案例,留给他深刻的思考。

同样是课堂,美国的孩子们兴高采烈,他们在尽情地享受学习的乐趣,不是为了上课而上课,而只是在挥洒天性地游戏、玩耍;教师在教学中,也不需要苦口婆心地给出标准答案,只需要不断地鼓励学生们尽情地去创意。张思明看到,美国课堂上各种各样的"体验学习"设计,最重要的是让学生在学习过程中得到真实的体验,在体验中去理解知识。

于是,一个名词在他的脑海中出现:"数学建模"。什么是数学建模?就是把一个生产、生活中的实际问题,经过适当的刻画、加工,抽象表达成一个数学问题,进而选择合适的正确的数学方法来求解。它是应用数学知识解决实际问题的关键所在。

为了从身边的现象中提炼数学问题,张思明身上时刻充满了"问题意识"和数学的敏感性。[②]一次,他让学生给自己所住小区设计一条最佳邮政

[①②] 符德新:《给你数学的美丽天空》,《中国教育报》2002年9月7日。

投递路线和一条合理的保安巡逻路线。学生们花费了很多工夫来做这个课题,几个同学组成一组,根据特长(画画、计算、分析、测量等)进行合理分工,然后挨门挨户实地踏勘自己所在的小区,观察、收集、整理必要的数据和信息,画出小区平面示意图,包括楼房位置、门洞朝向、道路情况等,最后勾画出投递路线和巡逻路线。

张思明给学生一个激发创造的平台,学生们就展示出各种各样的创造力。张思明教的三个高二学生参加首届全国大学生数学建模竞赛时写的论文:"洗衣机的节水方案设计",获得了大学生数学建模竞赛的新苗特等奖。2002年,张思明的学生所提交的数学建模论文在全国青少年科技创新大赛中获得一等奖;2003年的全国大学生数学建模竞赛中,张思明的学生又获新苗一等奖。17年的时间里,张思明的学生在北京市获奖的数学应用项目共有近百项,北大附中在市级以上获奖超过300人次;发表在《数学通报》、《微型计算机与应用》、《中学生数学》等杂志上的学术论文有14篇。这是许多数学教师都未曾做到的。这些成绩有的成为推荐一流大学的"硬指标",有的成为学生留学的"硬条件"。①

张思明是一个勤奋的人。作为班主任,他送走过九个毕业班。在近乎满负荷的工作状态下,他累计写出150万字的专著,发表高质量论文40多篇,获得"苏步清数学教育一等奖"、"胡楚南优秀教学成果奖"等多个奖项。在长达35年的教学生涯中,他先后总结出"极端思维法"、"压盖阅读法"、"3∶2笔记法"等30多种学习方法,大大提高了学生的学习能力和教学效果。执教35年,张思明当了20年班主任,6年年级主任,所带班学生几乎全部升入大学。有的成为理科高考"状元",有的出国留学,有的毕业后成为我国驻外机构的代表。没有上过全日制大学的张思明,亲手把千百名学生送进中国甚至世界一流大学。②

用心做教育,是师生相处的艺术

只有爱才能唤醒爱。这是张思明最切身的感受。

当13岁的他推了家里的自行车到商行委托寄卖时,人家问他为什么卖车,想卖多少钱。他说妈妈病了,想卖70块钱。结果,商行的人对他说:孩子,我们给你90块。这多出的20块,在当时够张思明一家一个月的生活

---

① 符德新:《给你数学的美丽天空》,《中国教育报》2002年9月7日。
② 钟卫宁:《探访特级教师张思明》,《北京日报》2004年12月8日。

费了,他为此,感激对方一辈子。

14岁那年冬天,地面上结着厚厚的冰,他一个人去拉取暖的煤。整整600多斤重的一车煤,爬一个坡时,他弯着腰憋足全身的劲儿向上拉,"叭"的一声,他的鞋被撑破了,脚从鞋里面伸了出来。正当他感到脚瞪不住的时候,突然,呼啦一下,车变轻了,悄然爬上了坡。等他回头看时,帮他推车的人已经转身走开了。

这些来自陌生人的爱心,让张思明对爱有了深刻的认知,也浸透到他后来对事业、对学生的一举一动中。

张思明班上有一个手臂残疾的女生。他注意到,在每次的割草劳动中,那显然不灵便的女孩子却总是不甘落后,比别人多流好多汗,完成得和大家一样多、一样好。张思明充满感动地把这一切看在眼里。一天,他收到一封来自边防前线的信,一个战士诉说生活没意思。张思明将来信交给这个女学生,请她给战士回信。这名女学生吃惊地问:"为什么选我?"张思明说:"你最有资格。"她给那个战士写了很多封信,在鼓舞一颗对生活感到沮丧的心灵的同时也鼓舞着自己。毕业多年后,她给张老师的来信中说:那是今生对我影响最大的一件事。①

和许多班主任一样,面对从小受到父母格外宠爱的独生子女,面对青春期孩子们各种各样的心理问题,张思明也常常感到班主任工作无止境,要求自己不断开拓更广阔的知识领域,了解学生的心理、生理特点,寓教育于知识之中,寓教育于榜样之中,寓教育于对学生的理解和鼓励之中。

在班会和集体活动中,他通过收集的大量素材和自己的亲身经历,给同学们讲"人生的优选法";结合中国革命史在清明节介绍杨靖宇、叶挺等前辈英烈的事迹;组织讨论独生子女的优势和不足;结合高中学习中出现的问题,开办学习方法专题讲座;结合心理学知识为部分学生建立心理档案,介绍记忆规律、自我暗示作用、抄袭和早恋的危害、心理自我保健的方法。他讲究教育内容和过程都要科学、真实,有知识量、信息量,讲求实效。每次班集体外出郊游,他都向同学们提出考察植被、地貌特征,寻找辨认中草药,确定方向、时间、车速、道路,了解环境、民俗、传说,观察同学的长处和特点以及自己的不足等方面的要求和任务,使大家在玩中长知识。每年,张思明都会带着他的学生进行一次外出"科学考察",让学生们在大自然中测量运行中的火车的速度,采几味中草药和植物标本,观察其中的生

---

① 刘华蓉:《数学可亲 育人无痕》,《中国教育报》2004年9月8日。

物全息现象……①

张思明是学生们的好朋友。每年,张思明都会收到不少毕业或出国的学生的来信。学生们佩服张思明,因为他不仅教他们学问和技能,还教他们做人的道理。因为有了张老师,原本不喜欢甚至恐惧数学的学生喜欢上了数学,原本单纯的心灵变得更加纯洁通透。学生们说:"这就是张老师让你不得不服的能耐。"②

教育启示

谁都有梦想,谁都有理想,可是,当面对困难,有多少人能真正力所履及地跨越它?张思明很欣赏周国平的一句话:痛苦是性格的催化剂。它能使强者更强,弱者更弱,暴者更暴,柔者更柔,志者更志,愚者更愚。如果说,生活曾赐予我们不同的磨难,但张思明老师却告诉我们,什么才叫顽强。他信奉"痛苦是性格的催化剂",所以逆境时他不以为苦,强者更强。多少年来,他坚持自学,自强不息的身影一直伴随着学生成长的每一步。同时,他学有所成后,还积极研究创新教学,让枯燥的数学变得有趣,让学生从此爱上数学。正是在痛苦的磨砺里,张思明一步步地成长为教育界和学术界的大师。他的经历再次证明:当一个人把人生中的一切苦难当成老师的时候,这个人的内心世界一定豁达而坦然,一个人所做的一切都是为了一种信念的时候,这个人面对荣辱一定波澜不惊、淡定自若。

在教学上,张思明推崇"教育的最高境界是不留痕迹。"③在张思明看来,只有倾注真实情感的教育,才会收到良好的效果。他说,教师传授的知识可能很快被遗忘,但教师做人、做事的态度,教师的人格却常常对学生产生深远持久的影响。他很少用语言告诉学生应该怎样做、不应该怎样做,而是力求用自己的行动,让学生悟出做人和治学的道理。

对于教育,对于爱学生,张思明也有着自己独到的见解。他说,对教师来说,真正的爱,首先要对学生进行细心的观察。当发现学生需要温暖时,不要直接给他温暖,而是给他一把柴刀说,你去打柴,不会打,我告诉你怎么打。远远地看着他,如果他不能划着火柴,再指点他如何划燃,但绝对不

---

① 王鸣迪:《用心做不留痕迹的教育》,《中国教育报》2004年11月16日。
② 刘华蓉:《数学可亲 育人无痕》,《中国教育报》2004年9月8日。
③ 温红彦:《师爱无痕》,《人民日报》2004年9月16日。

要代替他去做任何事情。他认为,这种爱才是对孩子真正的爱,是对他一辈子负责的爱。

参考文献

1. 白洁静.模范教师张思明.牡丹,2008(8)
2. 申炜,郑玉飞.张思明:中学数学建模的拓荒者.北京:教育科学出版社,2009
3. 张思明.用心做教育.北京:高等教育出版社,2005
4. 杨春茂.张思明与数学课题学习.北京:北京师范大学出版社,2006

问渠哪得清如许,为有源头活水来

——记全国名师于永正

人物素描

  于永正(1941—),男,山东莱阳人。特级教师,国家有突出贡献的专家。1962年从徐州师范学校毕业后,就一直从事小学语文教育教学工作。曾任鼓楼区教研室主任。多次应邀赴外省、市讲学,他的课和报告受到专家、老师们的赞誉。1992年12月14日—16日,国家教委(现为教育部)在南京专门召开了"于永正语文教学研讨会",推广于老师的"五重"教学法。

于永正

经典语录

★ 教学艺术首先是善待学生的艺术,是在师生之间的情中,教师的责任是引导,是鼓舞,是激励。

★ 对于孩子们的学习来说,第一是兴趣,第二是兴趣,第三还是兴趣。当孩子们兴味十足地投入到学习中时,学习就变成了一种特殊的享受,变成了一种精神的需要。

★ 语文教学应当充满情趣。只有情趣盎然的课堂才能激发学生的学习兴趣,只有情趣盎然的氛围才能引领学生进入语文的自由王国。

★ 教学中不妨加点幽默。幽默是教学的得力助手。幽默可以使语文学习化难为易,幽默可以使课堂气氛和谐融洽,幽默可以使师生心灵对接沟通。

★ 老师笑着看学生,学生就会笑着看老师。

教学艺术是善待学生的艺术

1962年9月1日,21岁的山东小伙于永正成为了徐州市搬运工人子弟学校三年级(2)班的语文教师。第一天上课,他就让学生们念念不忘——将两个打架的孩子请出了教室。接下来的一个多月,罚站、请家长、用粉笔头砸……他几乎全靠这些手段才维持班级秩序。直到有一天,一个愣头孩子朝着他大喊:"老师打人!"

就是这一句怒吼,把血气方刚的他从愤怒中点醒。他的心顿时柔和了下来:自己是不是太过于严苛,成天板着面孔说教学生,只能使自己和学生拉开距离。

孩子的眼睛是最明亮的,孩子的心是最清澈的。于永正开始反思自己,渐渐悟出一个道理:老师要蹲下来看学生,只有走近学生、体谅学生,才能和学生融为一体。

于是,此后的于永正,仿佛完全变了一个人。他变得平和,可亲,面对调皮捣蛋的学生,不是怒目相对,而是和风细语地教诲。"您在我的心目中,不但是一位好老师,而且是一位好的大朋友。您亲切、和蔼。我第一次上您的课时,就不怕您,一点也不怕。我永生也不会忘记您这位思想活跃、开阔,性格活泼的大朋友"。——这是一位叫张婕的学生毕业前写给于永正的信中的一段话。多年来,几乎所有学生给他写的"评语"中都有"慈祥和蔼"这类字眼。

于永正说:"教学艺术是由师生共同创造、共同完成的,课堂教学的精彩常常不是因为老师的精彩而精彩,而是因为学生的精彩而精彩。好多情况下,掌声不是送给老师的,而是送给学生的。所以,要使教学真正成为艺术,还得研究学生。"正是怀着一颗对学生的爱心,于永正不仅将自己的课堂变得生动活泼,也让更多的学生在老师身上看到了宝贵的"师德"。

几十年来,于永正老师讲过无数的公开课,有细心的老师发现了他之所以能在课堂上与学生无拘无束对话的小窍门:每当于老师请学生回答问题或读书时,他总是俯下身子把自己戴在胸前的微型话筒对准学生,搂着学生的肩膀和学生贴得很近,好似用自己的心在倾听学生的回答。这样一个看似非常平常的动作,让于老师和学生贴得是那么近。学生们几乎都可以感受到于老师的呼吸、于老师的心跳,更能够感受到于老师对他们慈父般的关爱、朋友般的亲密。此时师生之间已没有了距离。

有一位名叫张斌的学生,语文成绩一直不好。一次默写生词,他居然全写对了,对他而言,这简直是破天荒!于永正大大地表扬了他一番,从此张斌就爱上了学习。此前,张斌的作文水平更是一般。读三年级时,有一次,张斌的作文不但没错一个字,而且还很通顺,为此,于老师不仅全篇画上了红色波浪线,还当着全班同学的面朗读了他的作文。于老师说:"下次作文,张斌再不错一个字,而且写得通顺,全班同学为他唱一首歌。"张斌备受鼓舞,他听讲认真,写作文专心,进步很快。第二次评讲作文时,张斌作文果然又没错一个字,而且写得通顺,篇幅也增加了许多,同学们大声地为他鼓掌,然后为他唱了一首由他自己点的歌儿。张斌激动不已,学生们也为他高兴。从此以后,张斌每次写作文都很努力,尽管进步很缓慢。作文只写三四行,仅仅因为没有错别字,写得通顺就值得表扬吗?值得。因为对张斌来说,就是了不起的进步。"理解,就是要承认差别,尊重差别;理解,就是要发现平时只能举起50公斤杠铃,而今天他却举起了50.01公斤重量的微小进步,并予以肯定与鼓励。因为这个进步对他来讲实属不易。"①

有一次,于永正在讲授《我的伯父鲁迅先生》,有一位同学问他"饱经风霜"什么意思。话音一落,个别学生笑起来。这笑显然带有冷嘲的性质。他灵机一动,说:"这个问题提得好。这位同学是想考考我们的理解力和想

---

① 于永正:《教学艺术来自对学生的理解和尊重》,《青年教师》2009年第1期。

象力。请大家想象一下:这位车夫的'饱经风霜的脸'会是一张什么样的脸?然后写下来。"于是,各种抽象的词语在每个学生的脑海里形成了活的画面,然后又形成了一段生动的文字。学生们对车夫饱经风霜的脸刻画得生动而深刻。一段段文字生动而形象地诠释了"饱经风霜"的意思。从此,他每教这一课,都保留了这个读与写有机结合的环节,取得了良好的教学效果,也得到了众多听课老师的肯定。①

还有一次于永正上阅读课,学生朱涛向他暗示:他的同桌孙建军睡着了。于老师立即示意别惊醒他,让他睡。与其让他混混沌沌地听,不如让他睡足觉,养足精神,把下面的课上好。同时,作为老师,他还故意压低了讲课的声音。此后,在较长的一段时间内,孙建军每次见到于老师便不好意思地笑。②相信,这笑的意思大概只有他和敬爱的于老师能懂。

对于上课迟到的学生,于永正从来不批评。因为自己小时候一旦迟到,宁肯旷课也不敢走进校门,更不要说进教室了。当摇身一变成为老师后,于永正特别能理解学生。于是,他对学生们说:"迟到了,敢在教室门外喊一声'报告',该需要多大的勇气啊!"不但如此说,还送给迟到的同学一个理解的笑。

教学艺术是处理教材的艺术,更是善待学生的艺术。基于此,于永正在自己的新书《语文教学实录荟萃》的扉页上写了这样一段话:"心中藏着爱意和善意,有着民主和尊重,它一定会自然地流露。这种流露,便是一种非常简洁的教学风格,一种令人陶醉的教学艺术。"

"言语交际表达训练"的实验探索

1983年的一天晚上,一位邻居请于永正老师替他写了一份住房申请报告,而他两个读中学的孩子(其中一个读高中)居然不会写!这引起了于永正老师的思考:我们的作文教学是干什么的?为什么中学生不会写借条,师范生不会写教学计划,大学生不会写调查报告的现象普遍存在?我们作文教学的问题出在哪里?

时隔不久,于老师看到了潘自由先生写的一篇题为《按社会生活的实际需要改革作文教学》的文章,潘先生指出:"作文教学必须从言语交际的实际出发,为言语交际的实际需要服务,必须把每次作文看成是生活中的一次现实的言语交际。像实战一样练兵,训练才能真正落到

---

①② 于永正:《教学艺术来自对学生的理解和尊重》,《青年教师》2009年第1期。

实处。"

在潘自由先生的指导下,于永正老师和他的同事们产生了这样的构想:把"从社会言语交际的实际需要出发,为社会言语交际的实际需要服务"作为指导思想,把"先有生活、感受而后作文"、"从交际中学会交际"、"各种文体交叉、说和写交叉、读和写交叉"作为三条原则,把"寓说写训练于交际、活动之中"作为基本的训练形式,"使说话、作文成为现实的言语交际"。①

于永正从 1985 年秋开始了"言语交际表达训练"的实验探索。其主要做法是②:

第一,利用生活本身提供的言语交际的机会和素材进行说写训练。把探索的触角伸向学校、家庭、社会等生活领域,用"言语交际"的眼光审视它们时,发现了一个作文教学的新天地。

第二,创设言语交际的情境。

第三,开展活动,相机安排说、写训练。由于每次说、写都是活动本身的需要,都是活动本身的不可缺少的一部分,学生都是自觉地、全身心地投入。

第四,通信作文。作文完全成为一种交际的需要。

"言语交际表达训练"否定了为作文而作文,为升学考试而作文的思想,强调了语文教学的应用性,强调了作文教学的社会效益。

关于生活和感受的积累:于永正认为学生对自然、社会接触得少,参加的活动少,学生的生活单调,感受不多,情感不丰富,势必影响到他们的理解,难以学出灵性来。于是他经常把学生带到大自然中去,带到博物馆去,带到军营去,带到工厂去,经常开展一些有益的活动。③他带过两轮实验班,每个班都和一所农村小学的对等班结为友谊班,性别相同的学生一一结为"对子",成为朋友,指导他们定期通信,每年还到对方学校、家庭做客一次,搞一次活动,或看飞机,或钻坦克,或看解放军操练、射击,或共同爬山、垂钓,让城里的孩子了解农村,让农村的孩子了解城市。其目的是给每个学生一个金色的童年,给每个学生留下美好的记忆,让他们玩出天性来,学出灵性来。

于永正认为,写字就是育人,学写字就是学做人。写好汉字离不开字帖,离不开读帖和描红、仿影、临摹。这是写好汉字的规律,是写字教学必

---

①③　于永正:《教学艺术来自对学生的理解和尊重》,《青年教师》2009 年第 1 期。
②　庞会香:《于永正语文教育思想与实践研究》,山东师范大学 2005 年硕士学位论文。

须遵循的规律。于是,于永正和他的同事们花力气搞了一套硬笔字楷书字帖;又以教研室的名义规定每校每天安排15分钟的写字课(以硬笔为主),照着字帖描、仿、临。几年后,不单单是学生们的字写好了,向"火柴杆体"告别了,而且对待学习的态度也彻底改变了。有些原本烦躁好动的孩子,变得坐姿端正,学习专心了;有些性格孤僻、内向的孩子变得活泼、外向了;有些邋遢惯了的孩子变得有条理,讲卫生了;有些粗心大意的孩子,变得心细了,观察能力强了;有些做事虎头蛇尾的孩子变得有恒心了。于永正欣喜不已。①

于永正老师崇尚艺术,推崇艺术教育。他把"没有艺术的教育是残缺的教育"作为自己的信条。他说:"如果说,我对教材的理解比较深,教法的设计比较新,教学的情感比较充沛,思维比较活跃,想象力比较丰富,那么,应该说,是得益于艺术对我的熏陶,尤其是音乐对我的熏陶。"

1990年秋,他在鼓楼小学带了一个"素质教育实验班",在课程上作了改革。改革之一,就是把学习演奏乐器列入正式课表;时间,每周一下午。到小学毕业时,每人至少会演奏一种乐器,有人会两三种。另外,每周还安排了两节舞蹈课。于永正认为,艺术教育的基础是文学,尤其是中国古典文学。每一个炎黄子孙,从小都应该学点古诗文。在于老师所带的实验班里,人均背诵古诗文100首(篇)以上,有的能背300首(篇)。艺术教育,使学生变得成熟而灵秀。在实践中,于老师体会到艺术是养人的。②

他跟小学时教地理的徐同芳老师学到了画地图的本领;他跟小学时的张敬斋老师学到了拉京胡的本领;他受初中语文教师李晓旭的影响,说话力求清晰畅达,有幽默感,写文章力求朴实无华,淡而有味;他受师范时教数学的徐惠通老师启发,喜欢上了学琴、练字;他受同事张庆的影响,更加手不释卷,勤于笔耕;他的教学,吸收了袁浩、贾志敏、张树林等老师的许多长处;他在教学实践、探索中,虚心接受了张田若、朱作仁、杨再隋、潘自由等学者的指导,且能把专家的理论、见解转化为课堂教学行为,取得良好的教学效果。

身为人师,尊生尊师并举

著名思维科学家张光鉴教授说:"以学生为本,就是老师和学生相似。"在于永正看来,老师和学生相似就是蹲下来看学生,或者说,想一想孩提时

---

①② 于永正:《教学艺术来自对学生的理解和尊重》,《青年教师》2009年第1期。

代的自己,想过些什么,做过些什么,让孩提时代的自己和学生在一起。"只有在教师和学生的心灵之间组成一种相似的和谐的振动,才能使学生与所学的知识产生共鸣"。

一次,上古诗《草》,于永正要求学生把"春风吹又生"的诗意画出来。一位小朋友把风画成黄色,他点评道,这位小朋友想,风会挟带沙尘,所以画成了黄色。有一位小朋友把风画成绿色,于老师点评道,这位小朋友想风会吹绿小草和庄稼,王安石不也说过"春风又绿江南岸"吗?你长大了,说不定也会成为诗人。经他评说,孩子们的脸上现出了会心的微笑,个个心里乐开了花。按着我们成人的逻辑,风是无形的,是看不见、摸不着的。说风是黄色已经勉强,说成绿色的岂不更是荒谬?但于老师想,如果否定他们——哪怕态度很温和——不就把学生的想象力封杀了?说不定还真的扼杀了一位未来的诗人呢。蹲下来看学生,许多幼稚可笑的东西,便会觉得不幼稚,不可笑;许多错的东西,往往有其合理的一面,找出一点能肯定的,总比全部否定的好。①

一天中午,魏亚军和刘扬发现院子里停着的一辆军用卡车里面装满了黄瓜,见四下无人,便爬上去偷吃。这事被于老师知道了,但迟迟没找他俩谈话,而是采取了"冷处理"的办法。为什么?原因之一是于老师联想到了小时候的自己也干过类似的事情,于是心情平静了。三四天之后,于老师对着魏亚军的耳朵悄悄地说了一句:"亚军,偷来的黄瓜好吃吗?"蹲下来看学生,就会体谅学生的错误,采取学生能够接受的、效果较好的处理方式和方法。②

于老师尊重学生的主体地位,他认为课堂上不是学生配合老师,而是老师配合学生,帮助学生学习,老师的"配合"作用体现在启发、点拨上,体现在耐心和态度的和蔼上,还体现在发自内心的动情的鼓励上。于老师毫不吝啬地把表扬送给他的学生。

二年级的一位小朋友习作有了进步,于老师在他的作文簿上画了一只跷起大拇指的手,并在旁边写了一个加拼音的"棒"字。在于老师的课堂上,像"何超,你真是好样的!有了这种顽强的精神,何愁何超不过别人!""李明李明,画画真行!""请你介绍介绍取得成功的经验好不好?",这样的肯定性、鼓励性的话语,帮许许多多学习困难的学生扬起了自信的风帆。③

体谅学生,既体现了教师对学生的尊重,也蕴含着教师对学生的爱。

---

①②③ 于永正:《教学艺术来自对学生的理解和尊重》,《青年教师》2009年第1期。

有一天,于老师发现刘云站在教室门口,低着头,鼻涕从鼻孔里探出头来,一本书拿在手里。"是迟到了,还是犯错误被老师撵出来了?"于老师问。"迟到了。"他轻吸了一下鼻子回答着。于老师推开门,对正在讲数学的侯老师说:"迟到了,敢进校门,敢在教室门外喊一声'报告',需要多大的勇气!就凭这一点,我看是不是让刘云进教室听课?"于老师对全班学生说:"我小的时候,有一天,迟到了,连校门也不敢进,在大门口转悠了半天,又背着书包回家了。我不如刘云。"刘云把快要"过河"的鼻涕迅速擦掉,偷偷地笑了。①

虽然事业取得了成功,无数的鲜花与掌声接踵而至,但于永正很谦虚,他将自己在教学上有所作为的原因归结为善于博采众长,兼收并蓄。

他说:"我敏于发现'巨人',并马上爬到其肩膀之上,直直地站立起来。不只是巨人,只要在某一方面比我略高一筹的,哪怕一个生字的处理有独到之处,我都要学。"

1994年秋,于永正老师听天津特级教师张树林上《火烧云》一课,一位女学生在回答"作者从哪几个方面写火烧云的变化"时,卡了壳。张老师慈祥地说:"请不必着急,好好想一想。"时间一秒一秒地过去了。全场出奇的静。许多学生举手,表示要为同伴解围;听课的老师们则为她捏了一把汗。"想不出来可以看书。"张老师依旧笑着。在老师的鼓励与期待中,她终于圆满地、准确地答出来了。于永正老师深深地被这个细节所折射出来的教学策略、教学观念所感动,顿时觉得认识得到了升华。

于是,有了下面的一幕:1996年12月底,于老师应邀到丹阳师范附属小学上观摩课——《新型玻璃》,他请一位女同学读第一段,她第一次读"一个划破玻璃企图盗窃展品的罪犯被抓住了"这句话时,把句子读错了。于老师说:"这句话比较长,难读。请你再读一遍。"第二次虽然流畅一些了,但是又把"被"字丢了。她一连读了七遍,都没读正确!她很急,失去了信心,想坐下。于老师抚摸着她的肩,说:"你深呼吸一口气,放松放松,然后一字一字地在心里把这句话默读一遍,第八次准能把漏掉的字读出来。"她这样做了。第八次终于获得了成功,读得既正确又流利。于老师和全班同学一起为她鼓掌。掌声差一点把她的泪水激出来。于老师郑重地说:"记住,爱心献给别人,信心留给自己。"②

如今的于永正,中等个,头发花白,带着一副白边近视镜,他朴素、儒雅、谦恭,尽管已过花甲之年,仍然精神矍铄,神采奕奕。他的足迹踏遍了

---

①② 于永正:《教学艺术来自对学生的理解和尊重》,《青年教师》2009年第1期。

我国30多个省（市、自治区），他的"五重"教学和在全国独树一帜的"言语交际表达训练"的作文教学传遍了大江南北。

教育启示

苏联著名教育家苏霍姆林斯基曾说过："只有那些始终不忘记自己也曾是一个孩子的人，才能成为真正的教师。"同样，不忘记自己曾经是孩子，才会理解孩子。理解孩子，爱才会具体而丰富，尊重孩子，课堂上才会有民主，才会充满情趣。于永正的人格魅力，正体现在这里。几十年来，于永正的工作舞台，便是教室；他的工作对象，便是学生。教书育人，知识体系，教学方法，这些俨然已是基本前提，但要想真的轻松如穿云隙而过，就得学会尊重学生，尊重他们的内心，尊重他们的主体愿望，和学生做朋友。当你看到学生写给他的："我永生也不会忘记您这位思想活跃、开阔，性格活泼的大朋友"这句话时，你便会明白他成功的最大秘诀是什么了。

于老师擅长用诙谐和幽默给学生"解压"，与学生沟通感情，以童心换童心，营造出轻松愉快，生动活泼的教学氛围，课堂上笑声阵阵，气氛和谐，高潮不断。在轻松愉快的气氛中，短短的一节课，学生的听、说、读、写都得到了扎实的训练。多年后学生长大成人了，还常常回味着于老师的课堂，有的学生竟能再现他当年的表情、动作和语言。可见，"老师"这本书，多点知识性、趣味性，学生读起来就会有味道。这正是永葆童心的于永正。他不仅深谙语文教学的真谛，还洞悉学生的心灵世界，对学生倾注了满腔的爱。他了解儿童，研究儿童，与学生同唱、同跳、同喜、同悲，既是学生的老师，又是学生的好朋友。他深知学生不是装知识的口袋，不是机器人，而是有血有肉有情感的人，他们需要理解和尊重，需要肯定和激励。所以，于老师备课先备"读"，不把课文朗读得声情并茂，决不罢休，到了课堂上，他又通过组织、示范、点拨、引导、激励，调动学生的思维和兴趣，让他们兴致盎然、情感投入，真正能够成为学习的主人。他的课堂艺术，同时也是尊重与激励的艺术。

作为中国教育界如今仍健在的泰斗级的人物，69岁的于永正这样形容自己的个性特征：幽默开朗、沉着自信、轻松兴奋。同时，他兴趣广泛，京剧、书法、绘画、文学样样皆通。这样的人，他的事业怎能不充满生机，步步为"赢"？这样的人，他的生活，怎能不行云流水，摇曳多姿？

参考文献

1. 于永正.教学艺术来自对学生的理解和尊重.青年教师,2009(1)
2. 庞会香.于永正语文教育思想与实践研究.山东师范大学硕士学位论文,2005
3. 于永正.教海漫记.徐州:中国矿业大学出版社,2005
4. 于永正.个性化备课经验.北京:教育科学出版社.2007
5. 于永正.于永正语文教学实录荟萃.徐州:中国矿业大学出版社,2005
6. 于永正.于永正课堂教学教例与经验.北京:人民日报出版社,1995

不断超越自我
——记全国名师任勇

人物素描

任勇(1958—),男,河南信阳人,数学特级教师,担任福建省厦门市教育局副局长,北京师范大学兼职教授,中国学习科学研究会副会长,福建省特级教师协会副会长,福建省数学教学研究会副理事长,厦门市特级教师协会会长,厦门市数学教学研究会理事长等。

从"知青"到教师,再到特级教师以至副局长,任勇一直在不断超越自

任勇

己。他着重研究学习科学理论,并将其与自己的教育实践相结合,取得非常好的效果。已编写和参与编写《任勇与数学学习指导》、《走向卓越:为什么不?》、《为发展而教育》等80多部学术专著,在《教育研究》、《数学通报》等国家级、省级以上刊物发表各类文章近800篇,先后应邀赴师范院校和全国30多个省、市、自治区讲学400余场。1998年享受国务院政府特殊津贴,1999年荣获"苏步青数学教育奖"一等奖,2004年获全国首届"学习型家庭"光荣称号。先后荣获福建省优秀青年教师、福建省科技教育十大新秀、福建省优秀专家、厦门市拔尖人才等称号。

经典语录

★ 人生之路,是一个不断自我完善的过程。人生之路,也是伴随着足与不足的过程。足与不足,一切尽在认识自我、战胜自我中。

★ 教师要成才,就必须确定目标,并将实现目标的各种因素充分调动起来,并持之以恒地奋斗。一个数学教师若只满足于当一个教书匠,而没有远大的志向,是绝对不可能成为杰出的数学教育家的。虽然,我们不一定都能成为数学教育家,但我们应当向这个方向迈进,必然会有丰硕的成果。

★ 只有踏踏实实地沉下去,才能潇潇洒洒地浮起来。

★ 爱是打开学生感情大门的钥匙。当学生知道你是真诚地热爱他们时,他们的感情大门、智慧大门就向你打开。数学教育应该是建立在爱上的教育,教师对学生的热爱,对数学的热爱,对科学的崇尚,就会激发起学生对教师的尊敬,对数学的执著探索和对科学的追求。

★ 一所学校,只有坚持不断提高教育科研品位,才能有长足的发展;一个教师,也只有走教学与教研相结合之路,才能将教育教学工作提高到一个新的境界。

★ 21世纪的人民教师要具有崇高师德,具有先进的教育观念,具有合理的知识结构,具有娴熟的教育教学能力,具有科学意识和科研能力,具有健康的身心。

数学老师:意外的结果,坚定的选择

1977年国家恢复高考的时候,任勇像许多青年一样是下乡的"知青"。

他从广播里听到这个消息后,兴奋不已。但是当时正值秋收冬种之际,很难请假,任勇就想出了歪点子。他本来想让同事在自己不关键的部位砍上一刀,造成工伤好请假,但是同事不敢下手。最后他索性用漆树枝抽打自己的双脚,让它们过敏,但是这一次居然不过敏。他就用手狠狠地抓,让它们流血流脓,这才请成了假。

读书的时候,任勇曾经当过化学课代表,当"知青"的时候又是"修地球",所以在填写高考志愿的时候,他报考的是南京大学地球化学专业,其他的志愿专业也都是和化学相关的。然而,他没有填报师范类学校,却被龙岩师专录取了;他报的是化学专业,最后却被录取到数学系去了。但是对于任勇来说,能够获得读书的机会,能够成为一名教师,已经很满足了。

1979年9月,从龙岩师专毕业的任勇被分配到龙岩一中任教。对于任勇来说,自己的教学目标很简单,一是用真诚的爱心来影响学生、感动学生、教育学生,二是不断提高自己的教学能力,高水平地培养学生。他喜欢和学生在课后打球,甚至自己会提前去抢占球场,等学生下课,然后一起打球。在打球的过程中,他会无声无息地教育那些不爱学习的学生,鼓励他们学习要像打球一样认真,树立他们的信心,激发他们的学习热情。

他还将灯谜和游戏引入自己的课堂中,丰富了课堂内容,活跃了课堂气氛,训练了学生的思维。有一次,任勇上汇报课"实数的大小",学校分管教学的副校长、教务处主任和许多老师都来听课。他用十分钟就把原理和例题讲解完了,剩余的时间都用来和学生做游戏,课堂气氛十分活跃,效果非常好。课后,领导和教师都给他的汇报课很高的评价,认为他的数学功底扎实,善于调动学生的学习积极性,课堂思维活跃,启发性强等。他的学生非常喜欢他的数学课,因为他的课有灯谜,有激情,有美感,有诗意。

三年过后,这一届学生参加中考取得优异的成绩,但是更重要的是,他们在初中三年时间里养成了良好的品行,德、智、体得到长足的发展。

年轻的任勇对工作充满着热情。1983年的一天,教务处布置学校和市里的科技月活动内容,很多班主任对此都不重视,可对于从小就喜爱科技的任勇而言,却非常重视这项班主任工作。他带领学生进行科技阅读,指导他们的小创作和小发明以及小论文的撰写。两个星期后,全班选送了100多件作品参加学校的评选,占了学校上送作品总数的2/3。在市里的评选中,他们的作品又占了1/3。这对于仅当了四年班主任的任勇来说是极大的鼓舞。校领导在各种会上表扬他说:"世上最怕'认真'二字,任勇老师办事最认真,结果出了大成果,为学校争了光!"

在年级里,那些没有老师上的选修课和讲座,任勇都让年级主任"打包"给自己。他先后上了《中学生多功能智能开发与训练》、《初中生心理特征与学习对策》、《智力因素与学习》、《怎样搞好课外学习》等很多选修课和讲座,深受学生的欢迎。他对数学组长说:"我们数学组的课程或讲座,如果没有人上,我可以'承包'。"正为找不到人的数学组组长乐极了,把没人上的课程和讲座都"承包"给了任勇,先后积累起来有30多个课题。对于每一个课程和讲座,任勇都用心准备,他将科学性、趣味性和知识性融为一体,深深启发着学生,也深受学生的欢迎。

初到龙岩一中的时候,任勇就感受到自己知识的不足,需要接受更多的教育。他想过直接考研究生,但是由于家庭情况,他需要支持弟弟妹妹上学,所以这个想法就没有实现。1980年,任勇报了福建师大在龙岩开设的数学本科函授班,一学就是六年。他不是为了学历证书而读书,而是切实为了学习更多的知识读书。

在职业生涯的第一阶段,年轻的任勇把青春和热情都撒在教育事业上,他积累了丰富的教学经验,对教育的本质了解得更加透彻。1986年,他当上学校教研室副主任,在全校推广设置相关课程和讲座,惠及更多学生;周围的学校也纷纷邀请他去作讲学,一时声名鹊起。

在"学习科学"研究中成长

1984年初,任勇带着自己的一篇经验文章到连城县参加地区年会,当时福建省教研室主任林铭荪很赏识他:"年轻人,你写得很有特色!从现在开始进行教育科研,将来一定大有出息。"任勇被这句话激荡着。会后,他和龙岩地区教研室的陈清森老师聊天,谈起青年教师的发展,陈老师也提出一点,即"搞教育研究,可以提升你的品位"。虽然教师搞科研在当时还存在不同的意见,但是任勇却感到豁然开朗,决心走教育科研之路。

1984年10月,任勇作为正式代表中最年轻的教师参加在安徽举行的中国教育学会数学教学研究会第二次年会,一路上十分高兴,心气颇高。在会议期间,他与别的教师一起去拜访郭思乐和张乃达等名师,他发现别人讨论的话题自己都插不上嘴,因为他们讲的都是最前沿的理论研究性问题。第二天的大会上,福建省曾健民老师的文章《系统工程原理在数学教学法研究中的应用浅析》被评为二等奖。这篇"浅析"的文章任勇看起来似懂非懂,他就想要是"深析",那该多深啊?他的内心受到极大的震撼,深深感到自己才疏学浅。会后,他直接坐车到上海买书,疯狂学习。

1987年初,任勇在杂志上看到一则征文启事,他就写了《遵循学生心理

规律,搞好初中数学教学》一文,并最终受邀参加被称为"我国学习科学史上第一次具有里程碑意义的重要会议"。当时他对于学习学还是懵懵懂懂的,在讨论会上也只是认真听,没有发言。返回的途中,他对老校长说可以写一些开设学习方法课的讲座稿。老校长说:"你干脆写本书吧,写出来我给你印。"说者可能是无意的,但听者任勇却认真做。他一边学习有关的理论著作,一边着手书写起来。在条件极其艰苦的情况下,他花了一个月的时间完成了手写稿,让老校长为之惊喜。这本《初中学习方法与能力培养》首先印刷400本,供初一使用,只上了几次课,就很受学生、教师和家长的欢迎。后来,西北工业大学出版社决定出版这本书,连续印了六年,达到15万册。这是任勇的第一本专著,教育界领导给予极高的评价。从这时起,任勇为自己定下"十百千工程",即在有生之年要主持或负责完成十个市级以上的实验课题,争取出版100本书,争取发表1 000篇文章。

在教学理论与实践中,任勇深深感到,长期以来,对于教学基本是多研究教,少研究学,而实践证明,忽视了学,教也就失去了针对性,减弱了实效性。一个学生要想取得优良的学习效果,单靠教师教得好是不够的,学生自身学习还必须得法。① 因此,从1987年开始,任勇开始关注学习学的研究和发展,并将其实践于自己的教学中。他坚持为学生上学习指导课,教给他们学习的方法,让学习指导慢慢渗透到学生的心里。

1990年,任勇牵头成立福建省学习学研究会,担任秘书长。他组织研究会多次召开学术研讨会,促进福建学习学研究的发展。他们的研究涵盖学习学的多个方面,尤其是对中学生学习特点和规律的研究,取得喜人的成果,出了多部著作,使福建学习学研究会成为该领域国内的活跃地带。

在学习学研究的过程中,任勇也在不断充实自己的理论知识和实践经验。他阅读的范围涵括教育学、学习科学、哲学、文学等,订阅了所能订阅到的数学期刊和教育杂志,家里藏书有万册之多。作为数学老师和班主任,不管名气多大,任勇依然兢兢业业站在讲台上,他把自己的学生当做研究对象,把每次备课、上课、讲课和批改作业当做实践研究。在龙岩一中,他带的班级参加中考和高考,数学平均成绩在省内都是第一。

1991年7月,任勇到哈尔滨参加全国中学学习科学第二届学术年会,由于主讲人魏书生不能及时赶到现场,大会决定让任勇接替他去做讲座。接到通知的时候已经是午夜,任勇还喝了点酒,他推辞不掉邀请,连夜将讲

---

① 赖一郎:《青春是一把熊熊燃烧的火炬——青年任勇是怎样成长的》,《福建基础教育研究》2009年第3期。

座提纲拟好。凭着自己多年的教学经验和理论积淀,他用充满激情、美感和诗意的语言为4 000多教师和学生做了精彩的报告,受到很高的评价,反响热烈。会后,哈尔滨市还专门邀请他在哈尔滨第一中学为500多位教师做专门的指导讲座。

这次大会上的表现使任勇被更多人所认识,他成为国内研究学习学的代表人物,人们在谈论学习学的时候很自然地就会想到任勇,而谈到任勇的时候,说得最多的就是学习学。

特级教师的不断自我超越

1992年,福建省在全省范围内破格评选一批高级教师,学校领导和教师都鼓励任勇申报,地区职改办的工作人员甚至将表格都送来了。任勇对照了申请的相关条件,全部都符合了。其中一项要求申请人在有CN刊号的期刊上发表2篇以上的本学科论文,他在这一项上的数字是102篇,结果,他顺利评上了高级教师。

1994年,经过多层的评选,任勇评上了福建省数学特级教师,成为当时福建省最年轻的特级教师之一。被评上特级教师的任勇很激动,因为那代表着自己的努力被认可,同时他又深感不安,觉得新时代对教师提出了更高的要求。所以他在不断充实自己的知识,完善自己的教学,丰富自己的教育思想。

任勇重视自身的学习,他认为,在评上特级教师之后,要有新的学习观和学习要求。1999年,他完成了福建师范大学教育硕士(数学教育)研究生课程,2001年参加骨干教师国家级培训,2003年完成了教育部中学校长培训中心第26期全国重点中学校长研修班的学习,2005年参加北京师范大学博士生课程班学习。进修学习让他获得系统的学习机会,对自己的原有知识结构起到补充、延展的作用。他还向同行学习,取人之长,补己之短;向学生学习,与学生共同成长;向报刊书籍学习,在书海中获取灵感和智慧,在书海中探索和创新;向网络学习,充分利用丰富的网络资源;向实践学习,在实践中获取技能和知识,在实践中收获进步。

学习的内涵是丰富的,任勇说:"毫无疑问,最重要的学习是终身学习理念下的学会学习。在信息时代,终身学习将成为整个生活的重要内容和律令,成为人们的一种生活方式,而教师职业又注定在这方面的要求要高于一般人。……人们不仅要终身学习,还要在这种理念下学习。……无论是为迎接新世纪的挑战,是为肩负时代赋予的使命,还是为成为走向未来的名师,都需要我们学习、学习、再学习。"①

1996年,任勇来到厦门双十中学任高三数学老师,同时还是龙岩一中高三的奥数教练。那段时间,他周一至周六在双十中学上数学课,周日到龙岩一中连上五节奥数课。他劳碌奔波着,感动了两边的学生,他们也用优异的成绩来回报任勇。

1997年3月,任勇开始担任厦门双十中学教研室副主任,主管学校教育科研工作;1999年1月担任双十中学校长助理,9月份转为副校长。频繁的岗位调动给他提出了更多的问题,他需要在不断的工作中学习新的知识,不管是数学教学的知识,还是教育科研工作,或是学校管理的知识。

2002年9月,厦门市委决定任命任勇为厦门一中校长,就这样,他走入了厦门最好的中学。他梦想着在这里干到退休。然而,2006年8月份的一个电话又一次改变了他的人生规划,他被调到厦门市教育局担任副局长,希望他用自己的教育经历和教育智慧去推动厦门教育的新一轮发展。

评上特级教师后,为什么任勇还有那么高的热情面对教学和科研,仍能取得那么多的成果,对此他认为自己的力量来自于不断超越自我的信念。他认为,一个优秀的教师,德能并重还不够,还必须拥有师智和师魂。师智就是教师的智慧。在现代社会,一位优秀教师的智慧必须是精与博的有效结合。在专业技能和理论水准方面,必须力求精深;在人文精神和科研理念方面,必须力求广博;在一般智力结构和特殊的思维品质方面,必须力求合理有效。师魂,就是教师的灵魂。师之魂,体现在教师的一言一行、一举一动、一点一滴中,既体现了自己的形象,又时时润入学生的心田。②

任勇初为人师的时候,并没有为自己树立明确的教育目标,后来,他将做全面发展的研究型的人民教师定位为自己的目标。随着时代的发展和自己能力的提升,他将目标提高了,他要成为做高素质的新世纪育才者。不断学习、不断进取,这就是不断超越自我的任勇。

他将育人和学会学习融于数学教学中

数学教育的真谛是什么?任勇认为,总的来说,数学教育要着眼于学生的发展,着眼于学生的未来。具体地说,数学教育要尊重和确立学生在教学中的主体地位,要引导学生积极参与教学,要培养学生对问题主动探

---

① 教育部师范教育司组编:《任勇与数学学习指导》,北京师范大学出版社2005版,第20页。
② 人民教育编辑部主编:《名师人生》,高等教育出版社2010版,第176页。

索、独立思考的积极态度,要引发学生的创新意识和重视培养学生实践能力。① 因此,在他的教学中,他注重将对学生的教育融于数学教学中,让学生在数学课堂上学会学习。

"爱就是教育,没有爱,就没有教育"。这是任勇数学教育基本的一条,他认为爱是打开学生感情的钥匙,数学教育只有建立在教师对学生的爱、对数学的爱、对科学的崇尚之上,才能激发学生对教师的尊敬,对数学的执著探索和对科学的追求。一位叫晓江的学生只在他的班级上过一天学,就到福建省体工队去了,身为班主任的任勇专门组织班级为他举办了一个简短的欢送会,同学对他说了很多激励的话,任勇也在品德、学习和运动等方面提出了一些要求,晚上还去家访,之后还保持三年的书信往来。对于一个只带过一天的学生却付出那么多,就是任勇对他的关怀和爱。

作为数学老师和班主任,任勇将对学生的思想政治教育融入数学教学中。他认为数学教学中的思想品德的内容不是外加的,而是内蕴于数学教材之中的。他以数学的广泛应用来激发学生为建设社会主义学好数学的热情,以丰富的数学内容来培养学生的辩证唯物主义观点,以数学的美来培养学生高尚的审美情操,通过数学学习的深化来培养学生的非智力品质,通过介绍数学史和数学家的光辉事迹来培养学生的奉献精神和探索精神。在这种教育中,不仅使学生学到数学知识,还将枯燥的思想政治教育丰富化了。

在长期的教学实践中,任勇认识到数学教育单靠教师的教,是不能实现教学的目标的,还需要挖掘学生学的能力。充分调动学生的学的积极性和提高学生学的能力,是教师教育的重要部分。他将学生定位为学习的主体,让学生在学习中充分发挥主观能动性,主动探索,主动发展。他将一个班级的学生分为不同层次,有针对性地辅导,真正树立为学生服务的观念。在教学中,他以单元结构教学法为主,辅助以其他教学方法,整体推进,使学生可以从多层次、多视角全面认识数学问题。他的过程教学让学生参与和经历整节课的思维过程,充分体现知识、发生、形成的过程,挖掘解题的思维价值。他将方法渗透在数学教学中,使学生的头脑形成一个具有"活性"的数学知识结构,促进学生数学能力的发展。他把问题作为数学教学的出发点,培养学生的问题意识,激发他们学习数学的兴趣。

任勇从20世纪80年代开始一直致力于学习学的科研中,他开设的学习指导课就是为了让学生学会学习。在长期的数学教学中,他将学习指导

---

① 任勇:《追求数学教育的真谛》,《人民教育》2001年第10期。

渗入自己的课堂之中,让它们在无形之中被学生吸收。在学生制订学习计划、课前预习、课堂学习、课后复习、作业和学习总结、课外学习时,都可以将学习指导理念渗透进去。

数学课不能简单地上数学,应该挖掘它更深的内涵,所以,任勇认为,我们的教学直接面对生命,生命是人的生理的、心理的、社会的、物质的、精神的、行为的、认知的、价值的、信仰的、需要的整合体,因此教学中要最大限度地挖掘学生的情感潜能,提高教学效率。面对生命,上中学数学课就要有激情,融氛围之美、数学之美、探索之美、发现之美于数学教学之中。让学生感到数学学习不是一种苦役、一种负担,而是一种需要、一种享受。①

任勇将育人和让学生学会学习融于数学教学中,取得令人称赞的效果。中央教育科学研究所的张梵就说:"许多人在评价任勇老师时,称他为'素质全面的学者型教师和研究型的管理者',也有人说他是'全面加特长'。这些概括都是中肯的,因为他热爱教育事业、勤于思考、注重研究,他在教学实践中将新的育人观、课程观、教学观和学习观融会贯通地、合理地实施,共同影响和促进学生包括教学素质在内的全面素质的形成和发展,并收到了令人信服的实效。"②

他是年轻教师成长的榜样

30多年的教师职业生涯,任勇从一个不懂追求什么样的教育目标的青年教师逐渐成长为具有自己独特教育理念的名师,这本身就是一个典型的学习榜样。他将自己的教学经历和经验汇集成文字,编写成著作和文章,已经主编或参编了80多部著作,在国家级、省级刊物上公开发表论文近800篇。作为名师,他应邀到全国各地进行讲学400多场,将自己的教育理念传播出去,并鼓励更多的青年教师努力成才。

教育科研是推动我国教育发展的动力,是全面提高学校教学质量的需要,也是提高教师素质的需要。试想,如果任勇没有尝试去探索和研究学习学,就不会有他接下来的成果,或许他将是另外一种人生。教育科研使他逼着自己去学习更深广的知识,改变自己的旧观念,最终带领自己到达名师的彼岸。任何教师教任何课程,都存在教学创新的空间,这就是一个教师成长的空间。

---

① 教育部师范教育司组编:《任勇与数学学习指导》,北京师范大学出版社2005版,第25页。
② 张梵:《奋力攀登数学教育的高峰》,《人民教育》2001年第10期。

任勇有着强大的学习能力，不断的学习、深造是他走向名师的辅助。从刚毕业的师专，到后来的函授本科，再到攻读硕士学位和博士学位，他不在乎自己读的是在职函授，他真正在乎的是自己从中切实学到了知识，充实了自己的知识结构。

他爱看书，每到一个城市，书城是他必定会去的地方，所以30年来，家里的书房藏书量有一万多册，书籍领域涉及教育学、心理学、学习科学、文化学等。他认为，教师应广泛涉猎人类文化的众多领域，逐步积累广博的知识和技能，加强对相关学科知识的学习，以求触类旁通之功效，做到"一切东西懂一点"。既"专"又"杂"，是时代对教师的要求。教师应抓紧一切机会努力增加知识和技能的储备，以利搞活教学工作。[①]

对于教师的成长，任勇认为教师不能仅仅满足于当教师匠，一定要有远大的志向，即使成不了杰出的教育家，也要往那个方向发展。如果连志向都没有了，那就绝对成不了好的教师。教师要重视自身素质的提高，包括专业知识的积累、教学技能的培养等。数学教师，尤其是青年教师要有牺牲精神，有专业功底和情感投入，在此基础上再根据学校和学生的具体情况以及自己的优势，朝着一个方向发展，才是成才的途径。

教育启示

任勇说过，人生之路是一个不断自我完善的过程，也是一个伴随着足与不足的过程，足与不足，都在于一个人的自我认识和自我超越中。年轻教师的成长也要遵循这样的过程，在工作中勤勤恳恳、兢兢业业，在教学中要有创新的意识，不断开创教学的新境界。

优秀教师的成长方式多种多样，但有一点是必须的，那就是一定要积累丰富的教学经验，在此基础上才能够产生对教育更深刻的理解。年轻的任勇有高涨的工作热情和充沛的精力，他把年级组其他教师不愿意上的选修课和讲座都包揽下来，把没有人上的数学其他杂课都"承包"下来，这时期的工作丰富了他的教学经验，使他从中慢慢感悟出教会学生学习这门课的艺术，为以后的学习科学研究奠定了基础。

任勇有一颗勇于探索的心，引领着他不断去探索新知。老校长一句半开玩笑的话他记在心里了，并埋头为之努力，才有了他的第一本著作；在领

---

① 教育部师范教育司组编：《任勇与数学学习指导》，北京师范大学出版社2005版，第33页。

导的启发下,他开始认识教育科研的重要性,决心向教育科研进军,不畏艰辛;从对学习科学的懵懵懂懂开始,他博览群书,在实践中摸索,将理论和实践融会到自己的教学中,不断取得研究的突破……这是一个科研工作者需要具备的要素,也是任勇不断成长的动力。

任勇有一颗不断学习的心,让他始终不落于时代的发展。在20世纪80年代条件非常艰苦的时候,他将有限的工资用来购买书籍和教学期刊;他每到一个城市,必须去的地方是当地的书店,家里藏书一万多册,涉及多个知识领域;他是师专毕业,而后函授本科,攻读硕士研究生学位和博士学位,不断参加学习完善自我。教师有一颗不断学习的心,才能使自己不断发展,与时代同步,也才能更好地做好教育工作。

任勇的教育理念关注培养学生自我学习的能力,让学生学会学习才是最好的学习。在教学中,他将自己对学生的爱、对数学的爱、对教育的爱融汇到课堂内外,让学生在数学课堂上既学会人生的哲理,开启智慧之门,又收获数学知识。他的教育理念从学生的生命本质出发,从学生的未来发展出发,体现更深的教育内涵。

任勇的学习科学研究成果为我国的教学改革提供了一个很好的参照,是一个重要的方面。更重要的是,他的成长历程为青年教师的成长树立了榜样,他不断超越自我的境界,是一笔丰富可贵的精神财富。

参考文献

1. 赖一郎.青春是一把熊熊燃烧的火炬——青年任勇是怎样成长的.福建基础教育研究,2009(3)
2. 教育部师范教育司组编.任勇与数学学习指导.北京:北京师范大学出版社,2005
3. 人民教育编辑部主编.名师人生.北京:高等教育出版社,2010
4. 任勇.追求数学教育的真谛.人民教育,2001(10)
5. 张梵.奋力攀登数学教育的高峰.人民教育,2001(10)

语文教学改革的开拓者

——记全国名师洪镇涛

人物素描

　　洪镇涛(1937—)，男，湖北新洲人。著名语文教育家，华中师大硕士生导师。1960年毕业于北师大中文系，先后在中央机关和部属中专工作，1965年调至武汉六中任教。1982年被评为湖北省特级教师，1993年被评为武汉市有突出贡献专家，1994年被评为首批享受国务院特殊津贴专家，2000年被评为武汉市教育界首届"十大名师"，2008年《楚天都市报》在教师节前夕对他进行了《50年一堂课》的整版报道，2010年4月获得由中国教育会和中学语文教学专业委员会为表彰他30年来对中学语文教育事业的杰出贡献而颁发的"中学语文教育终身成就奖"。先后被《当代语文教育改革名家评介》、《实用语文辞典》、《中国当代学者大辞典》等工具书收入。他对我国语文教育做出了三大贡献：创立了语文教学本体论、构建了语文

洪镇涛

教学新体系、主编了开明版中小学语文新教材(全套共计92本,含教参),其教学思想和改革成果引起了国内外的广泛关注,他被誉为"新世纪教改的旗帜"及"当代语文教学流派——语感派的创始人"。现兼任教育部教材审查委员、全国中语会学术委员、中学学习科学研究会副理事长、人民教育出版社和开明出版社特约编审等。

经典语录

★ 如果还有第二次人生,如果下辈子还是这块料儿,我还是当老师。

★ 语文姓"语"不姓"知"。

★ 语文教学第一位的根本的任务是学习语言,提高学生理解和运用民族语言的能力。

★ 把"讲堂"变为"学堂",是时代对我们的要求,也是语文教学自身规律的反映。

★ 语文教学不是一种知识体系,而是一种能力建构。

★ 正如"乐感"是音乐能力的核心一样,"语感"是语文能力的核心,语文教学应着力培养学生的语感。

★ 教师的责任就是"教"学生"学"。

★ 岁月蹉跎成恨事,教耕哪敢计晨昏。

我像一个登山爱好者,面对语文教学这座巍峨耸立、高深莫测的大山,一步一步地,艰难地向上攀登着,数十个春秋过去了,回过头来一看,只越过几座小丘,只留下一行浅浅的脚印,如果一定要说我的语文教学有什么成就的话,那也只是这行脚印连成的一条线罢了。

——洪镇涛

为寻霄汉路　翘首为登攀

1937年3月,洪镇涛诞生在湖北省新洲县。由于出生于抗战时期,他的启蒙教育是在家乡新洲的一家私塾开始的。两年时间,除了背诵三字经和四书五经,就是练毛笔字。但私塾教育让他进入新式小学后占了非常大的优势,他不断跳级,先是跳级进入四年级,半年后又跳级进入五年级,又不到半年,他以第一名的成绩考入县办初中。学生时代的洪镇涛就认为语文老师的课讲得比较枯燥,因此他常和老师闹"情绪",根本原因在于语文老师一讲到底和烦琐分析教材的做法让他倍觉"纠结"和反感,因此他也从不认真听讲。但洪镇涛也并非挥霍青春、虚度年华的学生,他心里打着自己的小算盘。无聊的课堂满足不了他所喜欢的教法和效率,但他可以另辟蹊径地去撷取自己想要的东西——在语文课堂上他偷看了不少课外文学精品,培养了良好的文学素养。

也许正如一句哲言所说,上帝在给你关上一道门的时候,也会给你打开一扇窗。洪镇涛不仅偷偷地为自己开了一扇窗,更重要的是上帝也给他开了一扇窗:"一位阮渭渔老师的朗读深深地吸引着我,听他的朗诵,是一种艺术享受"。洪镇涛后来回忆说。①

1955年,洪镇涛毕业于中师,当了小学教员,志高梦远的他并未甘心于眼下的境况,仍继续孜孜追求着更高的人生目标。一年后他考入北京师范大学中文系。大学毕业时他本来分配到林业部,但正值三年困难时期精简机构,几个月后他被下放到吉林白城子的林业机械学校,做了5年中专语文教师。1965年夏,洪镇涛平静的生活泛起了微澜:他略感惊诧地从东北调至武汉六中担任语文教师。让他未能料到的是,这微澜竟给了他一席用武之地,并在十几年后变成汹涌澎湃的语文教改洪流涌向语文教育界,冲击着传统的语文教育大厦。

1978年,洪镇涛开始着手语文教学改革,教改初现成就后,许多大学纷纷向他伸来橄榄枝,但洪老师没有离开中学教学第一线,继续他的登攀之旅。他也许是为了体验"无限风光在险峰"的惬意与刺激,也许是为了不愿放弃心中的梦……但至少可以肯定的是,他一直在追求的路上,铿然前行。正如唐朝诗人朱延龄的诗所吟:"为寻霄汉路,翘首愿登攀。"

结缘六中　扬帆起航

人生中的每一次奋飞或远航,都离不开那给我们勇气和信心,让我们振翅高翔、劈风斩浪的枝头或港湾。

武汉六中,一所历史悠久的名校。1965年夏,洪镇涛回到武汉后就与之结下了不解之缘。虽然当时他的家只有14平方米大的空间,一个很小却令他温馨的生活港湾让他的生活之舟在此停泊,但是他的事业之舟并非在此搁浅。

早在"文化大革命"时期,洪镇涛就像一位敢于直面人生的战士,面对

---

① 洪镇涛:《我的语文教学思想形成和发展轨迹》,《中学语文通讯参考》1997年第3期。

被"文化大革命"祸水冲毁的教育大厦,他就幻想在"平地"上建立起新的语文教学体系。他于1973年写的《关于改革中学语文教学的初步设想》,可以说是他追梦人生的滥觞之作。在武汉六中这片教育的天空,洪镇涛渐渐开始热爱教育这项事业,热爱教师这个职业。毕竟在他年轻的时候,他并不是一心一意地想做教师或者说他最初的志愿并不仅仅是想做一位中学教师。可面对沉寂的语文界,1978年他率先在武汉六中搞起了试验,在这里,他只为追梦,只为做一些平凡的事。武汉市教育局历来就比较垂青于名校毕业生,更甭说是一位有丰富从教经验的北师大毕业生了。小小的讲坛有大大的梦想,这样描述洪镇涛一点都不夸张,在六中的三尺讲坛,他已蓄势待发,站在属于自己的人生码头,瞩目远眺,教改的暖流再次涌上心头,这个地方注定是他提锚起航的港口。

牛刀小试　旗开得胜

1978年恢复高考以后,教育界开始学习福建经验,掀起一股"大运动量"的训练热潮,而对于有个人教育见解的洪镇涛来说,他认为这种做法潜藏着摧残人才、贻误教改的危机。于是,一向直言不讳的他写了一篇《在教学上不宜提倡大运动量》的文章。文章指出,"大运动量"在理论上是不科学的,在实践上是有害的。同时他在文中强调,向教学方法筹时间,向教学方法求效率,这是提高教学质量的根本途径,而在这方面又是大有可为的。[①]

学术严谨的洪镇涛始终不断探索创新。他原来提出的"多读多写",本意也是通过教改来实现的,并非主张"大运动量",但"多读多写"容易被误解为"大运动量"。于是,他逐渐放弃"多读多写"的提法,开始把教改的重点逐渐移到教与学的关系上。

对于如何教与学这一教改新理论,洪镇涛并非随心所欲地胡思乱想,他有自己扎实的理论支撑和个人见解。

吕叔湘曾说过:"教学,教学,就是'教'学生'学'。"洪镇涛正是从大师的话中汲取了养分,并通过教改实践,有所领悟,有所创新。

他的第一轮教改试验是在武汉六中的1978至1980届的高中班进行的。当时,面对全班多数学生数理成绩好而语文成绩差的状况,洪镇涛并未忧心忡忡,他经过仔细地把脉分析,开出了药方。他认为,在教与学的矛

[①] 洪镇涛:《在教学上不宜提倡大运动量》,《光明日报》1979年3月29日。

盾中,学生的"学"是内因,而教师的"教"终究是一种外部条件,外因总是通过内因起作用的,教师的主导作用只有在充分调动学生的主动性和积极性的前提下,才能发挥出来①。基于此,他开始从培养学生的自学能力和引导学生自学两个方面下工夫。

对于教师如何正确地引导学生,他在实践的基础上归纳出了"四导"即:用讲来导、用问来导、用读来导、用练来导。同时又附之具体的办法如扶扶放放、由浅入深、循序渐进、螺旋式上升等技法。初步改变了课堂的学习氛围,并激发了学生学习的兴趣,更重要的是,大家养成了课堂上思考、课外自主学习的良好习惯。

付出总会有回报,洪镇涛两年教改试验的结果如何呢?答案是令人欣慰的。他带的班在入学时,语文人平均成绩只有50多分,可以说令他不可思议,但在其教改试验过程中,他带的班在高二上半学期重点中学语文测验中,其平均成绩就已达到76.2分。更让洪镇涛喜悦的是通过他两年的亲身教改实践,学生的语文水平和能力显著提高,在1980年7月全国高等学校的招生统考中,他带的班级的高考语文人均成绩在省内名列前茅。教改的初步成功似乎让他感到语文教育改革的春天即将来临。

"教""学"之魂　求知增能

如果说正确认识"教"与"学"的关系,需要深厚的理论修养,那么,解决并实施"教"与"学"的关系问题,则需要极大的勇气和魄力。

上世纪80年代初,洪镇涛提出了变"讲"堂为"学"堂的主张,实行课堂教学结构改革,旨在解决教与学的问题。这一具有各学科共性特点的思想很快蜚声教育界,不难看出洪镇涛这次不但把准了脉,而且还可能诊治掉沉疴顽疾。

众所周知,语文是一门实践性很强的学科。在语文课堂上,传授知识固然重要,但语文知识浩如烟海,在有限的教学时间里,教师又能"讲"多少呢?反过来,如果注重学生自身学习能力的培养,让学生通过各方面思维和方法的训练,逐渐形成并达到一种"自能读书,自能作文"的境界,并通过指导和组织学生读、写、听、说等语言实践活动,来提高学生的理解和运用语言文字的能力,那情形就完全不一样了。学生不仅在学校里学得生动活泼,主动猎取更多的知识,而且他们对在课堂上自学到的知识理解得更深、

---

① 洪镇涛:《教师的责任就是"教"学生"学"》,《语文教学通讯》1981年第12期。

记得更牢,更重要的是,他们掌握了打开知识宝库的"金钥匙",一辈子受益无穷。由此推来,授之以鱼不如授之以渔,课堂教学的角色定位与转变正充分体现了这一点。

但是长期以来,我国的语文课堂教学却以老师为主角,采用满堂灌、注入式的形式进行所谓的"传道受业解惑也",这就导致了课堂几乎成了老师的"讲"堂。讲台,就是老师的舞台;学生,就是老师的忠实听众,老师一个人在那里唱"独角戏"。

洪镇涛在十余载的教学实践中有着切身体验,自1978年教改初现成效之后,他"趁热打铁"地提出了变讲堂为学堂的新主张,这既是时代的要求,也是语文教学自身规律的要求。那么如何变"讲"堂为"学"堂?洪镇涛做了全方位的分析与总结。

他总结出了三转变、五环节和八字教学法等一系列的可操作性的方法。三转"变"即变"全盘授予"为"拈精摘要",变"滔滔讲说"为"以讲导学",变"默默聆受"为"研讨求索";五环节则是为了建立以教师指导下的学生自学为主要方式,以读写听说活动为基本内容,以语言和思维训练为中心的课堂教学结构,其具体环节是提问设问、阅读思考、讨论切磋、归纳总结、连读练写。这些环节的目的有着很强的针对性和操作性,大大地开发了和利用了学生的主观能动性,学生真正成为开发课堂效率和课堂潜在资源的主力军。

至于八字教学法则是变"讲"堂为"学"堂的教学思想在方法论上的具体体现。从某种角度上讲,也是洪镇涛自己教学风格的生动写照。著名语文教育专家冯一于20世纪80年代初把洪镇涛的教学主张和经验提炼概括为拈(精),即把文章的精要、精华、精粹部分拈出来,指导学生学习;讲(解),洪镇涛的原则是"少讲一点,讲精一点",他认为,讲是为了不讲,其独家秘诀是通过用提示、释疑、补充性的讲解,调动学生的"精神力量",促使他们在"智力的阶梯上"进行自觉攀登,久而久之,他们会把学习当做切身的事情,并把克服学习上的困难看成是精神上的满足,而不是强加给的任务和包袱;点(染),即在教学活动中,教师要善于把握学生当时正在或将要成熟的心理过程,进行启发性的点染,唤起学生的联想使其进入一个新的学习境;拨(窍),即老师上课要善于拨通学生的思维障碍,启动他们的"心灵的窗扉",拨开疑云见朗日,让他们有种"山重水复疑无路,柳暗花明又一村"的感觉;逗(疑),就是挑逗,于无疑处激疑,这种自找麻烦的教学,在洪镇涛眼里则是引导学生"发难",活跃学生思维和培养他们思考习惯的最佳方式;引(导),就是老师举一反三、触类旁通地把学生的思维往深处引导;(综)合,目的是培养学生综合运用的实际能力,把字、词、句、篇等基础知识和听、说、读、写等基本技能的训练适当地结合在一起;读(诵),心理学实验证明,读,有助于对内容的理解和语言识记,洪镇涛一贯注重学生当堂诵读,特别对易懂的白话文干脆以读代讲①。

综上所述,洪镇涛的八字教学法是他全部讲解过程的集中概括,而不是机械的语文教学模式,要灵活地并具创造性地加以运用。它简化了教与学之间复杂的过程。洪镇涛经常是时讲,时读;一逗,一引;有点,有拨。变则通,是运用八字教学法的关键所在。

推陈出新　重推"学习"

一个从事某种职业的人如果不明白自己应该干什么,以及如何干好它,那是一种悲哀。诚然,语文教师也不例外。

洪镇涛的教改之路是一条不断探索与前进的射线。这就注定了他对语文教学的深刻认识。"文化大革命"时期,语文成为"阶级斗争的工具",教材就是"毛主席语录加大批判文章",语文学科的个性完全被扼杀,语文教学规律完全被破坏,这是中国语文教育史上的大浩劫。进入新时期,在改革开放的大潮下,语文学科迎来了自己的春天,出现了百花齐放、众彩纷呈的大好局面,但对语文教学的个性问题,研究不够,认识不深,在语文本体层面上的改革,远远没有深入。而当时的洪镇涛在提出变"讲"堂为"学"堂之后,其语文教学思想出现了相对停滞同时又是苦苦探索的时期。他认真回顾和反思新时期的语文教改,发现语文教学大面积地处于少、慢、差、费的状况。并且他在考察学龄前儿童学习口语效率高的原因之后,还学习了一些语感方面的理论,随后,他又经过反复思考后毅然决定对现行语文教学体系提出挑战,并鲜明地亮出自己的独家秘籍:语文教育的"道法术"。这可谓是他的"第二次创业",也是他生命的第二个春天。

道之明——语文教学本体论

如果说20世纪80年代的语文教改主要集中在教学内容、教学过程和教材体系的革新,那么"语文教学本体论"则是把语文教改的重心自觉地直接推向本体层面,即提出语文课的本体就是语言,就是教学生学习语言。温家宝总理2006年在北京黄城根小学听课时也谈到了类似的观点:"语文课的主要任务是学习表达。"可见,语文课固然需要传授知识,但更注重学

---

① 冯一:《洪镇涛和他的八字教学法》,《语文教学通讯》1981年第12期。

习语言进而把它表达出来。这一主张在当时可谓就颇有登高一呼的味道，其切中时弊，振聋发聩，"抓住了语文教改的牛鼻子"。

语文教学本体论主要是针对语文课严重异化的现实状况提出的，这主要体现在教学理念上出现了偏差。例如，"知识本位教学观"注重知识的传授；"义理本位教学观"注重义理的灌输，常常把语文课教成了历史课、故事课、科普课，这对提高语文能力没有直接的帮助；"人文本位教学观"过于注重人文，丢下文本而泛化了语言学习，并未能触及语言表达；"方法本位教学观"又犹如教学生如何吃鱼，而忽视了告诉他们应该吃什么，并要吃下去的第一位的观念，这就不利于学生吸纳语词、语料和言语范式，进而也不可能形成语感。

那么，究竟语文教学本体论的对语文教学的明确之处在哪里呢？首先，它是以语言为本体；其次，它强调语文教学要着力培养语感，语文学科的外在能力——听说读写离不开其背后语言感悟能力的支撑；再次，学习语言要遵循的途径是感受—领悟—积累—运用；最后，语文教学要以学生为本体，语文教学的本体是语言，自然要以学生为主体。

法之当——语文语感教学法

叶圣陶先生说过，语文语文，口头为语，书面为文。语文能力的提高，并非完全通过课堂教学书面化的学习，更需大量的积累和培养语感，立足文本，直面语言，交流运用。"转轴拨弦三两声，未成曲调先有情"，大量的语感训练是学习语言的重要任务，而洪镇涛的"学习语言"论的核心就是"重语感"。让大家在语感训练的基础上，习得并积淀语言分寸感、语言和谐感和语言情味感。这一提升无不体现了与当下对学生人文情怀的关注有异曲同工之妙，也同当前推行的素质教育和创新教育有吻合之处。

操千曲而后知音，观万剑而后识器。学习语言，重在习得和积累语感。叶圣陶先生说："至于文字语言的训练，最重要的是训练语感。"那么究竟什么是语感呢？"语感是一种语文修养，是长期的、规范的语言感受和语言运用中养成的一种带有浓厚经验色彩的，比较直接、迅速地感悟和领会语言文字的能力。"[1]对于语感，我们可以认识到，语感的表现方式是感性的，直觉的，它依靠直接思维而不依赖于分析思维。其实质是，感性中暗含着理性，知觉中积淀着思考。洪镇涛清醒地认识到真正高层次的语感力的形成，是离不开有意识的语感训练的。为学之道厚积而薄发，随后他基于自身的深思熟虑和教坛经验，在不断的自我否定和自我完善中，逐渐提出了

---

[1] 洪镇涛：《是学习语言，还是研究语言？》，《中学语文》1993年第5期。

语感教学法的实施战略。即"抓住一个根本"——组织和指导学生学习语言,提高学生理解和运用祖国语言文字的能力;"遵循一条途径"——感受、领悟、积累、运用;"注重两个方面"——对语言的直接吸收和积累、对语感的习得和积淀;"把握四个结合"——语感训练和思想教育、思维训练、审美陶冶、知识传授的结合。在语言训练中,如果背离这些派生的任务,那么学习语言将会如行尸走肉、枯燥无味,它们之间的关系是"母女"关系,不可偏废。学习语言和语感训练是母体,其他几项是包孕在学习过程中的;学习语言要加强语文教学与现实社会生活的联系,在课堂上教学生学语言要尽量用学生的生活体验,把课堂适当地延伸到课外;要创设一套新的课堂教学结构(常模),并灵活运用(变模);采用教师指导下的学生主动、合作、探究的学习方式。

术之精——诵读与品读并重

语感教学可以采用多种方法,其中,"读"是第一教学法。可以说,抓住了语言,就抓住了语文教学的根本;抓住了读,就抓住了语文教学的要领。

我国自古以来,把学生进学校学习称之为"读书",可见对读的重视。大教育家朱熹曾强调说:"读书须是将本文熟读,字字咀嚼令有味。"洪镇涛也十分重视在默读和朗读基础上的诵读和品读。他认为:在把握内容上,默读优于诵读;在生成语感上,朗读强于默读。因此要根据需要,区别使用默读和诵读。

所谓诵读,就是把文章念出来,把诉诸视觉的静止的文字符号还原为诉诸听态的有声语言,而且要美读,读出文章中固有的语气和语调,再现固有的形象和其思想感情。"激昂处换他个激昂,委婉处换他个委婉。"(叶圣陶语)。至于品读法,洪镇涛指出,就是把读书和品味结合起来,边读边品,边品边读,在读中品,在品中读,两者融为一体,进而感受语言的魅力。并通过加、减、增、删和比较揣摩等方法体会语言的妙处和作者行文的风格。

可见,凡事皆有"道法术"。洪镇涛关于语文教育"道法术"的观点,正是他近年来最为独特而有引以为豪的语文教育观。其基于传统又高于传统,既有民族化,又有科学依据,开创了语文教改的新天地。同时,他的山一般沉重的母语情结正感染着数以万计的孩子,这一情结正悄悄地移植在孩子们清澈的心灵深处。

献身教育　不倦战士

1978年,"四人帮"倒台不久,洪镇涛就迫不及待地拿出了"语文教学改革方案",内中就有编教材这一条。① 可以说,编写一套鲜活的符合语文教学规律的好教材,一直是他埋藏心底的夙愿,但是生活中总有一些梦不能圆,最后在心中留下深深的遗憾。退休之后,他以为真的可以"下课"了,可他还得继续在语文教改的路上奔波,为了他曾经乃至现在一直追逐的梦。

1997年10月洪镇涛受邀出席了"首届国际汉语文教育研讨会",会上他的题为《回归本体,构建语文教学新体系》的发言受到了与会的开明出版社代表的重视。不久后,他应开明出版社之约以"学习语言论"为指导,主编包括小学、初中、高中在内的一整套《开明版中小学语文实验课本》,这套教材共计92本,其中教材68本,教参24本。面对这突如其来的机会,洪镇涛倍感激动,马上应承下来,毕竟年逾花甲的他正好可以在"花香满径"的人生路途中,"化作春泥更护花",诚然,这并不排除他"自私"的圆梦之想。1998年元旦过后,他同十几位志同道合的同志争分夺秒地开始了编写。老当益壮的洪镇涛,四年时间完成了近700万字的教材,这速度被张定远戏称为"世界速度"。这套教材采用"三主一副"四线平行推进结构,以学习"精粹语言"、"目标语言"、"伙伴语言"为主线,以培养"知识技能"为副线。四条线自成体系,相互关联,相辅相成。编写完毕后,数万中小学生捧起了他的心血之作,为了让师生们更好地使用和学习,洪镇涛竟东奔西走,听课指导,登台示范。他声音洪亮,朝气蓬勃,虽年过花甲,却依然年轻。

同时,他还担任"语文教学本体改革研究中心"的常务副主任。正如他在1978年写的一首小诗所说:"岁月蹉跎成恨事,笔耕哪敢计晨昏。"他的"晚晴"情结和他对教育的热爱成为他后半生仍笔耕不辍的巨大动力。

教育启示

从平凡到优秀是普通人的追求,从优秀到卓越是事业家的追求。"文化大革命"结束后,洪镇涛就立志进行语文教改,1978年,他率先倡导并进行教改实践,随后他又推出了变"讲堂"为"学堂"、变"研究语言"为"学习语言"等一系列教育思想,这期间,洪镇涛进行着不间断的思索与实践,作为一个开拓者,他不但具备敏锐的思维触角,更可贵的是,他有强烈的改革意识。

---

① 洪镇涛:《变"研究语言"为"学习语言"——我的语文教学思想及实践(下)》,《师道》2002年第12期。

在长期的教学生涯中，洪镇涛伏案笔耕，焚膏继晷，深入课堂，努力在理论和实践的结合上下工夫，全身心地致力于语文教改，深植于"三老"（叶圣陶、吕叔湘、张志公）语文教育观的厚土，但又不拘泥于已有的方法，以教育家的严谨和改革家的胆魄积年不止地探索着、追求着，锐意进取、毫不懈怠、努力创新，始终站在时代的制高点。即使退休之后，年过花甲的洪镇涛仍笔耕不辍，年愈老而业愈进，这也无不彰显出老一辈语文教育家对教育事业的无比热爱和忠诚。可以说，他的生命是沉甸甸的，他的事业是成就斐然的。

博采众长，既从自己的教学实践也从别人的教学实践中进行提炼和概括，是洪镇涛的一大长处。他的知行合一的精神和勤于实践的心态，弹奏着语文教改的进行曲。他深刻认识到，从实践土壤里生长出的理论之花，不仅美丽芬芳而且具有顽强的生命力。这就是语文教改能一路风雨也一路阳光地走到今天的制胜秘诀。

一位优秀的教师应该用高尚激越的感情，妙趣横生的语言，去吸引课堂的"主人"主动地学，使其学有所获、获有所乐、乐有所悟。作为掀起一次又一次的教改大潮的语文教育的开拓者，洪镇涛在其40余载的执教生涯中，形成了挥洒自如的教学风格。他的教学语言注重抒情性、启发性和灵活性。"文章不是无情物"，他上的许多公开课都宛如在拍电影，他用心投入，以情动人，强烈地影响着学生的内心世界。他独特的风格，不但使课堂氛围轻松又不失严肃，自在又不缺思考，而且还开阔了学生的视野，培养了他们的人文情怀。

走自己的路，是洪镇涛终身信奉的格言。这句话无不彰显着他的优秀品格。改革的路，自古以来就艰难险阻、曲折多舛，可热爱教育事业的他虽然身体羸弱，但他何惧这些？为了语文教改的春天早点到来，他始终勇敢地走在改革的最前沿。他也曾困惑过，但为了更多的莘莘学子能沐浴到教改的和煦春风，他一直坚守着，探求着。从某种程度上讲，他也许孤单过，但他从未放弃过。

他曾满怀深情地说："如果还有第二次人生，如果下辈子还是这块料儿，我还是当老师。"

参考文献

1. 洪镇涛.打开"学习语言"的大门.武汉：湖北教育出版社，2001

2. 马鹏举.蓦然回首——记武汉市第六中学语文教师洪镇涛.武汉:武汉出版社,2006

3. 张正君.当代语文教学流感概观.北京:中国社会科学出版社,2000

4. 马鹏举.教海弄潮——洪镇涛语文教学改革历程描述.武汉:武汉出版社,1998

追逐在教育科研路上
——记全国名师龚春燕

人物素描

龚春燕(1963—),男,四川渠县人,研究员,特级教师。现任重庆市教育评估院院长,西南大学教育学院教授、硕士研究生导师,重庆市政协委员,民进重庆市委常委。目前主要社会兼职有:重庆市人民政府兼职督学、中国高等教育学会学习科学研究分会常务副会长兼秘书长、香港创新教育学会名誉会长、美国北美华人教育协会理事等21项。是国内创新学习研究的首倡者和践行者,其著作入选教育部"中国特级教师文库"和《教育家

龚春燕

成长丛书》。先后出版《创新学习论纲》、《创新学习:学习方式的革命》、《创新学习》、《综合实践活动》等专著和教材,在《人民教育》、《中国教育学刊》等权威核心刊物发表论文数十篇。先后获得中共中央"全国为社会主义小康社会做贡献的先进个人"、民进中央"为社会主义小康社会做出突出贡献先进会员"和"重庆市优秀科技专业技术人才"、"重庆市为三个文明做出突出贡献的先进个人"等称号。主持联合国教科文组织、全国教育科学"九五"、"十五"、"十一五"规划、全国科技基金(科技部)等研究课题15项。

经典语录

★ 没有破格就没有改革。(就人才培养)

★ 教室是学生出错的地方。(尊重学生权利)

★ 打不倒,除非你自己倒。(面对挫折的时候)

★ "家谐为事业之源,行然乃幸福之泉;静观为慧悟之因,玄览乃天成之缘!"这是我进入不惑回顾人生为自己设计的座右铭。

我在教育科研事业上取得的成绩,是与"爱"、"勤"分不开的。"爱",爱教育事业;"勤",勤教育科学研究。

★ 从读书到工作,我都脚踏实地、认认真真做好每一件事,并实践着"读书,应该是每一个人的习惯"这句格言。

★ 此一生,当与教育不离不弃。自参加工作至今,21年过去了。这些年来,我勤勤恳恳,为我的事业倾注了大量的心血。回顾过去,我无怨无悔;展望未来,任重而道远。我在心里默默发誓:任凭岁月更迭世事沧桑,任凭青春流逝容颜衰老,我终会守住心中这盏希望之灯。以万世师表孔子为师,铸不朽师魂,践无私奉献,不负与教育之间的这份深深奇缘。

附中七年,用爱浇灌教育

龚春燕有着美好的童年,上学的时候得到老师的很多关爱,直至他在涪陵师范学院的学习和生活,都受到很多老师优秀品格的影响。爱的教育深入他的心,这为他的人生树立了美好的教育观念。因此,作为师范生的他常常思索着:人的心灵如果是一面镜子,爱一定是它折射出的最美的光辉!我要像我的老师们那样,把我的身心奉献给那些正在成长、渴望知识

的青少年……①

1984年,从涪陵师范学院毕业的龚春燕直接留在学院的附属中学教书。校长看到他在学校时候的表现很好,就让他担任一个班级的班主任,并上两个班的数学课。初为人师的龚春燕对工作充满着热情,他对教育充满着理想主义情怀,想方设法从各方面来提高自己的教育水平。他开始在数学教学中鼓励和培养学生的自学能力,这一做法一开始受到很多人的批评和质疑,但是龚春燕顶住了压力,坚持了三年。三年过后,他的班级在总平均分、优生率和及格率几个方面都在涪陵市位列前茅,由此坚定了他的教学方式。

作为班主任,龚春燕倡导学生自我管理,让学生在自我管理中成长,提升学生的能力和学习兴趣,使班级形成浓厚的学习氛围。龚春燕喜欢做班主任,因为他既可以从数学教学方面引导学生的自学能力培养,又可以全面培养学生的综合素质。他做班主任的这个班级和另外一个班级是平行班,录取的时候两个班的水平相当,但是后来参加四川省统一考试,他的班级500分以上有33人,不是自己做班主任的班级只有2人。

龚春燕坚信爱是教育的主线,把爱融于教育之中,才能成为一名好教师。当有学生生病了,他自己掏钱陪学生去看病;学生家里有亲人去世了,他组织全班同学前去祭奠;冬天,有的学生要走一个多小时的山路来上学,露水把衣服沾湿了,他就把自己的衣服拿出来让学生换上;学生不小心腿骨折了,他就每天放学后亲自去给学生补课;全班60多名学生,有些住得很远,要走两三个小时,他坚持家访,一个学生也不落下;某些男生有不良的生活习惯,那就让他们到自己寝室来同吃同住,经过一段时间的言传身教,让他们慢慢改掉恶习……

龚春燕注重将学生个人成长和班级发展结合起来,他认为集体是在活动中形成的,个人的成长也需要丰富多彩的活动。他经常组织各种各样的班级活动,使学生形成较高的班级荣誉感,也让学生在班级活动中收获成长。他会和喜欢书法的学生一起练习书法,和喜欢音乐的学生一起弹琴、听音乐;有学生参加活动,他就组织别的同学做拉拉队,自己做队长;他会和学生开展元旦钟声晚会,几十个学生围着火堆又是唱歌又是跳舞,直到凌晨一点多;甚至在快到高考的时候,他还买来磁带《梁祝》,让学生在优美的音乐中陶冶情操……在龚春燕富有爱与真诚的教育中,他的学生不仅学会了专业知识,还形成了良好的人格,班级既活泼又有整体性,既严肃又有

---

① 教育部师范教育司组编:《龚春燕与创新学习》,北京师范大学出版社2005年版,第6页。

创造性。

在培养学生的同时，龚春燕也注重自我的学习和完善。在涪陵师范学院附属中学，他幸运地遇上了数学教研员杨老师，杨老师也成为他在教育科研上的指路人。龚春燕经常去听杨老师的课，从中学习教学的技巧，每一次听课，都会有一番新的收获。杨老师也经常给他很多指导和鼓励，还把最新的教育信息告诉他。当龚春燕的教学有一些特色了，杨老师就组织召开全涪陵市的教学研讨会，让他上公开课；在各种研讨会上，有合适的机会，杨老师总是把发言的机会留给龚春燕。在这样的指导和帮助下，龚春燕在七年的教学中积累了丰富的教学经验，逐渐成熟起来。

在学习科学研究中崭露头角

在教学之外，龚春燕把自己的时间花在读书和研究上。因为自己教的是数学，所以他一直想研究数学，他最后将兴趣点放在"幻方"上。1990年5月，他在《新华日报》上看到报道说江苏一职工大学的朱老师填写了106阶幻方，是当时世界上最大的幻方。龚春燕就想超越他。他填写了118阶幻方，编制成计算机程序，构成任意阶的幻方。他在很短时间内还发现了"积幻方构建法"和"4K阶双料幻方构造法"。在较短的时间里，他把自己的研究成果写成论文发表在相关刊物上，引起业内学者的关注。

在研究幻方的过程中，龚春燕得到许多著名学者的帮助和指导，也在他们的鼓励和支持下感悟到更多做研究的精神。在他们的帮助下，龚春燕的幻方研究得到了人们的认可。虽然幻方研究只是龚春燕的业余研究，但是它的成功让他认识到：钻研精神是学术探讨不可或缺的因素，一旦确定了研究目标，就要有"咬定青山不放松"的决心。

幻方研究的成功让龚春燕很欣喜，但他认为那只是自己"无心插柳"的结果，并不是自己教育事业的"有心栽花"。他开始思索自己教育领域内的研究方向。陶行知先生"要使全中国人民都受到教育"的夙愿也深埋于龚春燕心底，他认为自己作为教师，就要努力让全中国人民都受到很好的教育，能更有效地学习。他根据自己的研究特色和基础，左右掂量了很久，决定将"学习学"作为自己的研究对象。他认为，如果能在这一领域取得成果并运用于教学实践，对提高我国教育的效益应当是有所裨益的。

学习学在当时还是一门新学科，有很多研究的方向，龚春燕最终把"兴趣对学习的影响"确定为自己的研究方向。他把自己以前的教学笔记、教案、教改研究数据和报告等相关的资料都找出来，整理出兴趣教学的原则和方法，最后写成论文《兴趣学习的思考》。此时，恰逢四川省学习学研究年会在涪陵师范学院召开，他找到研究会的理事长，也是全国大学学习科学研究会理事长陈俊忤，向他请教许多专业问题。陈俊忤对他的文章评价很高，并细心地给予了指导。龚春燕还把自己的书稿《兴趣教学》呈给陈俊忤和其他与会的专家，书稿最后得到陈俊忤的高度评价，并承诺用他们的研究经费资助出版。

因为自己研究工作的出色，龚春燕被调到了成都工作，在成都理工大学高教室工作，为师范班教授教育学，并教授其他专业的"学习学"课程。此时的龚春燕在学习学上的理论基础还不够扎实，他就变压力为动力，大量阅读有关教育学和学习学的书籍。加上这里研究学习学的条件很好，他很快就较全面地掌握了有关的情况。根据自己的研究，他把兴趣教学、兴趣学习研究与实践写成《快乐的学习》和《快乐的教学》两本书，并由电子科技大学出版社出版。

1992年，一次偶然的机会，龚春燕得到一个去重庆市教育科学研究院工作的机会，他认为，成都研究的都是高校的学习科学问题，是自己的弱项，而重庆是重基础教育的科研，更符合自己的实际。7月份，他们举家迁至重庆定居。

来到重庆以后，龚春燕继续把学习科学研究作为自己的研究重点。由于基础教学科研当时在重庆还处于起步阶段，很多人对此认识不足，因此他和史美华主任的《重庆中小学生的学习现状调查和指导》起初遇到较多的困难。也是在这时候，1993年初，龚春燕到汕头参加"全国中学学习科学学会第三届年会"，并结识了魏书生和董国华两位著名教育家。他们给龚春燕很多指导性意见和鼓励，使龚春燕更加积极、有效地投入到科研中去。此外，像北京师范大学原党委书记周之良等许多领导和专家都很关心他的科研和成长，给予了很多帮助。龚春燕倍感温暖，在心底暗誓要更加努力地投入到研究工作中，争取多出成果，把自己的青春奉献给祖国和人民的教育事业。

龚春燕在科研上不断取得成绩，也招来一些人的不服气，他们甚至把意见传到党中央、国务院和教育部。他自己却认为那是别人在关心他，想让他做得更好，所以，他的心也宽了，也把压力变成了动力。

在创新学习研究中开拓创新

1997年秋天，龚春燕参与的两轮学习科学科研结束了，科研取得了很好的效果。对于下一步的科研如何确定方向,如何开展,龚春燕又开始思索着。由于长期研究工作和教学实践的影响,他产生了以培养学生创新学习能力为核心的学习法研究的想法,也就是"创新学习"的研究。

1998年初,龚春燕开始撰写创新学习的文章,并与专家学者探讨,征求意见。在申报重庆市教委课题时,他一开始没有直接用创新学习的提法,而是"学导式教学模式区域化推进研究"。几个月后的开题,他悄悄在题目上加了"创新学习"四个字。面对专家的质疑和责难,龚春燕一方面做足充分的解释工作,另一方面也虚心听取有关的意见和建议。在和其他同伴相互讨论和切磋之后,他们慢慢地把创新学习的理论构架创设起来。

作为新课题组的倡导者和组长,龚春燕深入到教育一线去。他每个星期都要花三天时间去三所实验学校听课,和老师、学生交流,解答实验中遇到的问题。为了获取更直接的感受,他还自己上课,探寻有效的实验方法。在42中的实验班中,有一个比较顽皮的学生,龚春燕就经常给她打电话,鼓励她;她的生日到了,还送她礼物。久之,学生被他的真诚感动了,学习也认真起来。

在实验开展将到一年的时候,龚春燕提出让课堂面向社会开放,让更多的人了解他们"学为主体、教为主导、疑为主轴、动为主线"的教学思想和"四导"教学模式。那段时间,全市近1 000位教师和家长走进了他们的课堂,切实感受课堂的变化和实验的效果。创新实验的教学效果很好,也进一步扩大了实验的范围。到1999年,这样的实验学校在重庆市已有400多所。

1999年11月,龚春燕应邀请到哈尔滨做学术报告,报告的主题就是创新学习的理论与实践。那时,《人民教育》记者张新洲一行也在哈尔滨做采访,他们听了龚春燕为当地教师做的报告后,认为这是一个很典型的教改实例,决定找时间到重庆做相关考察和采访。2000年元月3日,《人民教育》副总编辑翟福英和张新洲等人来到重庆,经过系统的调研,对重庆市创新学习的情况作了充分的了解,并在2000年第3期《人民教育》上刊发了《创新学习:21世纪的学习观——重庆启动创新学习研究与实验》的重要文章,引起了全国教育界的轰动。这开启了一个新的科研篇章。《人民教育》收到许多教师的反馈意见,并在重庆市召开"全国创新学习理论与实践研讨会",来自全国5 000多名教师参与。《人民教育》还专门开设了"创新学习"专栏,供全国教师交流。继《人民教育》报道后,中央电视台、《中国教育报》、中国教育电视台、重庆电视台、《重庆日报》和凤凰电视台等媒体进一步宣传了创新学习的开展和成果,为创新学习扩大了影响。

2005 年 6 月,龚春燕出席中国民进促进会第十一届九次常委会,期间,他向民主促进会中央主席许嘉璐汇报了有关创新学习的工作。许嘉璐对创新学习的研究工作提出两点具体指示,即一是不要照搬西方理论,研究要符合中国的具体国情,在过去经验的基础上有所创新。二是创新研究不要局限于眼前,要立足未来,将长短计划相结合,把创新学习落到实处。许嘉璐的话让龚春燕倍感鼓舞,也为创新学习研究打开了思路,指明了方向。

由于在创新学习研究中的突出表现,龚春燕迎来了人生最美好的时刻。他先后被评上特级教师、中国管理科学院特约研究员、中国社会科学研究院研究生授课专家、全国学习科学研究会副会长兼秘书长等多个职位,被授予地方和国家级个人荣誉无数。

虽然在科研的路上取得很多耀人的成果,龚春燕却有更高的目标,诚如他自己说的:"如今的我,年华未老,青春仍在。展望未来,豪情满怀!未来的我,还有许多路要走;关注现在,还有许多事要干。志存高远而又默默耕耘,老老实实保持寡欲平淡,扎根于自己的科研园地,不奢求追名逐利上有大的收获,只希望科研工作中能不断取得新的成果。对我而言,这最实在!"①

创新学习的巨大反响

龚春燕通过对学习内涵和创新内涵的界定来探析创新学习的概念,他认为,创新学习指的是要求学生在学习的过程中,不拘泥书本,不迷信权威,不墨守成规,以已有的知识为基础,结合学习的实践和对未来的设想,独立思考,大胆探索,别出心裁,标新立异,积极提出自己的新思想、新观点、新思路、新问题、新设计、新途径、新方法的学习活动。② 在创新学习中,体现出学生学习的主体性,学习内容突出方法性,学习的过程强调活动性和学生感悟力的问题性,学习思维突出求异性等特征。

创新学习之所以能取得很好的实验和实践成绩,是因为它有充实的理论基础,比如哲学的基础、教育学的基础、心理学的基础,甚至包括脑科学的基础。丰富的理论基础使创新学习更有说服力,也更具科学性。龚春燕

---

① 教育部师范教育司组编:《龚春燕与创新学习》,北京师范大学出版社 2005 版,第 25 页。
② 龚春燕,何云山:《创新学习:21 世纪学习观——重庆市启动"创新学习研究与实验"》,《人民教育》2000 年第 3 期。

认为,学习科学的研究为创新学习的发展奠定了基础,创新学习从学习科学研究中汲取了有益的养分,并不断完善。在这个过程中,自主学习法、问题学习法、开放学习策略、案例学习法、课题学习法、网络学习法等创新学习的学习方法被设计出来,在实验和实践中逐渐完善。

在创新学习中,除了"四为主"的教学思想,即"学为主体,教为主导,疑为主轴,动为主线",还有创新性的"TADI"学习模式,即强调思(think)、问(ask)、动(do)、创(innovative)的有机结合,真正实现把学生的思维调动起来,把学习的自主性激发出来。在创新学习理念指导下的教学,既可以实现教学课程的既定目标,又可以实现学生学习方式的转变,还可以促进教师的专业化发展。

由于创新学习具有丰富的内涵和很强的可操作性,它在全国,乃至海外都有非常大的影响。龚春燕先后应各大学及各级教育部门之邀,到各地讲学数百场之多,应美国、英国、澳大利亚、新加坡、爱尔兰以及我国香港、澳门和台湾地区的邀请在境外做数十场学术报告,引起巨大反响。

香港教育工作者联会会长杨耀忠在参加创新学习理论与实践国际学术研讨会后认为,创新学习是推进香港教育创新的重要举措,希望创新学习在香港生根、开花并结果。香港教育署助理署长潘忠诚也表示,创新学习不仅是教育制度上的改变,教学方法上的改革,或教学内容上的增减,更是教学价值观的改变。台北实践大学的陈龙安教授认为,社会的快速变化使我们的教学方法也要快速跟上,这就是创新学习成为世界各国教育改革趋势的最大理由。他还指出创新学习具有观点新颖、体系完整、策略具体和影响巨大几个特点,认为他所创设的台北市立师范学院创造思考教育中心和龚春燕创设的重庆市创新学习研究有许多相似的研究领域,是双方合作的基础。

创新学习已经成为我国教育改革的一面旗帜,深刻影响着我们教育的发展,诚如《人民教育》总编辑傅国亮所说:"由于'创新学习'的研究成果颇丰,全国各地不少教育同行也把目光投向了重庆的'创新学习'。据我了解,重庆市创新学习研究中心已经接待了北京、新疆等22个省市(自治区)的100余个考察学习团。通过实地考察,他们深有感触地说:'创新学习研究意义重大','创新学习是推进素质教育的重要举措','创新学习研究具有很强的操作性','创新学习已经成为全国目前教育改革领域的一面旗帜'……"[1]

---

[1] 教育部师范教育司组编:《龚春燕与创新学习》,北京师范大学出版社2005年版,第211页。

他的品质闪耀着榜样的光芒

作为人民教师,龚春燕始终把爱融在自己的教育中。他对教育事业的爱,让他将自己的青春奉献在教育事业上,兢兢业业、勤勤恳恳地从事基础教育工作。对学生的爱,让他关心每一个学生的成长,不管是在学习上还是在日常的生活上,不仅关心学生成绩的提高,还注重培养学生健康的人生观等。甚至,后来从事的学习科学研究和创新学习研究,都是基于对学生和教育的热爱,这是一种动力,是一种品质,也是一种境界。

龚春燕是一个勤奋的人,对于自己来说,勤奋是一生的财富,不管是他读书期间,还是工作期间,都惜时如金,几乎每天都是工作到深夜。对于自己怎么样有那么多时间来开展繁忙的工作,龚春燕认为关键还是要挤时间。"只要挤,时间总会有的。就像那些小伙子谈恋爱,工作再忙,也能挤出时间来约会或写情书。原因何在?就在于他们思想上重视,心中有个'她'"。对工作怀着这样的态度,是他成功的前提。

读书是龚春燕获取智慧的关键。他说过:"从读书到工作,我都脚踏实地、认认真真做好每一件事,并实践着'读书,应该是每一个人的习惯'这一句格言。"①龚春燕每次到外地出差,总会带回很多东西,而里面最多的就是书。家里的藏书有几千册之多。他看的书有教育方面的,有哲学方面的,还有传统文化等方面的。在学习和工作过程中,他养成了"买书—读书—写书"的习惯,并保持下来。在读书中,他让思想畅游于无垠的世界,陶冶自己的情操,收获思想碰撞带来的灵感。他甚至认为,宇宙就是一本无形的书,要善于用心去读,总会读出其中的奥秘和智慧。

龚春燕十分重视家庭对自己的影响,他认为家庭是自己事业的源泉,是自己拼命工作的动力。他的妻子刘玲是中学英语教师,是中学高级教师和学科骨干,喜欢钻研教材和学习先进的教学理念,这样和谐的家庭是龚春燕工作的良好环境,支撑着他的事业发展。他们的女儿也像他们一样,是一个爱看书和思考的人,家庭成了能温暖他们心灵的港湾。

最重要的是,龚春燕有一颗不断开拓进取的心。初为人师的时候,他不甘于旧式的教学方式,倡导和践行学生自学和自我管理的方式,面对压力依然不为之动摇;他喜欢钻研,所以才会"无心插柳柳成荫",取得幻方研究的新成果;他从自身的角度思索科研,才有了学习科学研究的新境界;因

---

① 龚春燕:《读·思·悟——我的教育科研之路》,《人民教育》2005年第15—16期。

为不满足于小范围的成功，他最终创设了创新学习的一系列知识体系，为教育事业做出突出贡献。这一切都在于他那颗不断进取的心所指引。龚春燕认为，一个教育工作者要有自己的内涵，其中包括要立志、立功、立言和立德，这也是每一位教育工作者应该具备的内涵。

"没有花香，没有树高，我是一棵朴实无华的小草"。这是龚春燕最常套用来描述自己的歌词。然而，在教学实践和科研中，他这棵"小草"已经不再"没有花香，没有树高"，而是已经香飘海内外，但是却依然朴实。他的身上体现着对学生的爱，对教育的爱，对祖国的爱，诚如他自己所说过的："此一生，当与教育不离不弃。自参加工作至今，21年过去了。这些年来，我勤勤恳恳，为我的事业倾注了大量的心血。回顾过去，我无怨无悔，展望未来，任重而道远。我在心里默默发誓：任凭岁月更迭世事沧桑，任凭青春流逝容颜衰老，我终会守住心中这盏希望之灯。以万世师表孔子为师，铸不朽师魂，践无私奉献，不负与教育之间的这份深深奇缘。"

教育启示

从一名普通的人民教师一直成长为闻名海内外的教育科研工作者，龚春燕用了20多年的时间，他非常完美地诠释了一名教育工作者应该具备的基本素质：对学生和教育的热爱、积极向上的探索热情、虚心问学、勤奋与务实等。他是我们教育改革的一面旗帜，而从他的身上，我们可以挖掘更多关于教育的思考。

学习科学为的是什么？创新学习何来？这些问题归本溯源都来自于龚春燕对教育事业的一颗爱心。做任何事情，从事任何工作，都要将自己的追求目标和事业很好地结合起来，用心地对待自己的工作，才能取得好的效果。教育工作尤其重要，因为教育工作面对的是孩子，是那些需要你去塑造他们人生观和价值观的孩子，这是神圣的事业和使命，所以它对教师提出更高的要求。用心地去面对教育，才会明白应该怎么样更好地去实施教育，去教书育人。

在龚春燕短暂的七年附中教书中，他用自己一颗真诚的心来面对教育和孩子，在细微处关心他们成长，让他们在自己的关爱中长大，在自己营造的环境的影响中学会知识和做人的道理。爱是每一个教师应该具备的基本素质，只有在有爱的教育环境中，才能培养出好的学生。

教师应该具备的素质很多，而坚持学习，不断完善自我，是一个教师始终应该保持的。时代在变,教育也跟着在变,所以,教师的水平也要跟着时代在变,要变得更加完美、更加丰富、更加具有时代性。龚春燕注重自身的学习和提高,即使很多时候是由于压力而来的。比如他刚到成都理工大学的时候,面对新的岗位和新的工作要求,他只能在上课之前阅读很多的书,才能把课程备好,将压力转化为自己学习的动力。他更多的是主动性的学习,阅读对于他来说就是一种享受,买书成了他到外地出差必不可少的一件事情,书房成了他的精神世界,这就是一个不断学习、不断进取的教育科研工作者的常态。

他曾自诩为"没有花香,没有树高"的"小草",这是一种低调的人生态度,然而,他在教育舞台上、在科研道路上却做出了不平凡的事业。不管是做教师,还是从事教育科研工作,他都志存高远又默默耕耘,老老实实又清心寡欲,扎根于教育事业这块沃土上,勤勤恳恳,兢兢业业。这才是他凸现出来的最宝贵的精神财富。

参考文献

1. 教育部师范教育司组编.龚春燕与创新学习.北京:北京师范大学出版社,2005

2. 龚春燕,何云山.创新学习:21世纪学习观——重庆市启动"创新学习研究与实验".人民教育,2000(3)

3. 龚春燕.读·思·悟——我的教育科研之路.人民教育,2005(15—16)

4. 周之良.创新 传播 应用——《龚春燕与创新学习》读后.人民教育,2006(19)

让孩子在"玩"中享受学习

——记全国名师张化万

人物素描

张化万(1945—　)，男，生于扬州，中共党员，曾任浙江省杭州市上城区教师进修学校书记兼副校长，《现代小学语文》主编，浙江省特级教师协会副会长。1963年毕业于杭州师范学校，同年开始在杭州市天长小学从事语文教学工作，1986年被评为特级教师。从上世纪80年代初开始致力于语文教育最优化研究，将教学与研究有效结合起来，创设"谈天说地"、"玩玩说说"、"科学实验作文"等新课型，提倡"在玩中学习，把玩进行到底"的教育理念。他倡导并组织实施"跨世纪园丁工程"，建立"张化万浙派名师培养工作站"。发表论文60多篇，编写学生和教师教育教材十多本，在语文教学界有重大影响，是全国小学作文教学研究会副会长。先后获曾宪梓

张化万

基金会1998年授予的全国中等师范教师二等奖、浙江省第十八届"春蚕奖",以及浙江省优秀教研员、杭州市优秀党务工作者、杭州市上城区十佳校长等称号。

经典语录

★ 责任心就是教师的良心。

★ 我不想成为高挂天穹的明月,只想燃烧短暂的人生成为闪亮的流星。

★ 在所有读书学习活动中,我最重视的是读学生。我所有有价值的教育教学改革研究的课题和成果都源于我的学生。学生课堂内外的喜怒哀乐,眼神话语都会给我们研究的灵感。

★ 真实是教育教学成功的重要基石。不论在任何时间和场合,教师教学的第一受众就是学生。所有教育教学活动的出发点和归宿都是学生。背离真实,脱离学生,你的教学就什么都不是!

★ 一个优秀教师的核心素养是迅速准确地读懂儿童。

★ 教好语文,教师首先要成为一个充满爱心和修养的人,一个敏感的人,一个"多情的人"。教育教学中教师的情感态度是教师专业水平和生命价值的直接体现。只有自己首先被文本感动,在语文中生活,才可能用自己的激情点燃儿童大脑的火花。一个内心空白,情感淡薄,经历简单,体验肤浅的人,自己游离于文本之外,怎么可能呼唤儿童和文本一起跳动呢?这样的教师无论如何不可能成为一名优秀的语文教师。

★ 玩是孩子的天性,只有让他们真玩、玩得开心,才会有新奇感、有兴趣、有激情,这样他们在写作的时候才不会害怕和恐惧,才会有真实的表达、精彩的表达!

★ 我不奢望明天是什么,但将踏踏实实珍视今天的分分秒秒。尽管我已经没有年轻人的敏捷,中年人的睿智,但是我会善待自己生命,老老实实地用好人生每一张日历,为家人,为自己,为学生,为一生寻求的享受语文的人生理想。

敢于"吃螃蟹",坚定教学教育改革之路

1963年,刚从杭州师范学校毕业的张化万顺利地进入杭州市当时唯一

的一所实验小学——天长小学教书。但是,1966年,21岁的张化万像许多青年一样,加入到狂热的十年"文化大革命"中,几十年后的今天,当他再度回首那段不堪回首的人生,他用感谢的态度来面对曾经的磨砺。1976年"文化大革命"结束,他被暂时调离了教育一线到印刷厂劳动。1977年才重新回到教学岗位上。

回到教学一线的张化万心中充满着热情,在当时片面追求升学率的背景下,他也通过传统的教学模式,用魔鬼训练一样的方式,使自己所带的毕业班在当年取得骄人的成绩。但是在看到成绩的时候,他也敏锐地认识到,要处理知识和技能的关系,不能片面地为了知识和重点中学的升学率而忘掉了教育方针。

恰巧的是,1979年,张化万所在的天长小学校长李承龙提出了"宁丢三分,不丢方针"的改革口号,希望把学生从枯燥、死板的学习中解放出来。它促使教师关注每一个学生的健康发展,从题海中爬出来,从拼时间拼消耗的战场撤出来,向40分钟、向全班40几位同学要效率。这一口号与张化万心目中理想的教学方式吻合,使他坚定自己选择的教学方式。

在确定自己新的教学方式之后,作为当时年级组长的张化万就着手开展各项工作。他每个星期召集年级组教师集体备课、讨论,做到集思广益,资源共享。他还要求自己的学生每天坚持读报纸、听广播、看电视,从各个方面去亲身体验生活。这样的做法在当时是需要承担巨大的压力的,因为现实是学生在考试中少一分,想进重点的中学就需要多花几千块钱。张化万坚信自己的教学是正确的,他用"丰富的课外生活扩充课堂容量"、"强化备课,吃透学生"、"确立学生学习的主体地位"等方式,扎实开展教学工作,让学生学得开心,学得有效率。而一年的努力,就让他看到了成功。他所带领的班级在当年的语文升学考试中平均分位列全区第一!这极大鼓舞着年轻的张化万。

20世纪80年代初,在李承龙校长的倡导和带领下,天长小学有着浓厚的科研和教育教学改革风气。学校请专家来作的关于巴班斯基"最优化"理论的讲座给张化万留下深刻的印象。之后,张化万执著于研究"最优化"理论,敏感、执著地将"理论为我所用",开始他的小学语文教学最优化研究。他知道这是一个漫长的过程,很有可能用一辈子都完成不了;但是他还是坚信,只要有咬住青山不松口的韧劲,甘坐冷板凳,守得住寂寞,总会成功的。

1982年,张化万创设了"谈天说地"课、"说说玩玩"课,打破传统的课堂单向的教学模式,让学生人人动手动口动脑筋。"谈天说地"课也是张化万

"最优化"理论教改的第一个成功例子。在杭州市上城区组织的一次公开观摩课上,别的教师报的都是某年级教材上的某堂课,而张化万所报的课是在课本上找不到的三年级"谈天说地"课。望着区教研室负责人睁大的眼睛,张化万说:"别怕,这是我新研究的一个课题,已经有杂志要发表了。"

张化万的语文教学改革是一个一步一个台阶的过程,最典型的三堂课是20世纪80年代上的《草船借箭》,重视启发学生的提问;90年代上的《奇异的琥珀》,重视培养学生的逻辑思维能力;90年代上的《启事》写作课,是应用文写作类型。这三个课例是他关于课改研究与实践发展的轨迹,都与当时教育界和社会上的关注热点吻合。

一个打破常规的教学改革,自然引起了各种反响。有的人认为这是巨大的改革,也有人认为这样的教学法效率低下,将其批为"像茶馆"、"纯粹是浪费时间"。但在张化万心中只有一个信念,那就是心无旁骛,不在乎别人怎么说,只在乎自己的学生。他只希望让自己的学生成长快乐、精神愉悦、语言习得有效。因此,他继续着自己的小学语文教学"最优化"理论探索。

整个80年代是张化万教改研究与实践的最重要阶段。他几乎每天都在超负荷工作,在思考着语文教学的创新和方向;他也会邀请领导、教师、家长到课堂上听课,听取他们关于教学改革的意见和建议。长期的积累让他掌握了丰富的资料和数据,使研究能够卓有成效地进行。1980年,他在《教学研究》上发表了"要千方百计培养学习的兴趣",之后陆续发表了数十篇关于教学改革的研究性和实证性文章,丰富了他关于语文教学改革的研究。

90年代开始,张化万不满足于将课改仅仅限于课堂上,他逐渐参与到小学语文教科书编写的队伍中去。1990年他作为小学六年级语文课本的编写者,参与编写浙江省义务教育小学语文教科书;1992年主编浙江省《小学语文国情教育补充教材》课本1~6年级共六本;1996年编写了浙江省九年制义务教育小学语文第11册及作业册;1997年编写浙江省九年制义务教育小学语文第12册及作业册;这些书至今依然是浙江省小学生的语文教材。2000年,在教育部颁布《语文课程标准(实验稿)》的背景下,张化万召集一批志同道合的语文教师,开展课程标准新教材的编写和实验工作。由他主编的《现代小学语文》第1~10册由科学出版社出版,并在浙江省内试验使用。

"时髦",张化万的代名词

如今的杭州市教育界,人们都知道张化万的"绰号"叫做"时髦老头"。这不仅是对他工作与生活的一个缩写,还体现出他特有的一些品质。张化万的时髦,是一种天性。他一直对新的事物、观念感兴趣。① 因此他会勇于去尝试那些新的事物。

20 世纪 70 年代末 80 年代初,虽然教育的趋势是"重教学、轻学法"、"重结果、轻过程"、"老师教得累、学生学得苦",但是在社会上开始兴起的改革之风蔓延到教育领域时,在李承龙校长的倡导和鼓励下,张化万相信自己的判断,坚信教育教学改革是必需的,坚信学生是学习的主人,是课堂的主体,课堂与学校应是儿童的乐园。树立这样的观念,是他最终走在语文教学改革前面,做一个"时髦"的领军人物的基础。

"时髦"的张化万在 80 年代就带领自己的学生开展"时髦"的学习。他在班级上组织很多活动,比如带学生上街找错别字、上街卖《钱江晚报》、请宾馆人员教学生做水饺和西湖醋鱼、爬山、野炊、打雪仗等各种活动。这样的事情在当时绝对是稀少的,但张化万就喜欢干这个时髦。通过这样生动的户外活动,学生可以亲身接触大自然和生活,可以把童性抒发出来,把学生自己的感受抒发出来,写出的作文才是最真实的。

在讲课上,张化万很喜欢"赶潮流",那是出了名的,而且是古今中外的潮流都赶。从 80 年代初的巴班斯基的最优化理论、历昂节夫的活动理论、陶行知的儿童大解放、丁有宽的读写结合法、李吉林的情境教育论,到最近的语言训练学说、素质教育观点、创新工程理论,所有这些,张化万都进行过研究,拿到课堂上实践,并发表多篇论文。

张化万的课堂更加时尚。一节课主要学什么,他是要由学生自己来定;教学中出现的一时难以解决的问题,他也是让学生自己来评判。这样一来,张化万那优美洪亮的嗓子,除了范读,就没有什么别的用处了。很多问题他其实都可以讲得很清楚很明白,他却喜欢卖关子,反问学生:"真的是这样吗?""你敢肯定吗?""谁有不同意见?"看着学生冥思苦想,抓耳挠腮的样子,他站在一边十分得意地笑。也许只有像张化万这样很"时髦"的人,才能做出这样的事情。

张化万的"时髦"也表现在与时俱进上。与时俱进的张化万深知电脑

---

① 姚清江:《"时髦老头"张化万》,《基础教育》2007 年第 1 期。

的重要性,所以他也乐此不疲地学起电脑来。60岁的张化万学起电脑来,就像一个年轻人一般,要是碰上很基本的问题,也不会碍于面子,而是大声地求学。他就像充满童趣的年轻人一样,既像孩子一样玩、一样学,又像年轻人一样充满活力地工作。

张化万是个性情中人,待人非常诚恳。他没有师傅怕徒弟超过自己的顾虑,反而认为徒弟做得没有自己好才是丢脸的事情;他也不怕在徒弟面前丢面子。他的公开课,有时候还不是很成熟,也会拿出来和徒弟们一起讨论。徒弟虞大明在上一次公开课时,没有用张化万推荐的课堂设计,但是出来的效果非常好。评课的时候,张化万当着近千人的面,坦然承认这一点。在这一方面,能做得如此到位,确实令人起敬。

"把玩进行到底":给学生提供最愉快的学习

"玩"字对大多数人来说,与学习是相冲突的。但是在张化万的观念里,它却是小学生学习的最好状态。张化万认为,让儿童在玩中学习,是我国小学语文教育改革追求的目标之一。在尊重儿童心智发展水平和规律的前提下,让语文教育的成人文化和儿童文化互动,更好地发展儿童的语言。让学生在"玩"中经历体验,把原来陌生的、外在的、似乎与己无关的言语材料、认识和知识变为自己的可以感觉的、可以交流的东西,并慢慢将这些变成生命的一部分。语文教育只有拨动孩子们的心弦,让他们的心和文本人物的心一起跳动,才会在课堂留下天真无邪的笑,流下真诚自然的泪,获得美的熏陶,得到人格的真实塑造。①

张化万走上教改之路,最原始的动力来自于对学生的负责。在他看来,孩子们语文学习质量的高低、心理素质的好坏等,关系到整个民族和国家的前途;而每个孩子能否健康成长也关系到一个家庭生活质量的高低和长久的幸福。经过"文化大革命",他希望自己的工作对得起培养他的组织、领导和许许多多的老师们,不辜负那个时代,更不能误了每个学生的学习和发展。

张化万坚持和施行了几十年的"在玩中学习",并不是偶然出现的,而是他在长期的语文教学过程中摸索出来的,是基于对语文教学基本规律的一种科学结论。早在20世纪70年代末80年代初,他就认定学生是学习的主人,是课堂的主体,课堂与学校应该是儿童的乐园。因此,学生在学校的

---

① 张化万:《把玩进行到底》,《基础教育》2007年第1期。

学习应该是快乐的、积极的,而不是抵触的、被动的。于是,他开始探索一种有别于传统教学的方式,将更多玩的元素融入自己的课堂中,甚至将自己的课堂设在户外,让学生在户外的各种活动中学到知识。

在张化万这里,玩有助于课堂无意学习氛围的形成,能达到减轻儿童学习焦虑,激发情趣,提高学习效率的作用。低中年级的"玩玩说说"课中的游戏表演,是驱赶小学生习作恐惧的良药,是铺设小学生从低年级看图说话到高年级独立习作的桥梁,是中年级学生观察、思维、表达训练的最佳形式,是培养学生自主合作探究学习的主要凭借。因此,要学生对作文有兴趣,首先要玩得有趣,要尽可能地组织学生去玩,将玩进行到底。

张化万最具有代表性的一个例子就是2001年天津全国小语会上的五年级作文课《摔鸡蛋的学问》。他经常让学生将鸡蛋从四楼摔下来,设法不摔破。一番实践过后,他让学生就此写文章,并自己拟定题目。他凭借着"宽容与开放"的态度,使学生们敢于自由地、有创意地表达,写出学生自己想说的话,表达他们自己独特的感受。这样做的结果,全班40个人,一堂课能想出200多个题目。

当然,张化万的"在玩中学习"也并非一帆风顺。在80年代,它同样受到来自社会巨大的压力,许多家长怕孩子玩疯了,只顾着玩而把作业荒废了。但他相信自己的判断,相信学生学习的权利和乐趣是教育的本质要求,也是一个语文教师的职责所在。

正是凭着这种信念,张化万始终走在自己的路上。他认定学生就是学习的主人,是课堂的主体,课堂与校园应该是学生的乐园。他让学生成为学习的主人,在课堂上读读、写写、想想、画画、议议;他将游戏、实验、表演、谈天等形式注入"传道、授业、解惑"的内涵引入课堂,开设"谈天说地"课,让学生在"谈天说地"中了解世界之奇妙;他提出开放的作文教学观,鼓励学生上街找错别字、自己制卡、办小报,甚至给市领导写信、编书出版。为了开阔视野,他要求学生天天读报听广播看电视。他还每周挤出一节语文课进行课外阅读指导。他引导学生用手中的笔去弘扬正气与好人,去批评不合理的事,让学生懂得自己是社会的小主人。

张化万在自己教学改革的实践中也会遇到问题与挫折。1987年,在他刚被评为特级教师后不久,在一次上公开课《一个粗瓷大碗》时,由于担心学生回答效果不好,他就直接点名班上最优秀的学生回答问题。但是学生回答到一半的时候,张化万有些迟疑,怕学生回答得不够好,就打住了。这样,别的学生也不敢回答了,课堂一时陷入无对话状态。这对张化万来说是不正常的。事后,他用两个月时间来思考这个问题。直到后来,才感悟出原因,是自己太在乎好的效果,而阻止学生的完整发言了。因此,这不算是教改的问题,而只是自己的心理问题。

30年的时间过去了,在倡导素质教育的当今,张化万的"将玩进行到底"得到更多的认可和推广。著名教育家朱作仁对张化万的"谈天说地"课给予了充分的肯定;国内研究最优化理论的著名学者张定璋教授说:"动脑动口动手,谈谈想想议议写写,就是优化的最好方法。"更有人认为张化万的教育理念"开拓了小学语文教学的新思路"。

2003年11月,杭州市西湖博览会名师名校长论坛《张化万小学阅读与作文教学研讨会》如期召开。1 000多名小学语文老师观摩了张化万的讲课,其中一位叫赵培敏的教师有感于张化万的教育理念和教学艺术,写下了这样的一段话:"学生真正在玩中乐,乐中玩,欢天喜地地学作文,写作文。细细品之,张老师的作文教学不是偶有所得、即兴发挥,也不是漫天撒网、隔靴搔痒,而是师生间精神上平等,师生间金石相击的火花迸射,以情生情的心潮相逐。您不仅让我们领略到了高超的教学艺术,更是让我们得到了美的熏陶——教学艺术之美、语言艺术之美、人文美、人情美,让我们受到了爱的教育——师生之爱、朋友之爱、夫妻之爱。"

巨人之肩:不是一个人在"战斗"

20世纪80年代初,张化万作为一个教育一线的年轻教师,急切希望能够得到更多学习的机会。而天长小学为他提供了这样的条件。1981年被批准为浙江省第二批特级教师的天长小学教导主任罗云仙老师有着丰富的教学经验。那时候求知若渴的张化万每周都要带着自己的小板凳到她的课堂去听两节课,而罗云仙对于积极好学的张化万也是平和宽容地接纳,并给予指导。后来,罗云仙调任杭州市人大常委会副主任,在公务和教务很繁忙的时候,依然关注张化万的成长。

对张化万影响很大的还有天长小学校长李承龙。在"文化大革命"期间,张化万曾经是"倒李派",对李校长做过一些伤害性的事情。但是李承龙并没有将个人恩怨记在心上。作为校长,李承龙将整个学校的发展、乃至整个教育界的发展放在最重要的位置。1984年推荐浙江省第三批特级教师时,李校长秉公办事,将张化万推荐为候选人。当他拿着推荐表到张化万家时,张化万只有深深的敬佩和震撼。这也给他的价值观奠定了重要的基石。

在张化万心目中,杭州市教研员宋寿朝一直是他的导师。在张化万刚刚开始做课改的时候,宋寿朝就经常和他一起探讨研究课堂教学的改革,给他提供很多忠告和帮助。宋寿朝还通过自己的努力,一方面帮助他完善语文教学,一方面为他寻找更大的平台。1979年张化万发表的第一篇文章,背后就是宋寿朝的推荐和帮助。80年代初,张化万那个激起热烈反响的《语文课堂教学最优化的尝试》汇报,也是宋寿朝努力促成的。张化万认为,他从宋寿朝那里学到了做人的真诚朴实,待人的热忱坦诚,并将自己的成功归功于他的引领和鼎力相助。

在张化万的事业进步中,还有许多关心自己的人。浙江大学研究最优化的专家张定彰多次去听他的课,肯定了他的教学,并鼓励他把教学实践的成果和心得变成一篇篇论文。杭州大学的朱作仁教授和华中师范大学的杨再隋教授经常带着他到外地去讲学,为他教学上取得的成果摇鼓呐喊、大力宣传。浙江大学刘力教授、浙江教育学院汪潮教授等对张化万的教改实践和工作非常支持,并提供无私的帮助。正是在众多前辈的帮助、指导和提携下,张化万才能在自己的教学改革路上走得很顺利。这使他感恩于这种师承,也让他能够以这样的态度来面对后生。

经过努力,张化万已经在教学上取得很好的成绩。但是,他意识到仅仅依靠他一个人的力量,对于语文教学改革和发展来说太势单力薄了。只有努力促使更多的教师成长起来,才能推动整个语文教学改革的前进,才能真正迎来语文教学的春天。因此,他开始关注如何推动教师队伍的建设。

1990年秋,张化万从天长小学调到杭州市上城区教师进修学校担任教研员,他开始思考怎样让全区更多的学生都能够在课堂上体会到快乐的学习。他最终的结论是,通过自己的努力,培训出更多优秀的教师。

王崧是张化万90年代带的第一批教师。1990年刚刚毕业进入天长小学工作的王崧就被学校领导指定拜张化万为师。张化万对自己指导的教师都要求非常严格,这在上城区是出了名的。对于徒弟的事情,他什么事情都要管。

王崧对于张化万的严厉有着切身的体会。为了让她在课堂上能把更多的时间留给学生,张化万曾经拿着跑表在课堂上当众卡她的讲课时间,弄得王崧很紧张。有一次,王崧的公开课《螳螂捕蝉》讲得非常精彩,张化万后来跟她说:"你今天上课讲述的时间只有七分钟。"她才知道师傅还在拿跑表卡她的时间。现在,人们经常夸特级教师王崧上课的时候废话少,时间掌握非常到位。她说,其实这都是师傅拿跑表卡出来的。

1994年6月,张化万完成了自己的一个愿望。经过张化万和上城区许多教师的努力，酝酿已久的第一期上城区"跨世纪园丁工程"正式启动，50名青年教师满怀喜悦之情拜12位特级教师和优秀教师为师，开启了上城区教师培养的新模式。在那次启动活动中，张化万激动地说："拜师难，带徒更难，但我们愿干。因为我们都年轻过，因为我们的成长都离不开前辈师长的栽培……然而，我们终究要老的。为了教育事业永远辉煌，我们带徒责无旁贷……只有在事业的追求中才能赢得生命的永恒。"

1996年春天，国家教委师范司和全国中小学教师继续教育年会的代表观摩了首期园丁工程学员的教学汇报和结业典礼后，纷纷赞扬"园丁工程"香飘全国。跨世纪园丁工程极大地推动了基层学校的教师队伍建设，被誉为1997年浙江省教育十大新闻之一。1998年、2000年、2002年这三届上城区被评为浙江省特级教师8名，4名是园丁工程的导师，4名是首批学员。正如全国著名小学语文教育家华中师范大学杨再隋教授所说："在张化万的周围已涌现出一批在全国有影响的教坛新星群体。这种新型的师生关系，造就一批'小张化万'、'超张化万'，使张先生的语文教育思想得以发扬光大，教育生命得以延续。"

2006年3月10日，对张化万而言又是一个新的里程碑。他承担了新的任务，在花甲之年建立了"张化万浙派名师培养工作站"。工作站立足于上城区，却面向浙江全省，辐射全国，开始了打造浙派名师的品牌人才培养工程。工作站成为骨干教师心向往之的地方，也引导和帮助许多中青年教师从优秀走向卓越。

在2009年工作站第一批学员结业典礼上，作为站长的张化万说："要说工作站的三年培养，谁最得益，那就是我。你们的青春与魅力，让我的黄昏充满缤纷的色彩，使生命变得更加珍贵灿烂；你们的拼搏与勇气，驱散我身上慢慢集聚的暮气与迟钝，让阳光照射倍感人生的温暖；你们的笑容和真情源源注入我的血液，让我得以追赶岁月的脚步。"

张化万就是怀着一种自己成长时候感受到的"师承"，来延续自己的梦想。

教育启示

每个教师都有自己的教育理念，但是能真正做到以学生为本、以学生为中心、一起为了学生的更好发展的，实则不多。张化万老师从80年代开始就坚持自己的选择，把"玩"融会到语文教学中去，开创"谈天说地"课、"说说玩玩"课等丰富多彩的课堂。他认为，孩子最大的天性就是爱玩，所以从玩中才能挖掘出孩子最真实的思想,激发他们的学习热情,探索出更为快乐而有效的学习方式。在我们呼吁推行素质教育的今天,又有多少教师能不顾升学率及其他压力而坚持这样"将玩进行到底"的教学?

在张化万的课堂上,学生和老师是共同的主体,主宰着课堂的内容,他既不主张学生对老师的绝对服从,也不主张以学生为主的"学生中心论",而是把教师和学生放在同等位置上。他认为在这样的情况下,学生的思维才会更积极,课堂才会更活跃,真正体现出教师为学生服务,师生交流合作等教学思想。

张化万对作文写作有自己独特的看法,尤其是对小学生的写作教学。他认为玩是孩子的天性,只有让孩子们真正地在玩,玩得很开心,才会流露出他们的真情实感,这样,他们在写作的时候才不会有恐惧和害怕,写出的文章才有真情实感,才精彩。因此,他的课堂不是一成不变板着脸的课堂。他的课堂可能是在课内讲课,可能是在教室里玩游戏,也有可能是在户外的游玩,但是,他会适时地选择好的机会来激发学生的思维,让他们在瞬间产生写作的灵感,并把这一瞬间的、弥足珍贵的灵感写下来,从而促成了作文写作的实现,这就是张化万作文教学最独到之处。

张化万的成功之处在于其能将"将玩进行到底"的理念运用到极妙的程度,并产生预期的效果。这是一个需要漫长摸索的过程。创新性的改革难免会遇到很多困难,但是张化万从教育的本质出发,认准自己的教改是符合教学的本质的,并坚持下来,这是尤为关键的。他执著的教改实践,为无数教师树立了榜样。

张化万的成功来源于自己的努力探索,也来源于前辈对他的指引和帮助,所以,他深知"师承"的重要性。他积极地将自己的成功经验与年轻教师分享,实施"跨世纪园丁工程",并组织成立"张化万浙派名师培养工作站",形成一股浓厚的学习氛围。张化万的教育理念形成一种风格,对上城区、浙江省乃至全国小学语文教学都具有影响作用和榜样作用。其高尚的人格和甘为人梯的精神,更是其师德的真实写照。

面对当前的素质教育,我们应当从张化万"将玩进行到底"的倡导中汲取有益的成分,并广而传播,这也是他所希望看到的。

参考文献

1. 张彦春,朱寅年.16位教育家的智慧档案.上海:华东师范大学出版社,2006.

2. 屠铁梅."怪"老师张化万轶事.内蒙古教育,2009(12)

3. 姚清江,"时髦老头"张化万.基础教育,2007(1)

4. 胡瑛,王来润."实践与体验"滋生了作文鲜活之源——听特级教师张化万的作文课有感.小学语文教学,2004(12)

5. 张化万.把玩进行到底.基础教育,2007(1)

6. 靳淑梅.充满欢声笑语的课堂——特级教师张化万《摔鸡蛋的学问》教学启示.小学语文教学,2003(12)

7. 朱作仁.让教学充满活力 使课堂时闻笑声——追求教学最优化的教师张化万.小学教学设计,2002(6)

绿色语文 诗意人生

——记全国名师赵谦翔

人物素描

赵谦翔(1948—),男,现任教于清华附中,语文特级教师。20世纪90年代开始探索"绿色语文教育"理念,呼吁将语文从应试教育的桎梏中解放出来,把语文教育和人的发展结合起来,创设了《东方时空》课、"文学精品"课、"古典诗文"课、"班会感悟"课等课堂形式。发表文章百余篇,出版专著多部,尤以《赵谦翔与绿色语文》最能代表其"绿色语文教育"理念。先后被评为全国优秀教师、全国十杰中小学教师,享受国务院政府特殊津贴专家,香港柏宁顿教育基金会孺子牛金球奖得主,吉林省有突出贡献的中青年专家。兼任东北师范大学中文系教授、首都师范大学教育硕士导师。

赵谦翔

经典语录

★ "悟"由"心"与"吾"构成,"心之官则思":故从左往右看,乃"思之吾",即思想的我;从右往左看,乃"吾之思",即我的思想。所谓悟性,就是思想的个性,个性的思想。

★ 一位出租车司机说,当一个乘客上了我的车,我就想,他把生命交给了我,还有什么比这信任更重大的事情呢?我一定要确保他安全第一。由此我想到,当一个家长把学生送到我的门下,就是把他孩子的精神生命交给了我,我一定要确保他心灵的健全。

★ 教灰色语文,苦,并麻木着;教绿色语文,痛,并快乐着。

★ 作为教师,我们得到的最大回报,不是物质的,而是精神的;不是功利的,而是审美的。这种回报,让我们的心灵世界——永远充实,永远健康,永远愉悦。

★ 教学改革务必从"心"做起。如果是"违心"地教改,而不是"真心"地教改;是"私心"地教改,而不是"公心"地教改;是"粗心"地教改,而不是"细心"地教改;是"躁心"地教改,而不是"潜心"地教改。改来改去,不是一场嘻嘻哈哈的闹剧,就是一场戚戚惨惨的悲剧。

★ 如何追求语文教学的诗意?不止重视书本,而且关注人生;不止训练语言,而且熏陶精神;不止培养读写,而且涵养情感;不止提高考试分数,而且提高人生境界。

安贫乐道,执著于教育事业

赵谦翔的父亲是语文教师,而且还是教学业务尖子,在"文化大革命"的时代,成为被"革命"的对象。赵谦翔也自然沦为"黑五类狗崽子"。1968年,他插队到吉林省永吉县土城子公社五家子二队,"接受贫下中农再教育",成为一名知青。在艰难、苦涩的知青岁月里,对于赵谦翔来说,读书是慰藉心灵的最好方式。除了《毛泽东选集》和马恩列斯著作外,赵谦翔还有另外两个精神食粮:文学经典著作《红楼梦》和学习了五年之久的俄语。尽管身处"知识越多越反动"的年代,他还是舍不得放弃他酷爱的俄语,早起晚睡抽时间,田间地头挤时间,得空就拿出来诵读,因此,赵谦翔迎来了人生的第一个机遇。

1970年，由于"复课闹革命"的深入发展，他所在的公社中学也开始开设俄语课，但是却没有俄语教师。别的知青都不屑于留在农村做民办教师，而对于此时已经和另外一个知青结了婚的赵谦翔来说，却是一个很好的机遇。就这样，他凭借自己的俄语优势，开始了自己的教师生涯。

获得新生的赵谦翔把全身心都投入在教书育人上。为了激发与朝鲜族同学的学习积极性，他努力学习朝鲜语，以便讲课时能用汉语、朝语和俄语对照着教；为了省下有限的粮食给正带孩子的妻子，当别的老师吃午饭的时候，他都是用疯狂朗读来麻醉自己的辘辘饥肠；课余时间，他逐家挨户对学生进行家访，往往是披星戴月而归。

努力的工作使他再次受到机遇的垂青。由于出色的工作，赵谦翔得到学生们的一致好评和真诚爱戴，这给他带来了去县里参加"五七师范"进修的机会。赵谦翔和妻子带着不到一岁的女儿在松花江边的乌拉古城接受了八个月的培训。此后，他们便从民办教师直接转为了公办教师，从此就扎根于这块农村土地，一干就是20年。

1980年，他幸运地被调到永吉县第五中学。然而，他来到新的学校，所要教的课程却是他从来没有教过的语文。赵谦翔认为，对于仅仅读过两年高中的他来说，去教一所省级重点中学的语文，既是极大的荣幸，也是极大的挑战。而他的当务之急就是通过函授大学来恶补知识，既要好好补习，又要好好工作。

赵谦翔当时的生活条件非常艰苦。学校分给他的住房是靠着马舍的一间半陋室，房子又小又暗，而且白天黑夜都充斥着马粪味道，其中艰难可想而知。但是物质生活的清贫并没有让他放弃进取。赵谦翔深知，要教给学生"一碗水"，自己就得有"一桶水"。而他自己充其量只有"两碗水"。

1983年，赵谦翔读大专函授，1985年又接着读本科，并在1988年从东北师范大学毕业，获得文学学士学位。赵谦翔读函授，不光是为了获取文凭，他更注重自己水平的提高。由于蜗居难以学习，他就把家门前"两山夹水，沿水有路，景色绝佳"的地方当做自己的天然书房，"举手为案，漫步当椅"。他忘情地陶醉于自己的学习状态之中，分分秒秒都舍不得浪费。

随着科学的春天的到来，赵谦翔的机会也接踵而至。

1981年春天，赵谦翔接到县剧团的通知，让他去剧团做编剧。这曾经是赵谦翔多年来的愿望，但最终因为学生们的恳求放弃了；1985年，赵谦翔光荣地成为了一名共产党员。紧接着被提升为教导处主任，有可能走上仕途之路。可是由于升高中的女儿恳求他教语文而留下来。在20世纪90年代初，他有机会到国外做翻译挣大钱，却因受自己曾给学生讲过的《挖井》

一文的教益,而毅然选择留在学校里。此时的赵谦翔已40有余,他坚定了自己教师职业的选择,决心将自己的一生奉献在祖国的教育事业上。

两次"改革":他将语文从应试教育的桎梏中解放出来

由于没有接受过系统的师范教育,赵谦翔的语文教学都是在边摸索、边实践。在永吉县第五中学教语文时,他唯一的教学方法就是这种"满堂灌"、"填鸭式"的教学。赵谦翔也曾一度很满足于自己这样的教学方式。有一次,教务主任巡视晚自习,发现赵谦翔还在乐此不疲地讲课,便把他叫到门外,用严肃的语气说:"你怎么还在讲?要给学生多留点自学的天地!"赵谦翔却理直气壮地回答道:"你知道我在讲什么?你知道我是怎么讲的?只要学生喜欢听,我就是要讲!"直把教务主任说得没话可回。但是,尽管他付出了大量的心血,但是学生却越学越死板,自己教得也是越来越狭隘,高考成绩很难有所突破。

20世纪90年代初,随着改革之风席卷教育领域,赵谦翔深深受到素质教育理念的洗礼,宛如从梦中惊醒:教本,学本,考本,唯本至上;编题,答题,讲题,唯考是图。这样的应试教育、题海战术怎能培养高素质的人才?

1993—1996年,赵谦翔开始了自己的第一次教学改革,即"扩展式语文教学"。赵谦翔的"扩展式",就是把全国语文统编教材中那些包含"极左"思潮的文章删掉,补充进具有时代气息的新鲜时文。这样,很多在别的教师眼里是不可改动的内容,在赵谦翔这里都得到扩展。他还把唐诗宋词鉴赏辞典当做语文补充教材,不但让学生研读专家鉴赏,还让他们尝试创作旧体诗。这在当时是要承受很大压力的,因为当时的高考还没有增加古典诗歌鉴赏方面的试题,赵谦翔的改革遭到"不务正业"、"标新立异"、"追名逐利"等非议。

然而,成功站在了赵谦翔这边。在模拟高考的测试中,他所带的班级有29个学生以《窗中画》为题,用旧体诗的形式来写作,平均分达到85分。

实验课题验收时,有专家当场以《言志》为主题要求学生在十分钟之内作诗(有两人写出即算及格)。他的学生在黑板前挤满了。十分钟过后,总共有16个学生完成作诗,并当场解读和畅谈心得。这一结果赢得在场专家和教师的高度认可。

赵谦翔的第一次改革的成功,对他的教育生涯有着"拨乱反正"的重要意义,也促使他以更加坚定的勇气继续深化自己的教改。于是便有了1996—1999年在文科实验班进行"语文教育与人的发展"的课题实验。这一次,他正式提出了"扫荡灰色的污染,开创绿色语文"的理念。在他这里,语文的"纯天然性",就是"工具性"和"人文性"的统一;语文的"可持续发展性",就是学生不仅"为高考"学语文,更要"为人生"学语文。

1996年,作为两个文科实验班语文老师和班主任的赵谦翔,开始了自己的第二轮探索。它以"人"的发展为核心,观察社会、体悟人生、培养人文精神是它的精髓;陶冶情操、启迪悟性是贯穿其中的两条主线;确立学生的主体意识则是人格完善的前提。

赵谦翔针对自己的"语文教育与人的发展"实验,创设了四种新的课型。"东方时空"课,他每天早上7点到8点会带领学生们收看"早间新闻"、"东方之子"等电视节目。在这种特别的课堂上,敬一丹等主持人成为学生的"导师",赵谦翔则成为"助教",专门负责批阅学生的观后感。"文学精品"课,赵谦翔带领学生走进余秋雨的《文化苦旅》,去汲取其中的文化积淀;带领学生去沐浴余光中的《听听那冷雨》,去感受那儒雅幽默的文字;引领学生与周国平的《守望的距离》零距离接触,去领悟那执著而超凡的人生哲理……"文学精品"课实现了从"读死书"到"读活书"、从"死读书"到"活读书"、从"读书死"到"读书活"的转变,在语文教学的内容、方法和结果上落实了素质教育的目标。"古典诗文"课上,他将"古典诗文"课分为三种形式:天天诵读,以习得诗歌语言的音乐美感;深入玩味,以养成他们念英咀华的习惯;尝试创作,以启迪内心的灵性,激发创作的勇气,从更高层面上提高鉴赏能力。"班会感悟"课是赵谦翔作为语文教师和班主任而创设的。主题班会一般先由教师用生动的演讲打动学生,再由一部分"先觉"的学生用精彩的班会感悟文章来打动"后觉"的学生。通过一次次主题班会,激励学生们将"心动"、"笔动"和"行动"统一起来,把"学做人"和"学作文"结合起来。

从1996年到1999年,赵谦翔班级的学生从封闭的教学机制中解放出来了,他们熟知"家事国事天下事",把"有字书"和"无字书"融会贯通,把"做人"和"作文"融合在一起。"东方之子,从前我羡慕你,如今我学习你,将来我成为你"已经成为实验班的精神主旋律。1999年高考,赵谦翔的实验班语文平均分达到112分,升学率高达99%,其中2人考入北京大学,1人成为吉林省文科英语高考状元,7人获得了只有十个名额的吉林市市长高考奖励基金。

殷实的成果证明了"素质"和"升学"完全可以实现统一,也证明了赵谦翔的"绿色语文"教学是一种科学可行的方式。

他让"绿色"在清华园绽放

2000年8月,赵谦翔受聘到清华大学附中任教,开启自己教育生涯新的篇章。在清华园这样神圣的环境里,赵谦翔感觉自己的人生得到了一次重生,他更渴望能够在这里实现自己更多的抱负。学校为52岁身患糖尿病的他提供了很多照顾,为了给他"减轻负担",准备不让他再担任班主任。但是赵谦翔为了落实自己的"绿色语文"理念,毅然担任两个班的语文老师和一个重点班的班主任。

初到清华附中,赵谦翔就想,自己何不以"清华精神"为主题,实施自己的绿色语文教育?因此,从一开始,他就实施自己的"感悟清华精神"语文教学,并一直贯穿到那一届2003年6月高中毕业。

在中秋之夜,他和学生一起来到月下荷塘,回味《荷塘月色》;清华校庆之际,他带领学生去参观校史,领悟校训"自强不息,厚德载物"的内涵;看到清华学堂前新塑了一个名为"悟"的塑像,他便要求学生以此为主题写《感悟青铜书雕》;为使学生更深刻理解王国维的"三个境界",赵谦翔直接把学生领到静安先生的纪念碑前,睹物思人,慎终追远。赵谦翔依然将"有字书"和"无字书"结合起来,将"作文"和"做人"结合起来,践行自己的绿色语文教育。

赵谦翔的"感悟清华精神",不只是"升学"的目标,更重要的是"做人"的目标。他在鉴赏贾岛的《寻隐者不遇》的课堂上提出了"清华境界说",认为"清华大学"是一种境界,一种以"自强不息,厚德载物"精神为代表的人生境界。① 不是每个走进清华的人都会具有清华精神;只有那些真正以"清华精神"为向导,用"清华精神"把自己头脑里的那些杂七杂八的东西置换出去的人,才算得上进入真正的清华境界。

赵谦翔的"感悟清华精神"给这一届学生烙上了深刻的印记。在原创诗歌朗诵会上,他的班级以一首"豪放派"的《进军清华》,力压盛行的"婉约派"。那些没有考上清华大学的学生也没有失去自己的"清华精神",反而将它传播开来。一位考上武汉大学的学生在发给他的邮件中说:"虽然本科没有考入清华大学,但将来考研的时候,我一定要走进清华。"一位考入清华的学子在大二暑假期间到四川考察,应邀到当地中学做报告,事后给赵谦翔汇报说:"老师,我给他们讲的就是'走进清华境界'!"

---

① 赵谦翔:《诗意地生活在教书育人中》,《人民教育》2003年第10期。

有一次，赵谦翔在小区楼下的"万圣书园"被一套人文系列丛书吸引，他就买了回去。在读到《文学是什么》的时候，他看到了这样一段话：

在海德格尔那里，文学的诗不再是一种技巧，而是一种人生，是一种存在的方式。诗不仅是诗人的而且是人类的。你可以不是一个诗人，但你却不能不是一个诗意的存在者，因为人类本身的存在方式就是："诗意地栖居在大地上"。

"诗意地栖息在大地上"，多美妙的世界，多绚丽的人生。它震撼着赵谦翔的心灵，从此，"教绿色语文，享诗意人生"就成为赵谦翔语文教育的核心追求。

2003年6月3日，赵谦翔以《师生同释"诗意人生"》为题为这一届毕业班上最后一堂语文课。他的学生都写出了自己的心声，有感悟人生的，有感谢师恩的，有怀念附中学习的，也有憧憬未来的。那年高考，他的班级语文成绩名列前茅，全部学生都考入重点大学，其中10人考入清华大学，1人考入北京大学，再次实现了"素质"与"升学"的"双赢"。

2003年9月，赵谦翔又迎来了自己的新一届学生。有感于当今青少年普遍存在的三种"流行病"：贫血（爱心缺失）、缺钙（心理脆弱）、脑膜炎（缺少理性思维），他开创了"绿色阅读"——"青春读书课"。

赵谦翔认为教师应该"绿化"学生的精神世界。他在"青春读书课"中提倡写"三精"牌《一言心得》："精诚"，说发自内心的话；"精练"，说言简意赅的话；"精彩"，说富有文采的话，把他和学生之间"口耳授受"的方式换成"心心交流"的教学方式，这样既达到语文教学的目的，又在交流中进行了思想的碰撞与交流。

2004年秋天，卸下班主任担子的赵谦翔没有闲着，他是三个班的语文老师。这时候，他有针对性地开展"青春读书课"，只用了半个学期，他的学生就进入了"绿色语文"的境界。赵谦翔把他的"绿色语文"教学应用得得心应手。

从1993年第一次改革试验开始，赵谦翔经过十几年的不断探索与实践，终于使他的"绿色语文"教学理念更加清晰。他认为，"绿色语文"就是培养"亲情"的语文，是对中华民族母语的一往情深、地久天长的钟情；"绿色语文"是培养"爱心"的语文，就是爱自己、爱他人、爱祖国、爱人类、爱自然的博爱之心；"绿色语文"是培养"习惯"的语文，就是培养"含英咀华"地读，"咬文嚼字"地写，"语不惊人死不休"。在清华园中，赵谦翔终于完善了自己关于"绿色语文"教学理念的探索。

"诗教":别具特色的教学思想

赵谦翔曾经想成为一个诗人,最终却成为了一名人民教师。但是他的人生似乎注定和诗结下了不解之缘。20世纪90年代初,当时的高考还没有将诗歌鉴赏试题设为高考内容,但是赵谦翔就鼓励他的学生用诗的形式来写作。虽然招致了"不务正业"、"标新立异"和"追名逐利"等非议,但他还是坚持自己的教学。事后的结果证明,他的教学理念是正确的。

赵谦翔将诗的各种因素融会进他的语文教学中来,形成了独具特色的赵氏"诗教"思想和风格。赵谦翔说:"诗教何以有魅力?给思想以形象,寓说理于深情。诗教的魅力何在?可以励志,可以修德,可以陶情,可以劝学。"[1]他的"诗教",就是经常结合班级不同时期的思想倾向,针对学生的不同心态,或者写诗,寓教于诗,或者引导学生赏诗作诗,以诗自育。

赵谦翔看到许多学生都生活在一种感情失衡的状态中,他们得到亲情的百般呵护,但是却不懂得感恩,还往往养成严重的依赖和自私心理。为此,赵谦翔写了一首《自立吧,我可爱的弟子们》,用以启迪学生的良知:

我可爱的弟子们啊/请你扪心自问/你是否吃得好却不觉甜/穿得暖却不觉温/得到爱却不领情/享了福却忘了恩/我可爱的弟子们啊/请别再呼唤"妈妈,再爱我一次"/请真诚地对父母说/让我也来爱一爱你们/清晨,让闹钟早早把自己叫醒/放爸爸到户外去练练气功/夜晚,让妈妈陪陪爸爸看看电视/也该让二老放松放松……享受父母的爱/却从不想到反哺/我不相信他是一个真正的人/享受老师的爱/却从不想到报答/我不相信他是一个纯粹的人/索取朋友的爱/却从不想到答谢/我不相信他是一个高尚的人/获得集体的爱/却从不想到报答/我不相信他会成为爱国的人/学会爱吧,这是做人之本/学会爱吧,这是报国之根。

赵谦翔以这首诗为主题,要求学生开展"三个一"活动,即给妈妈写一封慰问信,送妈妈一个小礼物,帮妈妈做一件家务活。在一首诗的感召下他实现了"做人"与"作文"的完美结合。在活动后的汇报中,一位同学这样说:"感谢我们的老师,是他的诗使我懂得了回报爱的重要性。三八节那天,我送给妈妈的是一根糖葫芦,因为妈妈平时给我和妹妹买糖葫芦,可她自己却从未吃过一口。当我把糖葫芦送给妈妈时,我看得出,妈妈好高兴,也好感动,因为这是我这个做女儿的17年来第一次送给妈妈礼物呀!"

---

[1] 刘德福:《赵谦翔和他的语文绿地》,《师道》2004年第8期。

赵谦翔说:"教育者与被教育者,就这样,在诗教中达到了和谐的统一。诗教,也许不如严厉的批评那样立竿见影,也许不如严格的管理那样明效大验;但它的魅力却如适时宜人的春雨,'随风潜入夜,润物细无声',寓无穷于无形。"①

赵谦翔就像是一位诗人一样,用自己诗一般的语文教学来面对学生。他说的话有诗意,做的事有诗情,在诗篇中与自己的学生交流感情,传递知识,共享学习乐趣。

"绿色语文"让语文教育"春满大地"

赵谦翔20多年的"绿色语文"教学理念的探索,既给自己带来荣誉,更给他的学生带来成长,给我国的语文教育教学改革带来春意。

最幸福的,莫过于成为赵谦翔的学生了。有幸上他的《东方时空》课,学生开阔了视野,积累了丰富的作文素材。在这样的环境熏陶下,他的学生杨雷代表班级写信给吉林市市长王照环,表达他们参与建设家乡的热情和责任心,就不足为奇了;从《黄河忧思录》到《绿化文化荒漠》,再到《巴以冲突之我见》和《日本军国主义阴魂不散》等有分量的时事评述,更显示出学生得到全面的人文素质教育。

他以《自立吧,我可爱的弟子们》为引子,开展"寸草春晖"为主题的班会,让学生在诗的意境中体悟亲情和感恩,唤回他们知恩图报的良知。他的学生李京效为此写了《妈妈的手》:"妈妈的手所以变成这样,都是为我操劳的啊!因为剥过太多的琵琶虾,所以变得开裂;因为洗过太多的衣服,所以变得干燥;因为干过太多的脏活,所以变得暗淡……而我却这样无情,用冷漠来伤害她的心。"从现实的生活中,他让学生写出具有真挚感情、朴素文风的文章,既优化了文风,又陶冶了情操。

对于"绿色语文"和赵谦翔,他的2003届学生黄京京这样说:"虽然老师在第一节的启蒙课上说到了'绿色语文',但是总觉得很遥远。以前的语文课,我都似懂非懂地跟着您到处'逛',所以只有一些肤浅的收获。而今天,我似乎看见了学习语文的曙光,浑身都似乎充满了动力,找到了学好语文的感觉。我真的很高兴在学习的路上遇到了您这样一位既是学习的又是人生的启蒙老师。不仅是语文知识,还有做人的方法,您都传授给了我们。我要在今天画上一个句号,而在明天展现新的自我。"

---

① 教育部师范教育司组编:《赵谦翔与绿色语文》,北京师范大学出版社2005年版,第39页。

赵谦翔的"绿色语文"还照亮了无数默默耕耘在教育一线的教师,为他们的语文教学指明一条可供借鉴的路。对于我们语文教学改革而言,则是一股温暖的春风。

吉林省教育学院副院长、全国中语会副理事长张翼健认为创造是语文教学最致命的欠缺,但是他从赵谦翔的课改中看到创造性,不管是教学目标、教学内容,还是教学过程、教学方法都有创造性的存在。给予他的教改很高评价,并认为它有很多值得推广的地方。

中国教育学会中学语文教学专业委员会学术委员会主任张定远在阅读赵谦翔的《绿色作文实例实说》后,认为他的作文教学始终坚持"务本求实"的学风,是养成的;始终坚持改革创新和张扬个性的原则,是个性化的;远远超越"应试作文"的界限,是旨在"双赢"的。为此,他还建议语文教师们要按照作文的教学规律进行教学,放开手脚,激发学生的积极性和创造性,让学生写出真情实感、有血有肉、个性鲜明、文情并茂的佳作。

赵谦翔作为中学语文教学的特级教师,为全国各地的中学教师做过数百场讲座和讲课,深受广大教师的喜爱。山东省阴平县第一中学的杜玉在领悟赵谦翔的"语文教育与人的发展"时,从语文教学要提倡个性化发展、语文教学要正确把握语文的"工具性"特点、语文教学要注重对学生人文精神的培养、在语文教学中要充分发挥师生的主题地位四个方面受到启发。[①]

衣带渐宽终不悔,为伊消得人憔悴。不管处于何种境况,不管语文教改的路途多么艰辛,赵谦翔始终执著于自己钟爱的教师事业,执著于自己开创的"绿色语文"。他与这个讲台苦乐相连,生死攸关,他在一次大病初愈后写给自己的诗中说道:

  假如我倒在讲台上不再起来,
  这是我的造化,不是悲哀。
  是战士就应当埋骨沙场,
  为师表就应当献身讲台。
  朝朝暮暮,讲台上传道授业;
  岁岁年年,讲台上追欢播爱。
  讲台上画句号该多么圆满,
  仿佛在百花丛中将我掩埋。
  我庆幸今天又站了起来,

---

① 杜玉:《浅议赵谦翔"语文教育与人的发展"课题》,《现代语文(教学研究版)》2008年第9期。

还能把绿色语文继续开采。
一旦我永远站不起来,
我希望、我祈祷还在这讲台。

教育启示

什么样的教育是最理想的?赵谦翔在"语文教育与人的发展"课题研究中得出结论,认为创新是语文教学的灵魂,发掘学生的创造力是开发其潜能的核心内容。而创新又何来?赵谦翔认为源于对生活的热爱、对生活的感悟。所以,作为一名教师,要善于引导学生去热爱生活、观察生活、感悟生活。

赵谦翔的"绿色语文"又从何而来?当然是从他对语文教学的热爱、从对教育事业的热爱、从对学生的热爱、从对诗意人生的热爱而来。善于发现问题,也总是会善于发现解决之道。他深深体会到学生深受"灰色语文"的摧残之苦,而自己教"灰色语文",也是麻木并痛苦的,所以才开创活生生的"绿色语文",把学生从应试教育的桎梏中解放出来。

赵谦翔的"扩展式语文教学"其实是每一个教师都可以做到。他只是将统编教材中那些毫无生气的"极左"思潮的文章换成具有时代气息的文章,由此激发学生学习的积极性,把学生从一种幽暗的学习状态中解放出来;他的"语文教育与人的发展"更加关注学生人文精神和悟性的培养。他将教学作为一种实现学生人的发展的手段,辅之以"东方时空"课、"文学精品"课、"古典诗文"课、"班会感悟"课等多种形式,让学生在开放的环境下去了解生活、感悟生活、陶冶情操,实现人生境界的提升。

赵谦翔的"绿色语文"更关注"绿化"学生的精神世界,他将丰富语文知识和提高人文素质结合起来。他是一个诗意的语文教师,用自己的"诗教"来带领学生去感悟生活、人生,去学习,去追求理想。他认为诗是中华民族文化的重要代表,应该得到倡导,无形中为学生上了爱国主义课;他通过诗来引导学生去关注生活,去关爱他人,使学生从中感悟生活的真谛,收获成长。

事实证明,赵谦翔的"绿色语文"是可以实现"素质"和"升学"的双赢的,这也是符合当前我们教改要求的。在我们当前的教育环境下,类似于赵谦翔这样的教师实为不多。如要真正推行素质教育,根本的路径何在?赵谦翔的"绿色语文"教育无疑是一个重要的参照。

参考文献

1. 教育部师范教育司组.赵谦翔与绿色语文.北京:北京师范大学出版社,2005
2. 赵谦翔.赵谦翔讲语文.北京:语文出版社,2007
3. 赵谦翔."名师"的自省.教师博览,2004(10)
4. 赵谦翔.把语文从应试教育的桎梏中解放出来.中学语文教学,1998(10)
5. 赵谦翔.别出心裁的验收.中学语文教学参考,2002(Z1)

让主题教学贯穿课堂

——记全国名师窦桂梅

人物素描

窦桂梅,吉林蛟河人,清华附小副校长,特级教师,担任国家重点课题语文教材编写组的编委及编写人员等多种职务。在教育教学过程中,先后提出"三个超越"和"主题教学"理念,在全国引起极大的反响。先后出版《窦桂梅与主题教学》、《窦桂梅与语文教学的三个超越》、《激情与思想》、《和学生一起成长》、《和教师一起成长》、《玫瑰与教育》、《做有专业尊严的教师》、《优秀语文教师一定要知道的七件事》等多部个人专著。1998年作为科教界优秀代表,在人民大会堂受到江泽民等七位政治局常委的亲切接见;2001年,作为教育部"更新教育观念"报告团成员之一,在人民大会堂作《为生命奠基——语文教改的三个超越》报告。先后获全国中小学中青年

窦桂梅

"十杰教师",全国模范教师、全国师德先进个人、全国教育系统劳动模范等称号,被评为"建国六十年来从课堂里走出来的教育家"之一。

经典语录

★ 教育是培育生命的事业。当孩子走进校园,开始他生命的体验时,教育给予他们的是快乐还是痛苦,是提升还是压抑,是创造还是束缚,完全取决于教师的职业素养和职业行为。

★ 为生命奠基,为中华民族的创造力奠基,是我们21世纪语文教师责无旁贷的历史使命。

★ 从事"人之初"教育的我们,如果不能在孩子们阅读背诵的基础上走进阅读的空天阔海,让他们在书中与历史对话,与高尚交流,与智慧撞击,从而打下坚实、厚重的文学素养、人文素养,我们的民族将来怎么会拥有高尚的、文明的、富有创造力的现代人呢?还会有曹雪芹、鲁迅的"横空出世"吗?

★ 超越教材、超越教师、超越课堂的过程就是自我超越的过程,就是教师和学生超越习惯、超越传统,超越自我的体验、知识、精神、智慧,从而实现自我审美的过程,自我创造的过程,也就是生命奠基的过程。

★ 教师不能没有独特的风格,不能没有鲜明的个性。随波逐流,循规蹈矩是自己成长的最大敌人。"独立之思想,自由之精神"也应成为我们为师的座右铭。我想对自己说的是,人云亦云的尽量不云,老生常谈的尽量不谈,要学会独立思考,而不是跟着"风"跑。对自己的教学,不要考虑完美,要考虑最有特色。

★ 教师成长固然有赖于好的环境,但更重要的取决于自己的心态和作为。我以为社会是课堂,实践是砺石,他人是吾师,自身是关键。只要务实肯干、积极进取、开拓创新,就会在现实生存的土壤中找到自己的生长点,并以自己的成长影响周围。从这个意义上说,谁来给予教师良好的成长环境?是教师自己。

执著与梦想,师范生终成语文教师

窦桂梅1967年4月出生在吉林省蛟河县的一个小山村,她的父亲曾经做过两年的教师,在窦桂梅心底,却由此埋下成为一名人民教师的朴素的梦想。幸运的是,她在1982年顺利考上了吉林师范学校,感觉离自己的梦想越来越近了。因此,在师范学校读书的四年时间里,她学习非常努力,写字、画画、唱歌、演讲、合唱团指挥、手风琴弹奏都是她的拿手好戏,她也以优异的成绩从中师毕业。

窦桂梅原本以为按照自己优异的成绩,要在学校找一份教师的工作是很简单的,但是她却碰上了坎。当时的政策规定,中师毕业的学生一律要分配回原籍工作,那就意味着她必须要回家乡工作,而由于各种原因,她回原籍工作的话,就必须改行。深藏心底的教师梦促使她作出决定:一定要找一份教师的工作。

在窦桂梅感觉茫然的时候,她接到学校决定让她留校工作的通知,但是不是做教书工作,而是行政工作。这是一份令许多同学羡慕不已的工作,但是却不能让窦桂梅感到兴奋,因为她只有一个愿望,那就是当一名教书育人的老师。

窦桂梅有自己理想的学校,那就是她实习时候的实验小学。她经常想起自己实习时候和学生一起做游戏的气氛,喜欢看着孩子们脸上愉快的笑容,喜欢他们顽皮又淘气的鬼脸,喜欢听他们用稚嫩的童音合唱《让我们荡起双桨》……当她和孩子们在一起的时候,她就感觉自己的心情像天一样蔚蓝和纯净。因此,她开始为自己的梦想奔波着。

梦想的力量是巨大的。那段时间,她跑市教委,跑学校,见到那些有可能改变她的命运的人就拖住人家不放。那段时间,窦桂梅说得最多的一句话就是"我想找个小学去工作,让我当老师吧。"在她不懈的努力下,吉林市一位主管人事工作的领导终于被她感动了。不久,窦桂梅终于如愿以偿,她被安排到吉林市第一实验小学工作。从学校报到出来,一个人走在大街上,她偷偷地哭了,那是一种幸福和喜悦的泪。

然而,命运的捉弄并没有就此打住。由于窦桂梅报到的时间比较晚,学校教师的定岗定编工作已经结束了,她最后被安排在学校的教务处做行政工作。年轻的窦桂梅还能说什么呢?她不相信这是命运的安排。细心的她发现经常有老师由于各种原因请假,或是要求别的老师给代课,窦桂梅就把这些课都接了过来。在近五年的时间里,她先后代过音乐课、数学课、美术课、自然常识课、思想品德课。她就像是一个替补队员一样,哪个位置上缺人,她就顶替上去补上。但是对于渴望站在讲台上的窦桂梅而言,这些都是很好的机会,她珍惜每次这样面对学生的机会,把每节课都上得很认真。在几年的代课过程中,她教一科,爱一科,钻研一科,并积累了很多教学经验,综合业务素质不断提高。

在那几年时间里,窦桂梅多次向学校领导申请岗位更换,她希望做一名语文教师。在她看来,语文一直是自己的最爱,语文教学能更好地丰富自己的底蕴。勤勉与执著的窦桂梅最后感动了学校领导。1991年,学校决定让她从行政岗位转到教师岗位,承担一年级的语文教师兼班主任工作。历经波折,窦桂梅终于如愿以偿地实现了自己的语文教师梦。而那段"打杂"的经历也成为她丰富语文教学的源泉,她经常把音乐、美术、多媒体、信息技术等形式整合到自己的语文教学中。

在公开课中成长

走上工作岗位以后,窦桂梅就留意身边优秀教师的成长历程,她认为优秀教师成长的原因都在于多上公开课。"想想也是,有专家高手的悉心传授,虽属'二手感悟',但只要自己肯用心钻研,随着时间的推移,这些教师也逐渐从'偶像派演员'变成了'实力派演员'——毫无疑问,其进步速度,比起自己一个人的单打独斗、点滴积累肯定要快得多"。[①] 所以,她经常去听其他老师的课,学习他们教学中好的地方。在课堂中还想着要是自己是站在讲台上的那个人,这个课应该怎么讲。她在准备着,并努力争取上公开课的机会。

1992年,吉林市第一实验小学决定参加人教版的教材研讨,领导安排五位教师每人准备一节公开课,从中选出最优秀的一人参加教材研讨。窦桂梅满怀信心地准备着,她精心备课,设计课堂情境,反复练习。她的准备之充分,甚至将课堂45分钟分解成2700秒来准备。遗憾的是,那次公开课上,领导没有走进她的课堂,而是从别的教师中选出了一名代表。窦桂梅感到十分委屈,中午休息的时候,她一口气写下了13页纸的信,并从门缝"交给"了校长。这封略带过火言辞却充满渴望的信让校长为之感动,并表示下一次的机会一定留给窦桂梅。

1992年5月,窦桂梅终于迎来了自己的第一次公开课。吉林省教育学院要在吉林市召开德育渗透各科教学现场会,会上需要六位教师做现场观摩课,校长这一次把机会留给了窦桂梅。

窦桂梅对于自己的第一次公开课非常重视。她讲的课文是《王小二》,在备课过程中,她一次次设计教学情境,一次次推翻并重新设计。在家里,她让丈夫和孩子做自己的学生;放学后,在空荡荡的教室里,她幻想着下面坐着的是自己可爱的学生。那段时间,有时候她试讲着就忘记了时间,忘

---

① 窦桂梅:《在公开课的舞台上绽放》,《教师之友》2004年第10期。

记去幼儿园接小孩,幼儿园的阿姨就把孩子直接送回来给她,她就一手抱着孩子,一手拿着粉笔继续练习。

公开课那天,吉林省各地前来听课的专家和教师有1 000多人。窦桂梅早已进入自己的课堂情境,她为王小二的故事情节设计了感人的情境,配备感人的朗诵,使学生仿佛处在王小二被敌人杀害的真实情境之下。那节公开课,她的学生哭了,听课的人哭了,甚至窦桂梅自己也哭了。凭借《王小二》公开课,窦桂梅一鸣惊人。

但是公开课也是暴露自己课堂问题的地方。要想在公开课上获得进步,就需要经得起专家和教师的"挑毛病",这是一个极其痛苦的过程。1996年,学校专门为窦桂梅请来省里的教学专家做指导工作。那一次,窦桂梅上的是《飞机遇险》,一上午连着上了三课时,然后是说课,下午是专家的点评。那个下午,专家们给窦桂梅的课堂提出许多问题,写满了她的本子,让她觉得自己似乎是一无是处。后来,窦桂梅参加全国教学比赛,在她试讲《初冬》一课中,在场的11位教学专家把她的课分析得清晰透彻,从教态到声调再到组织教学的能力和对教材的挖掘等,都提出许多存在的问题。窦桂梅承受着别人的"批评",但是她更多的是在内心反省自己的教学,不断地改进自己的教学。

荣誉是不会辜负那些勤勉的人的。1995年和1997年,窦桂梅参加全国语文教学比赛均获得一等奖。1998年8月,她作为最年轻的优秀教师代表,在北戴河受到党中央、国务院领导的接见,并共商科教兴国之计。

在挫折中磨炼,让思想在实践中成熟,窦桂梅就是这样成长的。她这样总结自己的成长:"回首10年来的教育教学工作,我几乎没有一刻不是充满激情的。当然不光是激情,还有思想。可以说,我时时带着许多随时出现的新的疑惑在思考着、实践着、探索着。有的已找到了答案,有的仍然是一个个问号。这期间,我有过悲伤,有过失望,有过动摇。但实验小学这块沃土给了我滋养,领导、老师给了我自信的翅膀。我越来越强烈地认识到,教育本身就应该克服一切琐碎的困难,充满理想主义激情,拥有人文情怀和独具个性的思想之光……"①

为生命奠基:语文教学的"三个超越"

窦桂梅的教学方法逐渐成熟,她同时也一直在思考小学语文教学的本

---

① 张清平:《美丽人生——记吉林市第一实验小学特级教师窦桂梅》,《小学青年教师(语文版)》2002年第3期。

质。她认为,语文不仅仅是"语文"本身。语文的根本在"语",也在"文"。这里的"文"也不仅仅是文字。语文教学的过程实际上就是老师引导学生潜入文本,品位、咀嚼、涵咏文字,与编者对话,与师生对话,与课文的作者对话,与课文的主人公对话,是实现学生个体精神与文本内涵精神共鸣的过程。①

窦桂梅认为,语文教育,尤其是小学语文教育,要为学生未来的生存和发展奠定基础。所以在这一阶段,要给孩子打好两个底子,一是打好终身学习的底子,一是打好精神发展的底子。在这样的教育理念指导下,她开展了"语文教育要关注人的发展"的教改实验,探索新的教学模式,提出了"三个超越"的教改设想。1994年下半年,窦桂梅开始接手一年级五班。在这片属于自己教改实验的天空下,她倾注了自己的全部心血,和其他任课老师一起实践着"三个超越"的教学思想。

"超越教材"强调的是在教好原有教材的基础上,延伸扩展。窦桂梅拓展了学生阅读的量,在六年的时间里,这个班的学生熟读1 000多条成语,学习了100多个寓言故事,熟记了200多条古今中外名言警句,平均识字在3 000字左右。她提高了学生阅读的品位,开阔学生的阅读面,从"感动共和国的50本书"到美国教育部推荐给学生必读的书目等,都是学生阅读的领域。她还注意培养学生对诗的热爱,鼓励他们背诵古诗并作创作。诗教在这一阶段也成为窦桂梅语文教学的一个特色。她认为,强化语文的诗教,时时拨动学生诗的琴弦,可以说,融会在书籍中的智慧、风骨、人生态度以及表达样式等都成为学生建立人生终极关怀的永恒资源。②

窦桂梅的"超越课堂"强调课堂是小天地,天地才是大课堂,把社会当成课堂,而不是把课堂当成社会。一方面她将语文和生活结合起来,经常带着学生去感悟大自然,去体验生活,去听专家讲座,去参加社区服务,去参与社会团体活动,去逛书店,去做采访等,还让学生自己编写文集《萌芽文集》、《创造文集》、《发现父母》等,让学生把社会和生活当成课堂。另一方面,她扩大学生的精神视野,触及学生的心灵,培养学生正确的人生观和价值观。她花了两个月的时间开展了学生和家长的心灵对话活动,让学生在活动中感悟真情;六年级下学期,她给学生每人写了一封信,开展教师和学生的心灵对话活动,让学生感受这份师生情。

---

① 窦桂梅:《课文·语文·课程——我的母语教学历程》,《广西教育》2010年第3期。
② 窦桂梅:《激情与思想:我永远的追求——特级教师专业成长研究》,《课程·教材·教法》2004年第5期。

"超越教师"的核心是教师要和学生一起成长。一方面教师自己要不断学习,不断创新,努力提高水平,超越自我。另一方面,要培养学生自信的性格,让他们随时可以感受到自己是优秀的感觉。窦桂梅经常提醒自己,如果每个学生都学会认识自己,找到自己是一个好学生的感觉,都有自信和创造的尊严,那么他们就获得了终身享用不尽的真正财富。[①] 最后,教师还要引导学生超越自己,在教师的搀扶和帮助下,学会质疑和批判。在课堂中,她让学生充分发表自己不同的观点,既对学生的思维锻炼有益,也丰富了教师的讲课内涵。因此,在窦桂梅看来,超越教师就是教师自己的自我超越。

由于"三个超越"改教实践成果的突出,1998年窦桂梅被树立为吉林省教改典型。2000年,她所带的班级小学毕业,语文教学取得非常好的成绩,为此,吉林省教育厅和吉林教育学院联合为她举办了"窦桂梅语文教学成果展示会",并在全省发出向窦桂梅学习的号召。期间,她还出版了《为生命奠基——语文教改的三个超越》、《和学生一起成长》、《爱与爱的交流——窦桂梅学生作文选》等书。2001年10月,她作为教育部更新教育观念报告团的主讲人,在人民大会堂做了《为生命奠基——语文教改的三个超越》专题报告,引起了巨大反响。她也由此被更多的人所熟知。

主题教学:语文教育思想的升华

2002年,窦桂梅调入清华大学附小工作,开始了自己新的人生历程。窦桂梅因为提出"三个超越"的教改思想而被人熟知,"三个超越"也成为清华大学附小的教学理念。

进入清华附小任教的窦桂梅并没有满足于"三个超越"带来的成果,她清楚地认识到,"三个超越"之所以受到许多学校的欢迎,是因为它改变了语文教育以往"少慢差费"的现象,无论从教学实际还是从对学生人生基础的积淀,都有现实的意义。但是,其实际上还处于课堂教学的改良层面上。因此,怎么样让学生在较短的时间里有效地积累智慧和情感,在课堂上实现合理和高效,实现教学的最优化,就成为她的目标。

窦桂梅从阅读中寻找到了灵感。启发于比较文学中的母题研究,她提出了"主题研究"的概念。但是这里的主题不是思想主题、知识主题和写作

---

① 窦桂梅:《激情与思想:我永远的追求——特级教师专业成长研究》,《课程·教材·教法》2004年第5期。

主题,而是文化主题,即以人文性为线索,兼顾语文知识和能力以及思维发展等,是类似于比较文学中的母题。

提出"主题教学"思想有着深厚的实践基础,它是窦桂梅在教学实践中思想碰撞的结果。在清华附小,她开展着教改的工作,一方面定期与教师开展教学观摩研讨,探讨如何实现教材的一篇带动多篇;另一方面她还尝试着在现有教学素材基础上进行扩展和提高。一次普通的观摩课鼓舞了她。2002年,她在海淀中心学区为教师上《朋友》两节课,她以朋友为主题,自选古今中外关于友情的四篇文章作为课堂的教学材料,对此展开教学,取得很好的效果。这是她初次的尝试,得到了相关领导和教师的肯定,使她坚定了自己的追求。

而与此同时,北京师范大学小学语文教材的编写摒弃了过去的"知识体系单元",换之以"主题单元",与窦桂梅的想法不谋而合。这更激发了她追求"主题教学"思想的完善。

2004年,窦桂梅在《人民教育》发表了文章《创造生命的课堂——主题教学的思考与实践》,文章涉及主题教学中关于主题的界域、主题教学的内涵、层次和基本操作模式,以及她下一步研究的方向等基本理论问题,正式提出了主题教学这一概念。接下来的几年时间,她又进一步完善了"主题教学"的理论依据,主题的选取与界定的方法,以及课程的设置等问题,使相关理论和模式相对完善。

窦桂梅认为,"主题教学"的"主题"属于生命价值观范畴,指向人的精神生命成长,"主题教学"就是坚持以儿童的生命价值为取向,指向人内在的精神生命的成长。语词是"主题教学"的呈现方式,对很多教学文本而言,一个关键的主题词的理解,就可以培养学生对语言的一种敏感和情感。"主题教学"就是希望让这种"语词即情感"的敏感力在儿童的母语学习之中潜移默化地形成。此外,在文本内容上,"主题"不完全等同于文眼,因为文眼是从文章创作的角度提出的,主题教学的主题,不仅仅是从文章的角度,还要从儿童生命发展的角度提出。

为了找到一条能够保证儿童基本母语素养的语文教育之路和评价体系,让语文教学的诸多内容条分缕析、规整统合,使母语教育切实可行,窦桂梅带领清华附小的教师将语文教学进行板块构建,根据教学内容和学段特点的差异,将"主题教学"分为"主题识字"、"主题阅读"、"主题讲读"、"主题作文"四部分,用主题使语文学习结构形成"网络状",建立起"校本课程体系",进一步拓展"主题教学"的内质和潜质,使母语教育得以立体推进。

通过一个个具体的课例研究,窦桂梅在"主题教学"的研究中不断取得突破,"主题教学"思想也影响着更多的教师,在全国范围内都引起广泛的反响。窦桂梅自己也由于对"主题教学"的研究,获得海淀区创新成果、课题研究成果奖以及北京市教育教学成果专项奖等。

玫瑰之香飘溢小语界

窦桂梅有一本专著叫《玫瑰与教育》,她有自己的博客,网名叫玫瑰。窦桂梅就像玫瑰花一样,在小学语文界散发着自己的芳香,熏陶着自己的学生和无数教育工作者。

窦桂梅的教育充满着爱,一种对孩子的纯粹的爱。她将这种爱融入自己的语文教学中,让孩子们在学习中得到熏陶,从语文学习中感悟生活、情感。爱也是一种呵护,她呵护着学生的成长。她的班级有一个叫刘子慧的学生,很喜欢写字并且写得很好,还喜欢收集各种笔。有一次他按捺不住在商店偷了一支笔。窦桂梅知道情况后,领着他到商店向阿姨承认错误。阿姨摸着他的头说:"孩子,你看,你这样做怎么对得起你'妈妈'?"窦桂梅和刘子慧相视一笑。回来的路上,刘子慧向她说清楚了事情的缘由。窦桂梅没有多说什么,只是指着路边的新柳说:"冬天来了,春天还会远吗?"简单的一句话,却是极好的教育。

窦桂梅的教育充满着美,它不仅是语言的美,还是视觉和空灵的美。有一次,她到河北邢台上观摩课《庄稼的好朋友》,在课堂上她用几根彩色粉笔在黑板上生动地画下八种小动物,然后把听众都带入充满生机的动物世界里,课上得非常成功。课后,坐在后面的全国反馈教学学会会长刘显国按捺不住激动的心情,走到讲台在黑板上画了一个大大的圆圈,并在圆圈中间写下一个"美"字,然后在圆圈周围一口气写下"创意美"、"图画美"等八种美。

作为名师,窦桂梅经常应邀到全国各地去给教师做讲座和上观摩课。她经常赶火车,熬夜,但是只要一站在讲台上,她就兴奋起来,把整个课堂都带动起来,丝毫不受其他因素的影响。她还善于运用网络来与人们作交流,在她的博客上,她将自己的教学感悟写下来与人分享,并征求别人的建议。一位教师在读了她的博客后写感慨:我越发意识到,与窦桂梅相比,我人生经历的平淡,文化底蕴的浅薄,读书态度和人生习惯的消损,这一切亟待自己好好更正与调整了。① 她出了《玫瑰与教育》等多部专著,将自己的

---

① 鄂秀春:《走进〈玫瑰小语〉——窦桂梅的个人博客》,《人民教育》2008年第6期。

成长经历和成功经验与人分享,在反思中,她提出激情不老、读书一生、宁静致远、以写促思、慎独养身、伸展个性、爱在细节、海纳百川、合作同进、海星角色等建议,与年轻教师共勉。

窦桂梅有一个品质是最重要的,那就是对阅读的重视。她经常把读书比喻成自己的"美容用品",因为就像女人护理自己的容颜一样,养护自己的灵魂——饮食珍贵的文字,日益变得强壮,不再缺钙,不再孤独和软弱。一个人,只有在读书中才能体验生命的滋味,身体自然得到运动,大脑自然得到运转,心灵自然被酬劳。① 她的课余时间几乎都花在读书上,经常读书到深夜,甚至是凌晨,而在这个时候,她就会感觉自己生命的花朵在黑夜中可以尽情地舒展绽放。

窦桂梅或许还不是大家,但是她已经开创了属于自己的语文教学的新天地。她的成长历程激励着无数梦想成为人民教师的年轻人,她的成名努力成为许多年轻教师探索上进的动力,她的教改思想照亮了语文教学改革的前景,她用玫瑰般的芬芳熏陶、影响着我国的小语界。

教育启示

什么样的教育是现在最好的教育?当然是启发式的教育。窦桂梅的语文教育就是抓住了这一个要点,她的语文课既从教材中来,又不仅仅限于教材,拓展学生的阅读和知识面;她的课堂不只在教室里,户外和社会是更大的课堂,有更丰富的教学素材;她鼓励学生挑战教师,把学生当成教学的主人,充分发挥学生学习的主动性。在"三个超越"的指导下,她的教学收到良好的效果,学生从中得到启发性的教育。

窦桂梅将自己母语的教学历程总结为课文、语文、课程三个阶段,既体现了我国教育改革发展的方向,是语文教育的具体发展过程,同时也是她自己作为一个教师的走过的历程。从"三个超越"到"主题教学",窦桂梅在不断完善自己对语文教学的认识。"主题教学"坚持以学生的生命价值为取向,指向的是学生内在的精神生命的成长,具有深刻的教育意义。"三个超越"和"主题教学"都体现了语文教育的内涵,是教育从业者值得借鉴学习的,也是我国教改值得重视的经验积累。

从毕业到成为语文教师,再到成为名师,窦桂梅的路不平坦,但是她的

---

① 窦桂梅:《读书是我的"美容用品"》,《福建论坛(社科教育版)》2008年第7期。

执著和坚韧使她跨过了一个个坎坷。如果当时选择按分配回家乡或是留在母校从事行政工作，就不会成为语文教师；如果她甘于做教务处的工作，也不会成为语文教师；如果在一次次专家学者的"批评"中退缩下来，就不会有后来的进步。所以，坚定的教师信念和坚韧的教育态度，是一个教师成长必须具备的。

窦桂梅很重视读书的作用，将读书比作自己的"美容化妆品"，是自己保持年轻和富于魅力的源泉。在读书中可以吸取人文精神的养分，提升教师自身素质，还可以从阅读中获取教育的灵感，所以，她从比较文学中挖掘了"主题教学"的概念为己所用，才有了教学改革的创新。但凡名师或大师，没有不是从读书中走出来的。只有重视读书，才能教好书。

窦桂梅是一个充满激情的人，激情来源于她对学生的爱、对语文的爱、对生活的爱、对教育的爱。她把这种爱撒播在自己的教学和生活中，让身边的人都感受自己的激情。她经常上网至凌晨，与网友交流着教育心得；看书入境之时，她会忘了时间；工作兴奋之时，她又忘了疲倦，这就是她的状态。像一朵燃烧的玫瑰一般，她燃烧着自己，又熏香他人。

参考文献

1. 窦桂梅.在公开课的舞台上绽放.教师之友,2004(10)
2. 张清平.美丽人生——记吉林市第一实验小学特级教师窦桂梅.小学青年教师(语文版),2002(3)
3. 窦桂梅.激情与思想：我永远的追求——特级教师专业成长研究.课程•教材•教法,2004(5)
4. 鄂秀春.走进《玫瑰小语》——窦桂梅的个人博客.人民教育,2008(6)
5. 窦桂梅.读书是我的"美容用品".福建论坛(社科教育版),2008(7)

爱·奉献·进取

——记全国名师杜毓贞

人物素描

  杜毓贞(1959—)，女，中共党员，1982年毕业于北京师范学院（现首都师范大学）政治教育专业后投身教育行业。曾任北京市57中政治教师，现任清华大学附属中学副校长、政治教师，中学特级教师，并兼任包括海淀区名师工作站导师在内的近10项职务。从教27年来，一直活跃在中学政治课堂上。本着热爱教育、热爱学生的信念从课堂中摸索出了一套以学生为主体的教学方法，成效卓然。为了不断超越自己，杜毓贞不仅重视教学课题研究，而且还积极参加教材编写，以及教案等辅助材料的编写，热情认

杜毓贞

真地承担起对青年教师的"传、帮、带"。因其突出的表现,先后被评为北京市中青年骨干教师、北京市特级教师、海淀区优秀教师等,受到业内同仁及教育专家的一致好评。

经典语录

★ 任何改变只能改变想改变的人。

★ 要给学生一杯水,自己就要成为一条常流常新的小溪。

★ 作为教师,应该坚持用心去做好每一件应该去做的事情,并且用平和的心态、智慧的思考、勤勉的实践和合作的精神来经营自己的职业人生。

敏感时期忽视政治　　幸遇名师指点奥妙

1959年8月,杜毓贞出生在一个普通的家庭,用那个时代的一句话来讲,杜毓贞真可谓是"生在红旗下,走在春风里"。尽管她的父母都是再平凡不过的人,但却在为人、治学方面对5个孩子严格要求,不仅要求他们刻苦学习、学有所长,而且还时常教育他们要做一个正直的人,一个对社会有用的人。正因为有父母这样的教育,1978年恢复高考后杜家的5个孩子中就有3个考取了大学和研究生,这其中也包括杜毓贞。

然而令人欷歔的是,母亲在儿女们相继考取大学后因病去世,但她乐观的生活态度,进取的性格却一直影响着孩子们,鼓励着他们在学习上刻苦钻研,在工作上认真负责、脚踏实地。杜毓贞目前任教于清华附中高中部并担任德育副校长,负责学校德育工作,不论哪一个身份,都跟德育有着千丝万缕的联系。其实,这与家庭的熏陶以及从小接受热爱中国共产党、热爱社会主义的教育是分不开的。

上世纪80年代初,杜毓贞刚从大学毕业正值"文化大革命"阴霾散去、改革开放伊始,在长期的压抑下,全国人民——特别是学生们——对知识的渴望终于有机会得以满足。当时的社会生活方式和文化观念相对稳定、单一①,课堂教学成为了获取知识的一个重要途径。尽管那时的政治课教学内容抽象、方法单调,但凭着强烈的求知欲,学生们对知识几乎来者不

---

① 徐华莹,蒋桂霞:《有为·有位·有味——记清华附中政治特级教师杜毓贞》(由杜毓贞老师提供)。

拒。"那时他们对知识是一种囫囵吞枣式的吞食,真正的咀嚼消化是走上社会之后——他们是在社会上去真正领会政治知识的。"①杜毓贞老师每每回首那段教学生涯时,总如是说。

步入 90 年代后,社会风气也开始悄然发生变化。可以说,当时从社会到学校整个环境对政治这门课程都不重视,于是便形成了"学生没兴趣学、老师不认真教,考前死记硬背"的恶性循环,更有甚者主张全面取消政治课。有一年的中学毕业会考,杜毓贞老师亲眼目睹一名考生在考试结束后烧掉了自己的政治教科书。这件事情对杜老师的触动很大,使她不禁反思起 80 年代照本宣科式的政治教学方式。

与此同时,高考改革也拉开了序幕,所有的理科学生都不再考政治了。社会风气和国家政策的双重压力,使得杜毓贞老师对是否该继续从事教学工作产生了怀疑。难道就没有办法扭转这一局面吗?

就在这极端敏感的时期,杜毓贞老师参加了海淀区青年教师座谈会。会上,特级教师沙福敏老师针对政治学科的现状指出:"目前,政治课的处境比较困难,这对青年教师来说,既是低谷,又是机遇,就看大家怎样看待它。我国现阶段的教育目标是'造就有理想、有道德、有文化、有纪律的德、智、体等方面全面发展的社会主义建设者和接班人'。可见,德育是明确包括在内的。德育内容主要包括道德教育、思想教育、政治教育和法制教育,而德育的方法主要依靠政治课。"

反复体会琢磨后,杜老师豁然开朗:正是在学生不爱学的情况下,通过你的教学让他爱学了,这就是成功。特别是 1991 年调入清华附中任教后,面对着清华附中里这样一群渴望了解社会、关注国家发展的优秀中学生,杜老师既感到责任重大,又感到欣慰:这下可有一个成就教师的大舞台了。为此杜毓贞还暗下决心:作为教师,我不能误人子弟,我要让学生在我的课上,在每一个 45 分钟都能有所收获。

以国家政策为中心　　推动教育教学改革

从 1995 年开始,杜毓贞除了上好每一节课外,把自己的大部分精力都投入到政治教学的改革中去了。在综合考虑以往课堂教学的实际情况和学生的意见后,杜老师决定将学生群体作为改革的切入点和着眼点,围绕

---

① 徐华莹,蒋桂霞:《有为·有位·有味——记清华附中政治特级教师杜毓贞》(由杜毓贞老师提供)。

"课堂教学以学生为主体,紧扣时代脉搏,关注学生成长需求,让课堂活起来,让学生动起来;激发学生独立思考、学会合作,在活动中体验成功,使学生在知识能力、情感、态度价值观诸方面得到发展。"① 这一宗旨组织各项教学活动。

那么,在短短的45分钟内,学生想要学到什么?老师能够给予学生什么?尤其在学生形成人生观、世界观、价值观的中学时期,这些问题迫切地需要给出答案。为了切实了解学生的真实想法,杜毓贞在学生中做了多次问卷调查。通过问卷,杜老师得知学生们目前最感兴趣、最迷惑的问题大多是源于社会主义市场经济以及改革开放的浪潮中。例如:美国、法国、日本等发达资本主义国家战后迅速发展,资本主义制度是不是他们迅速发展的根本原因?亚洲"四小龙"迅速崛起的真正原因是什么?中国目前实行市场经济制度是不是在补资本主义这一课?② 中国是不是也会和苏联一样改变社会主义制度?

可以说,学生们对当代社会的关注和思考、对国家政策的好奇和疑惑是推动杜毓贞老师改革课堂教学的主要动力之一。回首刚改革那会儿,用杜毓贞老师自己的话来讲,她确定改革以后的教育教学工作的新着眼点实际上就是:促进学生健康、和谐的发展。巧的是,这一出发点和当代基础教育界备受推崇的理念不谋而合。

杜毓贞根据学生的兴趣倾向、个人经验,打破了传统的按照教材顺序的教学方式,以专题形式把最新信息融入其中。杜老师始终相信,要想上好政治课,课堂教学一定要灵活变化,求新求深,不断给学生以新鲜的刺激,激活他们的思维。这就要求教师要与学生有共同语言,了解他们的需求,才能有针对性地教学。如学生喜欢美国的NBA篮球赛,在讲劳动合同时,就可以引用NBA球星与老板的劳资纠纷的事例;男生喜欢看足球比赛,授课的切入点就可从足球的比赛规则谈到市场竞争需要规范;从信息、网络谈到电子货币、谈到21世纪人的素质等问题。中国正处在转型时期,冲破一些学术禁区后,理论不断创新,冲击着一些传统观念,教材某些方面滞后于现实,拘泥于传统,恐怕也是难以避免,无可厚非,但教师是可以走在时代前列的。尤其是高年级学生,已经有了一定的思想和思辨力,根据学生的实际,杜老师力求比课本的提示更深一层,给予他们尽可能新一点、深一点的东西。同时不追求立竿见影的效果,而是注重增加学生的积累,这样有朝一日,学生才有可能厚积薄发。

①② 徐华莹、蒋桂霞:《有为·有位·有味——记清华附中政治特级教师杜毓贞》(由杜毓贞老师提供)。

杜老师不仅在教学理念上求新，还在教学组织形式上求新求变——或以小组辩论，或以师生共同探讨的形式，以避免学生被动接受知识的沉闷课堂气氛。针对学生对"亚洲四小龙"迅速崛起的兴趣，杜老师组织学生围绕"从亚洲四小龙经济腾飞谈科学技术是第一生产力"的主题进行讨论，很多本来依靠老师传授的知识点、依靠学生独立思考的重难点就在这45分钟的课堂中实现了。这也形成了后来广为人知的"问卷调查启动教学"、"时事热点导引"等先进教学方法的雏形。

目前大部分成功的经验已在学校政治课教学中形成制度坚持了下来。譬如高一每周一次的由学生主持的"经济信息发布"或"经济论坛"；高二每周一次的由学生主持的"社会热点大家谈"等多种以学生为主体的教学活动。杜老师还和学校教研组的老师一起开设了校本课程"大家系列"，通过给学生讲述经济学家、哲学大家、文化大家的故事，让学生从这些人物身上看到他们治学、做学问的态度，以及他们成长的经历，激励学生以他们为榜样努力学习。① 古语有云："亲其师，信其道；尊其师，奉其教；敬其师，效其行。"像这种生动活泼的课堂不仅扭转了学生不愿学习政治的现状，还吸引了大批高考不考政治的学生，同时也深深地震撼了前去听课的区调研员们。

原来那些一上政治课就提不起精神的孩子们，现在不仅喜欢上了政治课，还主动思考、提问，甚至找杜老师要来参考书籍以便深入学习。学生们在自主学习、小组讨论、师生探讨的过程中找到了学习的乐趣，用各种方法向杜毓贞老师表达内心的感激之情。

1995年，清华附中高954班的全体毕业生在集体照上这样写道："杜老师，高三毕业之际，不禁让人想起了活跃的政治课堂，真的十分感谢您三年来的悉心教导。"

有的学生还用各种彩色硬纸给杜毓贞折千纸鹤、奖章，并且在上面写上感谢的话语。尽管杜毓贞从教以来获奖无数，但她一直认为这才是她获得的最高奖励，因为是学生给予她的。

96级的高三毕业班是清华附中的重点理科班，按照国家的考试政策规定，他们是不用考政治的。然而，在临近期末考试的一次自习课上，全班同学却一致要求杜老师给他们上一节政治课。

有一次，海淀区的教研员到清华附中调研，看到杜老师的政治课堂上，

---

① 徐华莹，蒋桂霞：《有为·有位·有味——记清华附中政治特级教师杜毓贞》(由杜毓贞老师提供)。

学生们的眼神里流露出对政治课程的无限渴求，一双双亮闪闪的眼睛让他们惊讶不已。而清华附中的教务主任刘荫贞老师在深入了解杜老师的"课堂讨论"教学模式之后，分别从理论依据、教学目标、实施程序、教学效果四个方面介绍了这种新模式的可行性和有效性，对其课程发挥的教书育人、锻炼能力的作用给予了积极肯定。①

自我增值永不停歇　　多媒体教改出成效

在20世纪90年代初期这短短的几年教学改革中，杜毓贞老师逐渐体会到"教师要给学生一杯水，自己就要成为一条常流常新的小溪"这一教育理念，今天的教育工作者不能只满足于做一名"教书匠"，还要通过学习不断提高自身素质，做一名永不停歇的"探索者"。

为了丰富自己，杜毓贞一方面坚持阅读政治、经济、哲学等文史类书籍，经常与校教研组、海淀区名师工作站的同事们交流心得体会。平常人看电视主要为了休闲娱乐，而杜老师看电视除了放松身心外，还会重点关注新闻、评论类节目，并细心地把符合教学目的和要求的片段录制下来，例如：欧元的启动、国企的改革、美欧的贸易战，等等。另一方面，杜老师还不放弃任何一次学习的机会：她经常挤出时间听取清华大学、人民大学有关经济改革、哲学研究、国际关系等方面的专题报告。

杜毓贞老师凭着一股子韧劲和作为教师的强烈责任感，从不断加强自身学习的过程中收获了诸多教学灵感，几乎所有学生在上过她的课后都由衷地表示：上杜老师的政治课很有意思，很有收获，能够学到很多新知识并且能引起自己更深层的思考。上政治课再也不是负担了！② 良好的课堂氛围和融洽的师生关系也在这一互动中悄然产生了。

有一次，一名学生在结束了"新事物在成长的过程中不是一帆风顺的，总会有曲折"的哲学观点的学习后，联想到杜老师正在进行中的教育改革实验，主动送给杜毓贞一张小船的卡片，并真诚地写着："愿您在教学改革中一帆风顺。"有一年的教师节，杜毓贞收到了一封洋溢着感激之情的贺信，学生在信中写道："感谢您在学业上对我们的帮助，这一个多学期以来，我们从您的教学方法中得到了很大的启发，也有了新的认识。在我们传统

---

① 刘荫贞：《试论杜毓贞老师"课堂讨论"教学模式》，见 http://www.smjy.com.cn/dzts/2/article/Article2944.htm。

② 郭扶庚：《为学生的一生负责——清华附中着力培养身心健康、全面发展的人》，《光明日报》2000年2月20日。

的概念中,政治课一直是一门不大好学的科目,因为它主要是以死记硬背为主的,非常枯燥无味,以至于某些同学一提起政治就头疼,但您的课形式多样,或讨论、或辩论,把理论与实践相结合,激发了我们对政治课的兴趣,使我们觉得政治其实是一门很有趣、很值得学的科目。"

1997年,杜老师被评为清华大学先进工作者,这是她教学生涯中获得的第一项重要荣誉。1998年,杜毓贞开始尝试用多媒体设备辅助教学的教学实验,这个在当时来讲可称得上大胆的举措在刚刚施行后不久,就初见成效:1998年我国高考的文科考试中首次加入了文科综合题,并选取某下岗职工的真实境况作为分析材料。这种考察学生综合分析能力的题目一度难倒了一大片学生,也让一些老师感到措手不及。然而杜毓贞老师不仅早就注意到了这则新闻,而且她还特地把这则新闻录了下来并将它拿到班上分析讨论过,不出所料,那年杜老师班上的政治成绩格外好。①

紧接着,杜毓贞老师带领的班级被评为了北京市优秀班集体,北京电视台"元元说话"栏目也来采访杜老师了。课堂教学所取得的成功并没有使杜老师满足,而是以更饱满的热情投入了教材研究和开发的工作中去,1998年,杜老师还参加了由人民教育出版社和北京师范大学出版社联合出版的《思想政治课教案》一书中哲学第二课的编写。年底,杜毓贞老师毫无争议地被评为北京市市级中青年骨干教师。

1999年3月,由杜毓贞老师讲授的《企业经营者素质》一课荣获北京市录像课一等奖,这节课就是运用了多媒体技术的教学典范。

为了激励学生的学习热情、责任感和成就欲,杜毓贞以"师生共同参与教学全过程,共同探讨和解决问题"为教学原则,设计了共同探讨的课堂教学模式,并迅速在一线教学中运用。

1999年是我国刚刚步入市场经济的转型时期,人们对"当家理财"的理念还较陌生的,但杜老师却敏锐地意识到这将是社会主义市场经济条件下,学生进入社会所必须要掌握的,于是杜老师就以"理财"为主题设计了"今天我当家——投资理财计划"的课程,运用共同探讨式的课堂教学模式教学,受到广泛好评。课上,师生们通过对"理财"的共同探讨,对市场经济条件下每个人都应该具备的金融知识和理财能力达成共识,特别是对"传统的理财观念应该适应市场经济的要求而有所改变"这一热点问题有较充分的认识,并能正确理解个人经济生活与社会经济发展的关系。清华附中

---

① 徐华莹,蒋桂霞:《有为·有位·有味——记清华附中政治特级教师杜毓贞》(由杜毓贞老师提供)。

政治教研组组长姚文在听完课后,这样评价杜毓贞老师的课堂:"共同探讨"课堂教学模式,体现了素质教育的基本特征,变传统灌输型教学为指导型教学,学生主动参与整个教学过程,同时注重把握时代气息,激发学生兴趣和思维活力,同时也体现了思想政治课的德育功能。在当前实施素质教育的教学实践中,"共同探讨"教学模式是操作性较强、也是我校政治教学改革中比较成熟的教学模式。① 1999年4月,在海淀区中青年教育工作者现场会上,杜毓贞老师正是凭借这堂公开课技惊四座。

教育改革出成果　　自觉承担"传帮带"

跨入新世纪后,杜毓贞老师的教学改革取得了跨越式的发展。2002—2003年,杜毓贞参加了海淀区的《创新课堂教学模式》课题的研究,是课题研究骨干。为了进行课题研究,杜老师以《提高企业经济效益》一课作为实验,取得了不俗的成果。特级教师沙福敏高度赞扬了这堂课:"切入点好,能引起学生对知识的兴趣,把学生引入了一个大的背景、大的平台之中,跳出了课本范围,进入了社会这个大课堂之中,讨论的问题已涉及整个社会。这种情境设置既符合了理论联系实际的原则,又符合了考试的要求,有利于学生的分析能力、综合能力的发挥及展示。"2002年10月《提高企业经济效益》这节课获得了北京市录像课一等奖。

繁忙的课堂教学、教育科研之余,各种教科书编写也纷纷找到杜毓贞老师。在她身兼数职,甚至最多带8个班政治课的时候,仍然没有放弃教育科学的研究。

从1996年改革伊始至今,杜毓贞老师结合自己的课堂教学改革,写成了以《思想政治课教学创新课型的思考与实践》和《正确发挥主观能动性》为代表的多篇论文。

2004年4月至2005年期间,杜毓贞陆续参加了由北京师范大学出版社、人民教育出版社组织出版的一系列政治教材部分内容的编写工作,包括:《思想政治4——生活与哲学》、《思想政治2(必修)——政治生活》新教材、新教案等书籍。

2004年12月,杜毓贞被评为北京市市级学科带头人,尽管杜毓贞所获得的荣誉与自身的努力分不开,但她始终认为自己在成长过程中很幸运地得到过许多有经验的教师的热情帮助和支持,比如教育专家、特级教师沙

---

① 杜毓贞:《"共同探讨"课堂教学模式设计(教案)》。

福敏老师,这种榜样的力量不仅体现在教学方法上,更体现在敬业精神和师德表率方面。杜毓贞认为,政治教师除了传授知识外,更重要的是用自己做人、做学问的态度来影响学生。任教期间,杜毓贞不仅加入了中国共产党,而且,她所教学的班级中听党课的学生最多,并且有三名学生在中学就光荣地加入了中国共产党,其中一个还是杜老师所在班级的团支书。

2004年不仅是杜毓贞的教学改革取得重大发展的年代,也恰好是高中新课程改革正式启动的一年。在新课改推进过程中,杜老师积极发挥特级教师的作用,她的《探讨人生价值、人生理想》一课作为2005年3月教育部新教材国家级示范录像课在新教材试验区发行;随后其课堂实录入选教育部师范司主持的"2008年普通高中新课程思想政治国家级远程培训"课程资源。

带着一颗感恩的心、带着作为人民教师的使命感,特别是在杜毓贞被评为学科带头人之后,她开始承担2009年教育部远程网络培训课程资源"如何有效解读经济生活的概念定义"的专家解读工作以及北京市新课程"文化生活"的教师培训工作。此外,杜毓贞还负责对青年教师的指导。在传帮带的过程中,杜毓贞与青年教师一起讨论、研究、听课、上课,在指导青年教师教学的过程中,向他们学习,与青年教师一起不断提高。指导工作的效果立竿见影:2004年,在杜毓贞的指导下,青年教师文磊在海淀区的教师风采大赛中获得一等奖;青年教师向丽的教学水平节节攀升,现在已经成为海淀区的一名学科带头人,并兼任区教研员;青年教师汝涛的教学论文在杜毓贞的指导下获得区、市、全国政治教学论文评比一等奖;2009、2010年杜老师指导大学刚毕业进入教职的徒弟邱磊参加北京市评优课两次获得一等奖,其教学设计还被中国教育学会中学德育专业委员会评为2008年一等奖。杜毓贞在繁忙工作的工作中享受着事业的成功和帮助他人带来的无穷的快乐。

2005年杜毓贞被评为北京市特级教师,这是她从教以来获得的又一个很有分量的荣誉。同年,她被选为海淀区名师工作站导师并担任导师组组长以后,又悉心指导了包括7位北京市骨干教师在内的多名海淀区教师;2007—2008年,杜毓贞分别在北大附中和清华附中组织了两场现场教学会,为进一步推进高中新课程教学努力,2009年,杜毓贞和名师工作站的同事们一起受到了海淀区教委的表彰,工作站也被评为名师工作站的优秀集体。

德育特色行　路一直都在

在教学工作、研究工作如此繁重的情况下,杜毓贞没有忘记自己还主管着清华附中的德育工作。在杜老师的积极筹措和校领导的大力支持下，清华附中目前已经形成了一套成熟的学生德育教育管理模式：针对高中不同年级学生的心理、生理特点，为他们设计有针对性的各种活动。

对全体新生开展生涯规划活动，通过生涯规划使学生认识到进入高中意味着成长，增添迎接人生新挑战的信心，甚至在这一阶段可初步树立关于未来的职业理想。此外，高一学生还要接受军训，以建立学生的团队意识和班级荣誉感。

对高二学生则实行生存拓展训练，这种训练的形式也多种多样，例如"信任背摔"、"囚笼脱险"、"徒手运人"等都囊括其中。通过这些活动使学生们学会生存、学会做事、学会合作，而他们的合作精神和坚强毅力在不知不觉中被培养起来。

高三的德育活动很有特色——集中思想教育。为了帮助高三学生树立远大理想、培养良好心态、改进学习方法，学校会专门停课三天，对学生进行高强度的思想教育，主要是了解学生在这段时间的精神需要，给他们以加油和鼓励；了解学生的心理需求，给他们以关心和理解；了解学生的行为需要，给他们以督导和帮助。"我们会给学生放电影，结合电影对学生进行励志教育。会对学生进行学法上的指导，教他们学会时间管理。同时还会疏导学生心理、调节他们的情绪，引导他们怎样正确对待挫折。最后是对学生的会诊"。在这三天的时间内，学校综合运用各种教育资源，安排了一系列的报告，有社会知名人士，有经验丰富、谙熟学法的老师，有成绩优异的往届毕业生……通过一场场触及灵魂的思想交流，学生对人生进行第一次透彻的反思，精神境界上得到了全面的升华，不仅坚定了报效祖国的远大理想，也对高考、人生观、价值观等重大问题有了成熟的看法，掌握了人生的"大道理"。

目前，杜毓贞接手了全国教育科学"十五"规划教育部重点课题："生态体验、培养健康人格的德育模式研究"暨"体验式道德学习研究"的研究工作。站在特级教师的新起点上，杜毓贞给自己设定了这样一个目标：成为一名有人格魅力、专业魅力和思想魅力的特级教师。理想的目标属于彼岸，而执著于理想的目标很可能穷极一生的努力也难以达到。不过杜毓贞始终相信：目标有多远，人就有希望走多远。

教育启示

在多数人看来，政治课的学习是枯燥乏味，甚至是老气横秋的，因此教师的教学也是很难出彩的。政治教师在中学的地位似乎也远远不如其他"主课"老师重要,譬如:数学、英语、物理。在社会风气和国家政策双重的压力下,杜毓贞自然也有过这样一段彷徨的经历,但倚仗其自身的努力和名师的指导她很快成长为政治学科带头人,不仅在90年代大胆采取多媒体辅助教学,将尚属陌生的"理财"观念带入课堂,而且还积极指导年轻教师的工作,最难能可贵的是,在做好教学研究工作的同时,杜毓贞还探索出了一套特色鲜明的德育教育管理模式,她总能在政治课或集体活动中带领学生共同探讨一些新的道德现象、道德问题,这就克服了传统德育过程中的知识主义倾向,即:重视道德知识,不重视道德实践,强调对学生的单向灌输和刻板说教,致使一些学生知行不统一,表里不如一。

教育家杜威也曾指出,道德教育在学校里是无处不在的。杜毓贞老师虽未明确提出以杜威的思想为指导,但却以实际行动回应了这一理念。不论是拓展训练,还是系列报告,抑或是放映电影,无时无刻体现着学校全体教师对学生身心健康和道德养成的引导。依靠形式多样的活动对学生进行德育的效果显然比单纯的政治课好得多,也不易引起正处青春期学生的逆反行为,试想,如果所有的中小学校都这样开展道德教育,祖国的下一代会成长为怎样的栋梁之材?

由于高考的指挥棒作用,在没有实行文科综合考试前,政治的"副课"地位显而易见;哪怕是素质教育已经推行多年的今天,仍然有很多学科处于被忽视的角落,比如美术、音乐,这些学科往往影响学生价值观、审美观、高尚情操的形成,从某种程度上说比所谓"主科"更为关键。正在困惑中的美术教师、音乐教师不妨可以看看杜毓贞老师是怎么做的:在政治学科最困难的时刻,杜毓贞老师没有放弃自己所热爱的政治教育教学事业,沿着遇到问题、开展改革、应用成果、解决问题、坚持不懈的路子走到今天。她的成功也正源于对最初梦想的坚定追求,也许不抛弃、不放弃是今天处于尴尬境地中的学科教师首先要笃信的信条。

参考文献

郭扶庚.为学生的一生负责——清华附中着力培养身心健康、全面的人.光明日报,2000-2-20.

痴迷于教学天堂的魔法师

——记全国名师黄爱华

人物素描

黄爱华(1966.9.—)，男，江苏人。大学本科学历，中学高级教师，广东省特级教师，广东省名教师，深圳市福田区人大代表，深圳市享受政府特殊津贴专家。在《人民教育》、《中国教育报》、《中小学数学教育》、《上海教育》、《广东教育》、《江苏教育》、《河北教育》、《浙江教育》、《云南教育》等全国十多家省级以上报刊上发表教学论文180多篇。曾参与"深圳市多媒体计算机辅助教学软件的开发与应用"的课题研究工作，获广东省多媒体计算机辅助教学论文一等奖。曾主持苏教版国家课程标准小学数学实验教科书多媒体教学资源的开发工作，为苏教版国家课程标准数学实验教科书的审稿人。他曾参与编写正式出版的学生读物计12册、约60万字，编著教

黄爱华

师教学参考用书200多万字。河北教育出版社出版了他的40万字专著《黄爱华数学课堂教学艺术》,较系统地总结了他的课堂教学艺术。最近完成"中国当代著名教学流派·中青年专辑"——《黄爱华与活的数学课堂》由国际文化出版公司出版。教育部师范司组编的"教育家成长丛书"——《黄爱华与智慧课堂》由北京师范大学出版社出版。

经典语录

★ 倾情打造充满魅力的教学世界,努力使自己成为在教学的节奏、速度,问题引入的技巧,教学艺术等方面有着极强的感受性和控制能力的魔法师。在课堂上,在与学生交融的数学世界里,吸引住成千上万在眼前或在课堂之外的孩子们,让他们在极富魔幻色彩的世界里天马行空,自由驰骋。

★ 爱学生是教学工作的内在动力,这种爱必然促使教师对教学规律进行深入的探索,必然会从各个方面影响学生,使学生"亲其师",进而"信其道"。这种爱,是创造"教学美"的原动力,是教学艺术的灵魂。

苏北小镇　数学少年成长的摇篮

黄爱华出生在苏北小镇的一个干部家庭。融洽的家庭氛围呵护了黄爱华求知若渴的幼小心灵。母亲是一家工厂的领导,平时工作很忙,但从不曾打骂过黄爱华。父母总是极具耐心、有意识地引导他。黄爱华的母亲是个极有智慧的人,她总是说凡事都要"悟脑"。就是自己要仔细想清楚,弄明白这个事的前因后果,大概就是谨遵母命、多思慎行吧。

一个成长中的孩子,求学中所遇到的学校、教师是至关重要的。黄爱华不得不感谢命运的眷顾,小学、中学时期,老师们把黄爱华引入到一片广阔神奇的天地。当时,老师都是来自于上海和南京的知识青年,他们中的有些人回城后最终还去了南京各大学任教。他们带着都市人的视野与胸襟,带着迥异于旁人的性灵来到黄爱华们面前。他们在课堂上讲生活中的学问,绘声绘色地讲许多有趣的故事和道理,每每这时,黄爱华都会如倾听天籁般沉醉其间。在课外,他们又把学生们当朋友,会把学生带到他们的家里。那时的黄爱华就是他们家里的常客。在乡镇单调的生活里,听着他们脚踏风琴的旋律,和唱着或欢快或抒情的歌曲,是件极其畅快的事。黄爱华至今都记得一个叫傅志琴的老师,她非常喜欢读书,常常把好书推荐给黄爱华阅读,黄爱华的业余时间基本上都泡在她家里。长大后黄爱华广泛的兴趣爱好大抵便始于那时吧。在她那儿,黄爱华还能领到特别的任务,那就是帮她出数学单元试卷。这可真是个了不起的活儿。黄爱华记得第一次老师把她的教参和其他资料给黄爱华时,黄爱华的手不住地抖动,手心直冒汗,要知道那时在孩子的眼里,这些都是很神秘的东西,绝不敢轻易去触碰的。当黄爱华翻阅资料,试着从老师角度来给同学们出考题时,他的心真正是狂喜不已。黄爱华的字写得好,也成为当"老师"得天独厚的条件,在黑板上抄题目,布置作业,帮老师抄评语。这样的经历黄爱华相信是一般孩子无法企及的。同学们自然是羡慕不已。在他们心中,黄爱华俨然就是个"小老师"。在那段时间里,黄爱华体验到了强烈的优越感,并对数学产生了浓厚的兴趣,以至现在成为一名数学教师。

近年当黄爱华应邀回到老家作客,每逢他当年的个别老师坐在台下当观众,注视、聆听黄爱华的讲课时,黄爱华课毕都会深鞠躬,向那段难忘的岁月,向他们特别的教育方式,向给予他早期诸多塑造的老师们致意。

两位恩师　数学人生奠定的引路人

不论黄爱华对未来的生活怎么想象,黄爱华都不会想到,在黄爱华师范毕业真正走上讲台时,他会遇到那样的两个人,他们不仅改变了黄爱华的教学生活,甚至影响了黄爱华的一生。那时黄爱华被分到一所重点小学。在学校里,在黄爱华的身边竟有两位全国知名的特级教师。一位是有突出贡献的中青年专家卢专文。他是对黄爱华"课堂教学"影响最深的人。黄爱华初上讲台,一切都是那么稚嫩。对黄爱华的懵懂,卢老师充满了爱护,总是很有耐心地教诲,超越了平常师父的界限。他会经常来黄爱华的课堂听课,细致地做出指导,在黄爱华没有领悟时会亲自上示范课给黄爱华看。他也常邀黄爱华去他家吃饭,在吃饭的过程中,讲得兴起时,他就拿着筷子在墙上比画起来,某一个知识点的突破,某一块板书的设计,某一句教学语言,对学生的评价,某一个情境的创造,也许就在饭桌旁生成出来。他极其投入,一顿饭常常会停了再停,往往延至二三个小时。那时的黄爱华刻苦学习,不断改进自己,对教学找到些许感觉,教学水平与日俱长。黄爱华的老师又积极为他创造了很多机会,策划了很多活动,指导黄爱华上了很多各种级别的公开课、比赛课,为黄爱华搭建了锻炼与展示自己的平台,铺就了一条崭新的教学之路。

黄爱华认识的另一位老师是小学数学教学法专家、特级教师邱学华。他是国内著名的尝试教学法的创始人。邱学华看到了年轻的黄爱华身上有着对教学的满腔热情，便开始了又一个艰巨的扶携工程。他告诉黄爱华，上好一节课还不行，还要沉静下来写好文章，写作是一种提升，文句组织好了认识才会更深刻。经常笔耕的人，课堂教学品味与不爱动笔的人是完全不一样的。在他的教导下，黄爱华开始提笔，跟他一起帮中国少儿出版社编写少儿读物；又与卢专文三人合作编写《数学大世界》，搜集整理尝试教学法的论文，编辑《尝试教学文集》等。在全国尝试教学研讨会上他还多次让黄爱华作报告、上课。在黄爱华后来独立写作的日子里，他经常会询问黄爱华的写作进程，为他答疑解惑。在文稿基本成形后，他又主动为书题词，不分昼夜地修改，那些圈圈点点记录了一个老师培育学子的心血。邱老师所做的这一切，为黄爱华日后的写作奠定了坚实的基础。也渐渐培养了黄爱华一种良好的习惯。一种静下心来思考，提炼的习惯。

一个人走路的姿势正是在最初的学步阶段定型的。黄爱华永远感谢这两位恩师。他们的教学艺术让黄爱华赞叹，他们对教育的执著一直震撼着黄爱华的心灵。黄爱华一生的精神追求方向正是在他们的影响下奠定的。在黄爱华初涉教坛，求知欲最旺盛的时候，他们做了黄爱华的引路人，把黄爱华带入了教学殿堂的大门。尽管黄爱华在这个殿堂里只走了很小一个角落，但是，一旦走了进去，看见过了瑰丽的东西，黄爱华就获得了基本的鉴赏力。在江苏的六七年时间里，黄爱华逐渐形成了自己的教学特色，在淮阴市、江苏省多次获得了课堂教学、课例评选、论文评比一等奖。成为一个小有名气的数学教师。

在深圳园岭，教学之花绽放

偶然的一次旅游，黄爱华来到了深圳。黄爱华走在干净整洁、繁花似锦的深南大道上，天空无比的蔚蓝，空气格外清新，行人步履匆匆，个个神采奕奕。这是个多么年轻、多么富有生机与活力的城市啊。它的欣欣向荣，它建设的如火如荼，暗合了黄爱华内心的律动，黄爱华多么需要这样一块地方让自己的教学之花更绚丽地绽放啊。他一下子就爱上了这里。1992年，黄爱华毅然离开自己教学生涯曾停泊蓄积的码头，怀揣着与人合著的《小学数学专题研究》，只身南下深圳，找到了市教研室小学数学教研员陈永林老师。陈老师看了黄爱华的资料后说：欢迎你投身深圳的教育事业，只是……原来，黄爱华当时的户口在内地县里，按规定是不能调进深圳的。尽管如此,却丝毫未能阻止住黄爱华安身深圳的心。

在陈永林老师的推荐下,黄爱华来到广东省一级学校深圳市园岭小学去任教,当时的校长黄春生非常欣赏和重视他,为黄爱华的调动四处奔走。终于,黄爱华作为特殊人才调进了深圳。这件事在黄爱华心里产生了莫大的鞭策与激励,黄爱华在由衷感谢深圳博大包容胸怀的同时,更加感谢黄校长的知遇之恩,决心加倍努力投身到教育教学工作当中来报答。

刚来的时候,黄爱华不仅体会到了地域上的差别,更感到在知识、文化、教育观念、教育方法等各个方面都有着极大的不同。记得当时深圳教学已开始引进现代技术教育理念,面对这样一块新鲜的垦荒地带,当时连计算机都没有接触过的黄爱华,又一次感到了自己知识上的欠缺。没有任何捷径,只有努力学习,既然选择了三尺讲台,选择了这个时代前沿的城市,就不能滞后,否则你就不能开好带学生领略学习风景的火车头,不能赶上这个年轻城市快捷的步伐。为了弥补自己的不足,黄爱华每天晚上都会留在办公室几小时,潜心学习电脑知识。终于,黄爱华在不长的时间里就已经熟练地掌握了基本操作,并开始学习课件制作。他知道,自己已经逐步融入深圳,成为这个城市里活跃的一员了。

出征全国,梦想的舞台很精彩

从深圳到全国,黄爱华通过自己的努力取得了成功。1994年,黄爱华作为福田区的代表参加深圳市比赛,从抽签到上课只有六天时间。那时恰巧黄爱华的母亲从老家来看黄爱华,黄爱华只能"狠"下心来让她一人在家守着,而待黄爱华上完课,她已回老家了。当然她等到的是黄爱华荣获市级比赛第一名的荣誉证书。紧接着,黄爱华又代表深圳市参加全国的比赛。这是全国第一次小学数学计划单列城市课堂教学比赛,竞争异常激烈,对手实力都很强。在那段时间里,黄爱华每天几乎是整晚待在办公室,不断调整教案:兴趣的激发、氛围的形成、重难点的突破、引导的策略,乃至导入语、过渡语和结束语,每写一次都有不同,每一次都有进步,每一次都更趋向完善,真正经历了一个不断思考、琢磨、推敲、试讲又否定的过程,仿佛每时每刻都沉浸其中。在深夜骑单车回家的路上,黄爱华因脑子里一直在思考教学方案,竟撞在小区停车的护栏上,几位好心的值勤保安扶起黄爱华时都笑了,最后还是他们把黄爱华送回了家。竭诚尽智的努力终于结出了丰硕的果实。黄爱华获得了本次大赛的一等奖第一名。课上完,1 000多人的礼堂里响起了持久的雷鸣般的掌声。专业委员会的李润泉同志在发言中说:不用再评了,掌声已说明了等级,一般领导的讲话完后,掌声是礼节性的,而黄爱华上完课后的掌声是在场同志们由衷的、发自肺腑的热烈鼓掌。当时,黄爱华的课在青岛被当地各大媒体形容为:刮起了深圳旋风。应该说就从这次开始吧,黄爱华的教学得到同行们的认同,黄爱华探索的脚步迈出了深圳、走向了更大的舞台。

黄爱华曾把自己比喻为魔法师,而讲台,则是他施展魔法的舞台。

讲台　魔法施展的舞台

随着时间的推移,随着知名度的扩大,一些大大小小的光环套在了黄爱华头上。全国优秀教师、广东省南粤教书育人优秀教师(特等奖)、广东省青年岗位能手、深圳市十大杰出青年、深圳市鹏城青年功勋奖章获得者、广东省特级教师……黄爱华体验到了一个奋斗者的骄傲。在深圳这样一个物欲横流的城市里,朋友们常会笑问黄爱华:这些荣誉给你带来多少实惠,你著书立说一千字多少稿费?黄爱华回答:一千字25元。上帝,你几十万字要付出多少心血?换来多少钱呢?以你的聪明才智如果转行的话,你知道可以给你带来多少财富吗?黄爱华的朋友们给黄爱华勾勒起了"宏伟蓝图",并极其认真地为黄爱华展望他在特区"下海"的种种收获——一个人年轻时,外在因素对他的生活信念和生活道路会发生较大影响,而在黄爱华的这个年纪,它们已经大大减弱了。教坛的磨砺,让黄爱华已经牢固地确立了一种做人原则,黄爱华已经更多地看重精神性成就远超过外在的社会性成功。黄爱华的世界在哪儿呢?黄爱华的才能,黄爱华的尊严,黄爱华的荣耀,黄爱华的价值在哪儿呢?答案是非常肯定的:在黄爱华的教学田地里。在这个天地里黄爱华尽情地发挥,去尝试登峰造极,是这平凡的工作带给黄爱华内心万分的镇定从容,十二分的饱满。这是件非常愉悦,非常享受的事情。内心的情感因为热爱而热烈,他怎么可能动摇呢?那些课堂上孩子们殷殷渴求的目光,那些书本上神奇的阿拉伯数字,都已深深地镌刻在黄爱华心里,任何东西都洗刷不去,它们是黄爱华生命里最痴迷的东西,它们构成黄爱华内在的重大的精神财富,让黄爱华过上一种美妙的、惬意的生活,让黄爱华获得了生命中一种由衷的快乐。这不是可以轻易拿金钱衡量的。

思考和勤奋　享受数学魅力的天堂

人与人的差别是在业余时间里所为和所不为。黄爱华清醒地认识到

没有知识的支撑,智慧灵性就会逐渐枯竭。因此黄爱华的闲暇时光大部分是在读书中度过的。

为了掌握教学规律,接受新的教育思想,寻求新的突破,黄爱华深钻教材,翻阅资料,学习教育教学理论。近年来,黄爱华研读过数学教育学、比较教育学、儿童心理学,以掌握儿童发展的认知规律;分析过小学数学教材的知识体系,研究过国内外不同教法的特点,不断探索儿童认知的最佳建构过程。每年伊始,黄爱华都会列出书目,制订详细的读书计划,每年至少读五本教育专著,读中外教育史,读中外教育名著。他还养成了做好阅读札记的习惯。记得那时在卢专文家的书橱里看到一本《特级教师课堂实录》,黄爱华如获至宝,卢老师答应借给黄爱华一个星期。在那一个星期里,黄爱华干了一件多么不可思议的事:他沉醉在上海教育专家:封礼珍、乔永洁、王祥美等生动鲜活的教学艺术里,每天只是拿方便面充饥,睡眠也相当少,不停地写啊记啊,竟写下了近十万字的笔录。现在,每当黄爱华翻阅这厚厚的一本笔记时,他都能感受到自己当时那种血脉的喷涌,那种激情的流动。还有一次,黄爱华在同事桌上发现了一本200多页的好书,便要借阅。那位同事脱口说道:借你一晚吧。就在那晚,黄爱华看到凌晨四点,作了详细的摘录。第二天,黄爱华把书还了回去,周围的人见黄爱华眼皮浮肿都惊呆了。多年来,黄爱华所做的笔记有80多万字。黄爱华流连书海,页页精读,行行品味,句句琢磨,不知疲倦,如痴如醉。黄爱华的笔记也成了他每到一处讲学或上课必带的物品。书、笔记在黄爱华心中形成了一个秘密园圃,每每让黄爱华赏心悦目,它们成了黄爱华生命中的至宝。

为了创设出一节节精彩的课堂,黄爱华所花的时间和精力是很多的。他常说:"教学是门艺术,但教学不能脱离生活,学生只有在活生生的生活世界里,不断地积累和丰富知识,并以此为基础展开更深一步的实践和探索,才能进一步完善自己的经验世界。"因此在生活里,黄爱华像猎人似的,随时随地捕捉、琢磨生活中有价值的东西,转换成教学之能并将之巧妙地应用起来。

和平相处　师友交往的黄金法则

亲其师,信其道。黄爱华永远都会记得他经历中的老师们给予的亲近,与他们快乐、平等、宽松的交往,使黄爱华终生受益。而今,黄爱华也面对张张幼嫩的面孔了。在新时代下,他们比过去年代的孩子更加富有主见,个性更加张扬。黄爱华怎样才能做到令他们喜欢,与他们达到就像当初他和他的老师之间那种其乐融融的状态呢。

学生由于在情感态度、兴趣爱好、发展程度等方面存在差异,必然导致课堂教学中的"参差不齐"。课堂上有时有的学生回答问题真是"牛头不对马嘴"的,有的学生缺乏自己的见解,习惯于"随声附和",有的学生总会提出"千奇百怪"的问题使教学活动暂时处于"短路"——这些仿佛都是教学中教师碰到的最为棘手的,感觉最为"尴尬"的事情,作为教师的黄爱华,是把这些学生狠狠地批评一通,还是视而不见地把大手一挥,来个军令如山倒式的"请你坐下",如此了事?黄爱华非常明显地看到,这都不是"上策",都会极大地伤害学生的自尊心,更严重的是可能有的学生就会从此"一蹶不振",走上与发展相背离的"不归路"。

黄爱华在尊重学生的问题上,做到了两个字:"和"与"平"。"和"指的是"和谐融洽的气氛","平"指的是"地位平等的交往"。黄爱华所把持的是,教学的过程教师不应该是一位"独裁者"与"特权者",应该是一位致力于帮助学生、设身处地为学生着想的拥有先进教育理念、善于合作的"良师益友"。在黄爱华的课堂教学中,他经常会对学生发自内心地表扬与鼓励、走下讲台俯下身子与学生交流合作,摸摸学生的头,为他们竖起大拇指;黄爱华常真诚地送给学生"再想想看,老师和同学们都相信你一定行"、"你的想法真的太伟大了,坚持下去前程似锦"等许多沁人心脾的话语。课外,黄爱华也会跟他们谈谈心,讲些有趣的问题。黄爱华知道在学生的眼里,有一段时间黄爱华是他们的大哥哥。到现在,包括在网上,黄爱华真诚地回复各地的学生的邮件,自己大抵就是个他们还比较喜欢的、比较亲切又很幽默的叔叔了。

家,永远的温暖港湾

初来深圳,黄爱华是学校唯一有家却一日三餐吃食堂的人。家住得并不远,黄爱华却不与妻儿共餐。因为黄爱华的单身公寓内没有一张属于黄爱华的平静的书桌,黄爱华迷恋办公室的书桌,确认那是黄爱华安身立命、可以朝夕与共的地方。没有了它,黄爱华就没有了一切,黄爱华就没有了魂。所以他把自己留给了办公室,把整个人整颗心交给了校园的夜晚。黄爱华时常在茫茫的夜色里,一句句练习课上要启发、点拨、解惑的每一句话,似一个在夜里喃喃自语的疯子。他会反复推敲这一句话的用词,做到妥帖才罢休。在深圳中学的超常班开始招生的日子里,黄爱华主动承担起辅导的任务,除了平时的教学外,周末也是坚持和学生们在一起讲技巧,教方法，点路子，让学生们拿到解题的"金钥匙"。黄爱华跟学生泡在一起的时光似乎短暂又漫长。他自己都分不清是忘了还是无暇顾及家人。到深圳四年的时间里，黄爱华竟没有利用一点时间陪家人出去玩一次。儿子那时还很小，经常会嚷着爸爸上哪儿去了，为什么不带自己去公园玩。黄爱华非常感谢的是他美丽的妻子总是把儿子哄得很乖，对黄爱华的忙碌总是理解又理解，没有任何怨言。学音乐的她还常在黄爱华的创作过程中给黄爱华很多启发，经常是黄爱华作品的第一个读者。黄爱华深感，自己所有成绩的取得，是与妻子的大力支持分不开的。

而这几年，儿子大了。回家搂搂儿子，与儿子聊天是黄爱华空闲里不可或缺的开心事儿。孩子是天生的诗人和发明家，他的奇思妙语令黄爱华无比惊喜，让黄爱华读到了未受污染的人类心智的原本。这些年来，黄爱华和儿子谈着谈着就会自然进入到黄爱华的课堂教学中去，就能进入到一种状态，也许儿子冥顽时早就感觉那是他父亲这辈子最钟爱的事业。渐渐地，他能站在黄爱华的角度来思考，为黄爱华出谋划策，跟黄爱华一起探讨生活中有趣的数学问题，甚至为黄爱华动手准备教具了。在他身上，每每会让黄爱华获得很多灵感。似乎他也成了黄爱华的教学伙伴。

黄爱华感谢上帝对黄爱华的垂青，给了黄爱华这样一个温暖的小家，他们母子成为黄爱华生命的港湾，随时让黄爱华栖息停泊，又再度促黄爱华扬帆远航。

走在路上，做个有魅力的人

课堂教学中设计的精妙、指导的精巧、用词的精辟、教师语言的风趣幽默，语气上的抑扬顿挫，灵活的教学机智等让一节课如同一块巨大的磁石，深深地把人吸引住。一个有吸引力的教师何尝不是一个好的艺术家，一个充满魅力的人呢？爱琢磨的黄爱华总是想着镜中这个先前有点腼腆的男子，除开课堂本身的设计之外，在自己的个人表现力方面究竟怎样展现出一些魅力呢。语言是最直接的名片。记得那时在读师范的时候，学校老师就让同学们苦练普通话和书法，课前五分钟即兴讲话，锻炼人前从容说话的胆量与口才。又组织同学们参加演讲比赛。音乐课上老师耐心教同学们发声方法，找到共鸣腔，练习优美地不费力地发声。黄爱华记得他还是班里的宣传委员，每周三组织同学们声情并茂地唱歌。回想起来，原来老师是良苦用心，如此种种细节，为的是让他们能拥有一个教师最扎实的基本功。黄爱华的男中音大概就是在那时训练出来的。他的一手好的粉笔字也得到较大的长进。工作实践中发现，教师的语言功夫的确是相当重要的。相声、小品演员的语言常常强烈地刺激着黄爱华欢笑的细胞，话剧演员的语言又常常把黄爱华带入故事的情境，他们良好的语言表现能力给了黄爱华极大的启发，他在反复模仿练习中找到了一种优美而文雅的与人与学生交谈的技巧。渐渐把准确贴切、生动活泼、极富幽默感的语言用在课堂上，让设计与表达完美地结合在一起，把课堂上教师的部分做到极富吸引力，如诗如画般的呈现在课堂上，感染学生。事实上，技巧还是需内涵支撑的。生活里，黄爱华觉得自己是个亦静亦动的人，性情上也是个乐观、向上、有着积极心态的人。黄爱华广泛涉猎各个层面，听音乐，打球，玩游戏，读书等。宽广的视野与活动空间在某种程度上说，在丰富黄爱华生活的同时，也极好地滋养了黄爱华的心灵。常听人说，黄爱华的教学语言是轻松的、诙谐幽默的。黄爱华知道，这跟人的心态，性情有关。也有人直白，你是个有魅力的人。黄爱华想说的是，就像琢磨自己的课堂一样，为了完美课堂，他在长期地修炼自己的心，一个有魅力的教师，那是他努力的方向。

荣誉永远是过去式。一个人，在爬山的途中已经看到些许风光，但如果停滞，那就看不到未来，看不到峰顶最美丽的景致。已进入不惑之年的黄爱华，常常提醒自己不要有这种心理近视。一位心理学家说过，在人的本性中有一种倾向，他们把自己想象成什么样，就真的会成为什么样。未来，黄爱华想要的是什么呢？在博大的网络世界里，来自全国各地的诸多的数学老师们，以及在灯下奋力汲取知识的孩子们，他们还在挤拥着、投着期盼的目光为黄爱华守候，等待着黄爱华与他们一道探讨教学中遇到的各类问题，为他们答疑解惑；小学课本中涉及的所有的数学知识，以及各种精彩的教学案例在黄爱华这儿还只尝试探索了一部分；在新的时期里，孩子们的思维、所经历的生活每一天都在变化、在飞跃，课堂教学如何做到与时俱进，如何做到不断更新，依然是摆在黄爱华面前最深邃最需思考的课题……课堂上如鱼得水、左右逢源、驾驭自如得益于不断的充实、创新。只有不断学习，不断激活创造力，艺术之泉才不至于枯竭，才会源远流长啊。时间是个贼，一不留神它就偷走了年华。在人有限的生命里，黄爱华比从前越发地加快步履了，他像先贤那样挤时间读书、学习、钻研、琢磨；他仍携带教具去异地交流，下一站永远会在不远处等着黄爱华。黄爱华相信，探索是幸福的，创造者是幸运的。既然选定了自己一生的事业，就必定欲罢不能，乐此不疲。这是在路上前行的感觉，充满自信与定力的感觉，永远年轻、神清气爽、意气风发的感觉。黄爱华万分庆幸自己走上了这条合乎他天性的道路。

教育启示

　　永远怀着一颗谦逊感恩的心向老师学、向生活学，黄爱华就是这样的一位名师。对数学的求知若渴一方面是他的兴趣使然，但两位恩师的指点和提携却是让他自信和成功的重要因素。是恩师的指点和提携丰满了他在数学王国飞翔的翅膀，因此，他将师恩铭记于心，当他回到家乡，看到当年的个别老师坐在台下当观众，注视、聆听自己的课堂时，他深深的鞠躬表达了多少对恩师的感恩。

　　修炼自己的品性，让自己成为一个有魅力的教师，黄爱华就是这样一位名师。他有着广泛的兴趣和生活情趣，正是这样的老师，他可以让学生不仅学到数学知识，更能体悟到生活的美好所在。

　　钟情于自己的事业，永远怀着一颗不满足的求知的心，黄爱华就是这样一位名师。他痴迷于数学的天堂，不满足于安逸的现状，善于学习、善于弥补，幻想用数学的魔法棒执教求知若渴的孩子，而事实上他就是这样践行着自己的理念并为之不知疲倦地思索和奋斗。他为数学痴迷，为数学着魔，徜徉在数学王国的海洋里不知疲倦；作为一名深爱教育的数学名师，黄爱华钟情于事业的最终表现就是热爱学生，永远擎着一支智慧的火把引领着学生前进。学生在困惑不解时，他在旁敲侧击；学生在自主讨论时，他在检查观看；学生在台前汇报时，他在聆听评价；从头至尾，自始至终，他坚守一个原则：教师要有教学的智慧，学生才是学习的主人。他说："如果说学生在课堂上有积极探究的愿望，是因为教师为学生创设了现实而有趣的问题情境；如果说学生能积极主动参与交流讨论，是因为教师为学生提供了足够的探索时间和空间；如果说学生讨论的气氛比较热烈，是因为教师在努力做引导者的角色，认真倾听，不断引导学生的思维走向深入；如果说学生在课堂上能有一种愉快的情绪状态，是因为教师在努力创设平等、宽松、民主、和谐的学习环境，让学生感觉到自己在这个环境里是安全的，能与同学、教师进行平等的对话；如果说在一些环节上设计新颖，是因为教学是一门创造性的艺术，需要教师为了学生的发展潜心研究与创造。"黄爱华就是这样将自己的数学知识、数学人生与学生分享，与学生快乐、平等、宽松的交往，是黄爱华收获其乐融融的师生关系的重要法宝。

参考文献

1. 黄爱华.黄爱华与智慧课堂.北京:北京师范大学出版社,2006
2. 黄爱华的博客.[2010-8-20]. http://blog.sina.com.cn/cnhuangaihua

从普通教师到专家型教师
——记全国名师刘兆义

人物素描

刘兆义(1945—),男,英语特级教师。原武汉市教育科学研究院外语教研室主任,武汉市第十五中学、湖北省武昌实验中学英语教师,教育部《英语课程标准》研制组核心成员,教育部师范教育司STEPPS项目学术委员会成员,全国基础英语教育研究培训中心副理事长,曾任中小学英语教材审定专家组成员,中小学英语教师继续教育教材审定专家组成员,现任《双语学习报》总主编。从事英语教学近45年、教学科研与改革10余年来,刘兆义形成了对英语教学的独到见解,先后提出"四步教学途径"以及"英语整体教学法"著名教育理念。退休后多次奔赴四川、广西、云南、山东等地义务支教,并作为核心成员参与了中华人民共和国教育部的诸多课题研

刘兆义

究以及教师培训工作。从教以来获得"优秀教师"、"学科带头人"、"教学改革先进个人"等称号,受到全国教育专家们的高度赞扬。

经典语录

★ 让我们享受教学与生活![1]
★ 要永不满足,不断有所作为。
★ 教学有法,教无定法,有心得法。
★ 路在自己的脚下,走自己的路,让别人说去吧。
★ 听,是攻克英语城堡的突破口;读,是升华英语能力的永动机。
★ 学习英语犹如登山,需要的是你的态度和决心,你的自信和坚持!

家庭熏陶,名师启蒙　敏而好学,成就未来[2]

1945年,刘兆义出生在一个洋溢着浓郁英语文化氛围的家庭中,因此他从幼年时期起就受英语语言和文化的熏陶。他的父亲曾经在英国某洋行担任过很长一段时间的业务主管,姐姐也曾在英国修道院接受过启蒙英语教育。在这样的家庭中自然到处都是外国文化的痕迹:英文打字机、英文报刊、书籍等随处可见,因为父亲的工作性质,童年时期的刘兆义不仅常跟英国的小孩儿一起玩耍,还时常跟着父亲到英国领事馆喝下午茶。

到了上小学的年龄后,刘兆义又先后跟随赵家棠先生、林建国先生、朱序清女士以及刘隆平教授学习,刘兆义也正是在这段时期中打下了坚实的英语基础。原来,赵家棠先生是志愿军的翻译出身,现任江汉大学教授;林建国先生原是美军顾问团翻译,后任广西师范学院教授;而朱序清女士和刘隆平原均为教师学院的教师,后升任教授。这些在英语教育教学领域颇有建树的教师为刘兆义树立了榜样,对他的教育事业产生了深远的影响。

1964年,我国基础教育事业急剧发展,亟待培养和发展一批普通教育方面的教师。此时刘兆义才19岁,刚刚接受了1年的英语教育就在朱序清

---

[1] 作者注:原话为 Let's enjoy teaching and life!
[2] 张锋:《热爱与探索——记刘兆义老师从教四十五周年的探索历程》,http://blog.sina.com.cn/s/blog_499075b30100gf03.html。

女士的推荐下,进入了有着百年历史的老校——武汉市第十五中学从事英语教学工作。当时的十五中有一个规定:所有新教师都必须先听导师的课后,才能上课。在耳濡目染时任十五中外语教研组长杨希平先生的课堂教学、言传身教后,刘兆义便立志要以杨先生为榜样,通过不断学习最终成为像杨希平那样的教师。

没多久,"文化大革命"开始了。不可否认,刘兆义在这场动荡中也受到一些影响。尽管当时的工资除了吃饭外便所剩无几,但他却从没因此放弃学习、放弃事业。刘兆义用省下的工资购买了大量外文图书。这10年中,他不仅坚持阅读英语教育教学类专业书籍,还广泛涉猎其他书籍:他从哲学书籍《思维训练》中领悟到"完美无缺是实用教育的最大敌人";从数学书籍《数学的发现》中吸收了像销售员、乐队指挥一样的教学艺术……

传统的"化整为零"与现代的"合零为整"

这段历史、这些书籍无疑为刘兆义教学思路的形成提供了灵感。

20世纪80年代前,我国的英语教学界所奉为经典的教学顺序是:单词—句子—文章,这使得我国传统教育容易沦为知识灌输而非创造力的激发。学生们往往掌握了大量零碎的英语单词、句子,但对整体的英语语言缺乏感知,即我们常说的"只见树木不见森林"。

同一时期的刘兆义老师却"反其道而行之",开始围绕整体教学的中心思路着手进行"初中英语教学的一条途径"、"初中英语教学整体改革实验"、"高中英语课文整体教学"等一系列教学实验。他的一系列改革也引起了国内众多教育专家的一致褒奖。

1979年,全国首届英语教学研讨会在湖北省宜昌市举行,刘兆义以精彩的发言和教学展示给在座的专家和教师留下了深刻的印象,特别受到了以唐钧为首的人民教育出版社外语编辑室专家组的高度赞扬。①

尽管刘兆义个人取得了不俗的成绩,但"文化大革命"的浩劫毕竟对我国的英语教学乃至整个教育事业造成了严重的创伤,使得教学没有合适的经验可资借鉴。基于此,刘兆义把自己的英语课堂作为改革的前沿阵地,以不同于传统的方法使他所在的课堂发生了巨大的改变。1981年,他的英语教学录像《初中英语课堂教学片断》圆满录制完成,经中央电化教育馆审

---

① 《扎根于本土教学实践的优秀英语教学专家——我所了解的刘兆义老师》,http://bbs.pep.com.cn/blog/index.php/289231/action_viewspace_itemid_8067.html。

核通过后开始在全国发行,该片后来成为众多师范类院校的必修教学片,在全国好评如潮。自然而然地,刘兆义在自己课堂教学的经验和同行们的实践成果的基础上,萌发了英语整体教学的思路,即从篇章整体—局部—语言的教学途径进行教学,并将这一思路付诸实践。

1983年,他和黄炳灵、金蒂等老师研究的英语整体教学法在湖北部分学校实验,得到了令人满意的效果。特别是在探索英语教学的新路子期间,他们在华中师范大学的《中学生英语》杂志上连续发表了4篇阐述英语整体教学理念的文章,更是引起了全国范围的大讨论,使得英语教学整体观迅速传遍中国。中南民族大学外语学院的刘作焕教授,跟踪刘兆义的中学英语教学整体教学20余年,认为其教学改革与实验具有很强的可操作性,极有理论学术的研究价值。然而,这仅仅只是开始。

在1985年的中国教育学会第三届学术会议大会上,刘兆义在他的教育改革论文《初中英语教学的一条有效途径》中,提出了与当代英语教学大力倡导的"五步教学法"极为相似的一条教学途径——四步教学途径,即:导入(presentation)、实践(practice)、发展(development)、检测(testing)。这一论文中的核心观点受到中央教科所著名专家李勤的高度评价。同年,其"课文整体教学"的观点还被吸收到1993年高中英语教学大纲之中。此外,刘兆义对于教学理念、教学方法的高瞻远瞩还体现在武汉市的整体英语教学水平上。别的不说,就连武汉市中考增设听力测试的时间——1987年,都比全国早了5年。①

从整体教学思路的形成到实验取得成果,各方面的肯定和荣誉也纷至沓来。20世纪90年代初,刘兆义在教学实验中所撰写的论文《初中英语整体改革实验报告》获得了中国教育学会优秀论文奖、湖北省教育科学研究成果一、二等奖和武汉市教育科学研究成果一等奖。刘兆义的英语课堂甚至被湖北省教学研究室选为"全省随时开放的课堂"。因在教育领域的突出成绩,刘兆义开始担任武汉市英语教研员。1991年,刘老师获得"湖北省教育改革先进个人"称号;1992年荣获"湖北省有突出贡献的中青年专家"称号;1993年获国家颁发的政府专项特殊津贴;同年荣获"湖北省教育教学改革先进个人"称号;1994年武汉市人民政府授予刘老师"武汉市英语学科带头人"荣誉称号……教育部教材审定委员会专家组组长刘道义老师就这样评价刘兆义老师——扎根于本土教学实践的优秀英语教学专家。

---

① 《扎根于本土教学实践的优秀英语教学专家——我所了解的刘兆义老师》,http://bbs.pep.com.cn/blog/index.php/289231/action_viewspace_itemid_8067.html。

课程改革浪潮起　　妙语解读新课标

20世纪90年代末,我国开始筹备新一轮基础教育改革,教育部在北京师范大学召开过一次小型基础教育改革的座谈会。比起其他与会成员,当时刘兆义在全国还没什么名气。但他却在短短20分钟的发言中把他在湖北所进行的长期改革实践中形成的教育教学观活灵活现地呈现在各位专家领导面前,立即就引起了参会的教育部领导和专家关注和肯定。会议间隙,时任教育部基础教育司处长的沈白儒邀请他参与教育部《英语课程标准》研制组的工作。

从新课改正式启动到现在,各方专家都对新课标作出了精确的解释,刘兆义也是其中之一。在一次对某省教师的培训中,刘兆义给青年教师出了这样一道题:一位美国父亲带着自己4岁的儿子回家。孩子要求让他来开门。假定你就是这位父亲,你打算怎么做?老师们纷纷表示应该耐心地教孩子自己开门。故事的发展正向老师们推测的一样,孩子在尝试、失败、提示、思考、再尝试的过程中成功地把门打开了。有位老师说:"这个故事帮助我们生动地领会了新课程所倡导的探究体验方式的教学理念"。[①]

全新的教育思想和方法无疑对传统的典型方法提出了挑战,当然在运用中也遇到了重重阻力和质疑。然而任何真理都是经得起考验的,随着系统论、信息论和控制论的产生和推广,刘兆义所率先提出的英语教学方法论步入了正轨,由他所领衔的教学改革实验在湖北全面开花。作为新课程改革研制组的核心成员,全国各地区也纷纷邀请刘兆义老师作公开课示范。

听过刘兆义公开课的教师曾这样评价他说:"在他的课堂里,看到的不是打开书本,讲解、朗读、做练习等简单而枯燥的重复,展现在我们眼前的是师生在一种真诚、融洽的氛围里运用语言的精彩画面,表现出教师与学生最大限度的同一,并在语言学习过程中带来的满足与喜悦。"整体教学思想的生命力可见一斑。反观"只见树木不见森林"指导下的课堂,就像大海中行驶的小船一样,在风雨中飘摇。

在投身新课程标准的开发、研究、宣传的同时,刘兆义还马不停蹄地主持了多套英语教材的引进和报审工作:2001—2002年的《剑桥小学英语》、

[①] 张锋:《热爱与探索——记刘兆义老师从教四十五周年的探索历程》,http://blog.sina.com.cn/s/blog_499075b30100gf03.html。

《动态小学英语》,2003—2004年的《高中英语阅读与表达》,参与了《新目标英语》预备篇和《英语课程标准解读》等的编写。

2005年,刘兆义退休后,受双语报社康鑫总经理的热情邀请,刘兆义老师担任了《双语学习报》的总主编。全国第一份按照教育部制定的《英语课程标准》目标要求、全面培养和提高自主性阅读与表达能力的英语学习类报纸——《双语学习报》诞生了。① 他本着对学生的高度责任感,从办报理念和定位到导向等,无不亲历亲为。在刘兆义老师和同事们的努力下,《双语学习报》被评为2007年唯一一份零差错的教育教辅类报纸。②

2006年,刘兆义老师根据自己丰富的一线教学经验,在2006年3月至2007年的《光明日报》"名师说课"专栏中完整地阐述了关于英语教学的独特思路和步骤:教学准备——3P教学思路的酝酿、教学整体规划——3A法教学导入、教学步骤——先单词后语法、教学反馈——以发展的眼光看学生、教学终极目标——自主学习,语感先行。刘兆义老师从课堂教学的酝酿阶段着手,逐步开展词汇、语法教学,最后对教学过程和学生实施发展性评价,处处体现着新课程改革的理念,给广大教学一线工作者提供了宝贵的借鉴和参考。

路漫漫其修远兮 吾将上下而求索

2007年初,在《双语学习报(教师版)》编辑部的协调与推动下,刘兆义老师作为主要发起人,启动了"退休特级教师赴老少边穷地区义务支教活动"。

2007年元月下旬,活动刚启动,刘兆义就赴云南贫困少数民族地区支教,为云南边陲地区的教师介绍国家基础教育改革,特别是高中课程改革的情况。在短短10天时间内,他的足迹遍布思茅(现为普洱)、临沧、双江拉祜族佤族布朗族傣族自治县、保山等县市和地区的多所中学。

为了切合教师们的迫切需求,刘兆义在各地巡回做了"学习新课程理念,改革英语课堂教学"以及"课堂教学的操作"两场报告。尽管每次报告都要持续一整天时间,但各地教师、教研员、学生的热情却丝毫不减。刘兆义、刘鹰等老师所带去的新观念不仅受到当地老师的热烈欢迎,就连临沧

---

① 双语学习报网站:http://www.ncneedu.cn/SurveyX/index.asp?Action=Introduced。
② 张锋:《热爱与探索——记刘兆义老师从教四十五周年的探索历程》,http://blog.sina.com.cn/s/blog_499075b30100gf03.html。

教研室刘主任都称赞："我从来没有听到过这么具体、这么具有可操作性、这么有效果的报告!"保山实验中学张校长在听完报告后也连声说："受益匪浅!受益匪浅!"

除了为当地老师带去新观念、新方法,刘兆义的心中时时刻刻记挂着学生。每次给教师作完报告后,他都会根据当地学生的英语水平,重新调整"高考最后阶段复习策略"的讲座内容,以较强的针对性完美契合学生的实际需求。尽管每次巡回讲座都会使已退休的刘老师精疲力尽,但他总是说:"每当看到学生们期待的目光和热烈的反应,就顿时觉得疲劳全消。"

从云南少数民族地区支教后不到3个月,刘兆义应山东省教育学会外语教学专业委员会的邀请,又来到了山东淄博市滨州村,开始了他第二次的义务助教之旅。每次讲座前,刘兆义老师都会根据各地的教材、教学方法、学生实际水平临时改变作报告的策略和方法,尤其是在这次山东的送课助教活动中表现得淋漓尽致。报告会前,刘兆义老师仔细听取了当地中学老师所上的三种不同风格的研讨展示课,结合其各自的特点巧妙地给出了题为"学习新课程改革的理念,改进初中英语课堂教学"的专题报告,伴随着刘老师风趣幽默的语言,报告会在一片掌声和欢笑声中结束。

在山东德州市平原县开展助教活动的时候,还有这样一个小插曲。由于当地使用的是刘兆义老师不熟悉的冀教版英语教材,为此他还特地从教研员王老师那里借了教材,回到房间后针对教材结构及其内容备课,直至深夜两点多才休息。第二天观摩了三名老师的公开课后,为了避免繁杂的"饮食文化",也为了进一步整理和添加案例,竟然偷偷地躲回房间,只请服务员送来两个馍作为午餐。可见,刘兆义丝毫不放松对英语教育教学研究的高标准,是真正在践行着2006年他在英语特级教师论坛会上提出的"不辱使命,再创辉煌"的口号,真正从内心里牵挂着学生的一切。

这次的山东助教之行虽然只有10天,但刘兆义却以极高的效率满负荷地工作。期间,共走访4所学校,主讲专题报告和骨干教师培训4场,观摩风格各异的公开课9场;不仅如此,还与各地的教育局领导、教研员、一线教师交换了意见,足见其捧着一颗心来对待基础英语教育教学和课题研究与实验的强烈愿望,令人敬佩!

2007年底,刘兆义前往广西百色革命老区支教。途中,同行的教研员,所长等人都在议论路边树干上刷的1米多高的白灰浆的原因时,其中一个老师开玩笑说,可能是因为这里的树都怕羞吧,此时刘老师的思绪却没有跟随车里的欢声笑语,而是表情凝重关切地接道:"是啊,老区的孩子们学英语的时候比较害羞,不喜欢开口说,一方面应该多用鼓励式教育,一方面要利用有限的设备,更多地听录音跟读,而不是跟老师读,以避免学生的口音不正……"刘兆义人还没到,心却早已飞到老区孩子们的身边。

待讲座完毕临近午饭时,刘老师一行人又关切地询问起了孩子们的伙食情况,当看到学生们仅仅只有豆芽和萝卜两样菜时,刘老师更加坚定了自己要帮助老少边穷地区的教师和孩子的英语学习的决心。

2010年5月,在人民教育出版社的鼎力支持下,刘兆义老师怀着对云南少数民族地区英语教育的特别情结,实践了他"云南支教二次行",到了丽江永胜国家级贫困县、西双版纳等地,还在景洪市亲自给高中教师上了高三复习课,极大地推进了这些少数民族地区的英语教学教研。

从2007年第一次赴云南助教之行起,刘兆义是最为坚定的实践者,他把心中对英语教育事业和学生的爱化作自己无穷的动力,依然孜孜不倦地坚持学习,满腔热情地奔波在教学教研一线,坚持不懈地进行英语教育科学的探索。

心纳百川　胸怀天下

当今的教育现状,充斥着较多的急功近利。越来越多的人都在想着怎么用最少的努力甚至不努力来换取最大的成果,只重视技巧而忽视了知识。很多基础教育阶段的学校为了中考和高考,违背科学的教育规律和"以人为本"的指导方向,办学方向严重扭曲,成为中考或高考"指挥棒"下的墙头草。许多所谓"速成"的教学方法、学习策略也应运而生。

作为一个具有高度社会责任感的教师,刘兆义不仅对社会中某些学风不正的现象给予严厉批评,更身体力行地推广英语教学的新观念新方法。

2007年下半年的某一天,刘兆义偶然看到某省级教育电视台正播放一档名为"单词不用记"的讲座节目(实际上就是电视营销节目),在某市的一个大礼堂中,一位"专家"和一名自称得益于"单词不用记"系列教材的年轻人在台上煞有介事地证明,只要使用了该方法,所有人都能将英语单词倒背如流。在演示了其"讲故事记单词"的方法之后,两名"全国记忆大师"就迫不及待地贩卖他们的记忆方法,引得在座一些急于求成的家长和儿童纷纷抢购。看到这种闻所未闻的"记忆方法",刘老师不禁发出了"立即停播"的疾呼。许多英语教师听到刘老师的呼吁,也纷纷对这种极不负责的行为表示愤慨。其实,刘兆义早在多年前,就开始了对基础教育的反思,特别是对应试教育以及由应试教育而衍生的一系列无视创新精神和实践能力培养的教法猛烈抨击。

教育工作的长期性、复杂性等特点决定了教师劳动的艰巨性。通过各种媒体,我们时常能看到这样的新闻:某小学教师由于长期繁忙的教学与教务工作,身体每况愈下,以致积劳成疾,最终累倒在三尺讲台;某偏远山区教师,初中毕业后就负责村里学校的所有教育教学工作,由于长期超负荷地工作,加上家庭生活条件差,积劳成疾。

2008年4月,博鳌亚洲论坛在海南博鳌举行,围绕"有感于当代教学现状和绿色亚洲"的论坛主旨,刘兆义发出了"英语绿色教学教与学"的倡议,并在四川省的支教活动中向四川的老师们提起了这一想法。绿色象征着"生命和健康"、"生长和收获"、"优化的教学环境"和"低能耗和高效率"。因此,英语绿色的教与学就是要以"科学发展观"来促进教育教学质量的提高。通过"有理、有序、有效"的课堂教学来实现。

在2008年4月的四川支教之旅的10天时间中,他遍访了近20来所学校。刘老师不仅将新课程改革的先进教育理念及英语课程教学理念带到各地区,还结合"英语绿色教与学"的理念积极帮助一线教师解决实际教学中所存在的困惑,特别阐明了"听,是攻克英语城堡的突破口;读,是升华英语能力的永动机"的教学观点,受到了师生的热烈欢迎。

世事难料,就在刘老师离开四川仅半个月,在赴江苏泗阳市致远中学的路途中,5月12日,我国四川省汶川等地经历了一场史无前例的浩劫——8.0级特大地震,无数的孩子们在灾难中失去了亲人。刘兆义老师当即委托《双语学习报》的同事代为捐款,并表达了希望收养地震孤儿的心愿。一想起四川美丽的景色、积极乐观的人民、孩子们热切的眼神,这一切的美好事物如今却毁于一旦,刘老师就迫切地希望重返四川。

7月下旬,当教育部提出"让灾区孩子度过愉快的暑假"的号召时,刘兆义老师就主动请缨,成为了"我们有爱"双语夏令营中最年长的志愿者。在与孩子们相处的这段日子里,刘老师的实际行动处处流露出对孩子们的深切关怀。为了安抚孩子们因地震所造成的身心伤害,刘老师特地选择了寓意深远的英文小诗《爱与希望》作为教学内容。使孩子们在亲近、自然的氛围中接受潜移默化的心理辅导。

刘兆义老师在自己的博客中感慨地说:"我已不能继续驰骋在极具挑战性而又令人激动并享受许多成就感的英语课堂了!但我却依然深爱那令我充满无数回忆和思绪的英语教育教学!愿在这里能继续与广大同仁进行沟通和交流,分享您的快乐、分担您的郁闷、共同感悟这酸甜苦辣的教学人生!"①正是这种对教学事业强烈的热爱和严谨,才使得六旬有余的刘

---

① 刘兆义老师原话,引自其博客 http://blog.sina.com.cn/s/blog_4e191bc101009b33.html。

兆义老师在退休后还能发光发热,也难怪四川省遂宁市安居区教育局党组书记、局长卢军在听过刘老师的讲座后,由衷地说道:"刘老师的讲学与现实生活、学生实际、教师实际紧密结合。使我区英语教师受益匪浅、耳目一新,极大地鼓舞了我区英语教师进行改革的信心。"

2009年10月25日,中国教育学会外语教学专业委员会在北京举行了第15次学术年会暨第11届全国外语教研工作会议。在这次我国基础外语教育界的重要活动期间,特别举办了"英语绿色教与学——刘兆义从教四十五周年"纪念活动。参加纪念活动的有刘兆义老师曾经的同事、教育界的专家及领导、接受过刘老师直接指导的青年教师等,大家其乐融融地聚在一起回忆起当年的点点滴滴,憧憬着未来的奋斗方向。

现在,刘兆义已经是一名年过花甲的教育工作者了,然而他的语言、思想却还很"前卫"呢!在一次的英语教学研讨会上,刘老师曾作为参与者最后一个发言,但一开口就把大伙儿逗乐了,他说:"为什么我到最后才讲话呢?因为你们,是早上八九点钟的太阳,而我,已经是下午四五点钟的太阳了……"幽默风趣、激情满怀、锐意进取,退而不休,这样一位老师把长期而艰巨的教学和教学研究工作干得漂漂亮亮,凝聚出智慧结晶,一点也不让人意外。[1]

从普通的一线教师,到今天的全国知名专家型英语教师;从中学课堂到祖国的大江南北;从传统走向创新,刘兆义老师依然在积极探索、一路前进,用自己的言和行在继续书写和展示对我国基础英语教育教学的情和爱!

教育启示

从威斯康辛思想开始,大学的三大职能正式形成:教学活动、科学研究、社会服务。一般而言,人们认为大学教师的主要工作是教学和科学研究,而基础教育教师的主要工作是教学。基础教育的职能似乎不像高等教育那么明确,于是便被默认为中学老师搞好教学即可。不仅如此,不论传统媒体还是新兴媒体,在对基础教育教师的赞美中,频繁地使用"教学水平极高"、"教学方法生动活泼"之类的评价,教育科研和教学改革在基础教育教师的工作生涯中似乎成为了"鸡肋",即使教师们不把时间精力投入到那

---

[1] 赵嫚:Just"go for it",《英语辅导(疯狂英语教师版)》2005年第2期.

上面也没什么问题。难道基础教育阶段的教师就不需要，或者说不必要从事教育科学研究吗？

刘兆义老师用实际行动给出了响亮的回答："不!"作为一个善假人之长以补其短的教师典范，刘兆义深深明白理论对实践的指导作用，特别是符合时代要求的"新"理论对教学活动的伟大引导意义，而创新的理论自然来源于教学改革实验。早在上世纪八九十年代，刘兆义就以"整体教学"为理论思想开展了一系列教学改革实验，例如：初中英语教学的一条途径、初中英语教学整体改革实验、高中英语课文整体教学等。一路走来的这些改革成果见证了刘兆义从普通教师成长为专家型教师的历程，同时也伴随着他的足迹传播到祖国的大江南北，为新课程改革的宣讲推行奠定了基础。

教师的专业化、专家型教师的养成需要通过专门训练和终身学习才能逐步获得，它不是一蹴而就的，但也绝非遥不可及的。刘兆义老师正是在这个过程中逐步丰富自己的知识和技能，从而成为一名专家型教师的。是什么让刘兆义老师不断改革教育教学方法？是什么让他退休后还四处奔波支教？从刘兆义老师从教45年来的经历可以看出，那是因为他拥有一颗爱学生、爱教育的心，所以他才能在几十年的实际工作中时刻紧跟时代潮流，不断顺应教改发展趋势，始终尊重学生经验。所谓善学、善研、善教的优良品德不过是爱教、乐教的衍生物而已。从刘兆义老师治学、为人的准则来看，要加快教师专业化建设的进程，我们不妨从爱，从培养对学生的爱做起。

参考文献

1. 刘兆义.英语绿色教与学——我对英语教学改革的探索与思考.西安:未来出版社,2009
2. 新课程英语教育网.[2010 - 8 - 20]. http://www.ncneedu.cn/SurveyX/index.asp? Action=Chief

从乡村中学讲台走进大学教学殿堂

——记全国名师王后雄

人物素描

王后雄(1962—),男,湖北黄冈人,现任华中师范大学教师教育学院副院长,教授,博士生导师,兼任校考试科学研究中心主任、化学教育研究所所长,中国教育测量学会考试专业委员会常委。1981年从黄冈师范学校毕业后,先后在黄冈占岗中学、黄冈县一中任教。多年来,在化学教育领域不断改革与创新,他先后进行了"目标控制教学法"、"成功教学法"、"零差生教育法"等实验研究,在全国受到广泛的好评。2001年调入华中师范大学从事课程与教学论、教育考试与评价等研究。由于在教育理论与实践探

王后雄

索中取得了显著成绩,35岁被破格评聘为湖北省特级教师,曾先后授予为"黄冈市首届十大杰出青年"、"湖北省教育科研学术带头人"、"湖北省优秀教师"、"全国'十杰'教师"、"全国劳模"、"人民教师奖章"等称号,曾三次赴京受奖,受到江泽民等党和国家领导人的亲切接见,系享受国务院政府特殊津贴的教育专家。

经典语录

★ 教育的核心不是传授知识,而是消除知识的冷漠外壳,凸现知识的情境化、生命化,培养学生健康的人格,这是一切教育最基本、最重大的原则。

★ 教师的责任就是要尊重每个学生的生命,就要尊重并合理引导生命的个性、差异性,就要懂得即使每个人实现了最好的自我,差异仍然难免。差异教学立足于在每位学生现实起点上开发优势潜能,从差异出发,因材施教,导优补差,关照每个学生的充分发展。

★ 爱心关怀的动机在于个人的道德情感,那些需要作出较大努力的关怀行为尤其离不开道德情感的发动和支撑作用。而学生的道德情感的发动又有赖于生活中被爱心关怀的体验和记忆。爱心和赏识会让少年儿童心灵欢快而舒展,不恰当的批评和惩罚则会造成少年儿童心灵的排斥并受到伤害。

★ 转化"差生"的第一步是教育必须走进"差生"的心灵,达成师生之间心灵交往的和谐境界。当教育传达出教师的关爱和信任时,让"差生"真实地体会到,认真学习是他们所拥有的权利,是他们人生成功的需要,唤醒的是学生的向善之心和向学之志。

★ 如果一个学生生活在轻视之中,他就学会了自卑;如果一个学生生活在羞辱之中,他就学会了攻击;如果一个学生生活在失败之中,他就学会了放弃;如果一个学生生活在激励之中,他就学会了自信;如果一个学生生活在尊重之中,他就学会了向上;如果一个学生生活在关怀之中,他就学会了感恩;如果一个学生生活在期待之中,他就学会了责任。

激活的课堂:乡村教师的神奇力量

这是1981年的夏天,时年19岁的王后雄以优异成绩从黄冈师范学校毕业时,同学们都在私下议论,学校树起的学习楷模肯定会被留在城市中学工作。此时同学们都在为留在城镇工作而绞尽脑汁时,一向沉默寡言的王后雄却毅然做出了一个惊人的决定——回到乡村,让农村学生受到好的教育。怀着对教育的挚爱和远大的志向,他被分配到黄冈县禹王乡占岗中学,成了一名名副其实的乡村化学教师。

刚来到这所农村初级中学时,因为学校教学质量不好,学生不是因厌学中途失学,就是转入其他学校就读。王后雄暗暗下定决心,一定要探索出让农村学生想要学习、能够学习的教学方法。王后雄认定一个字:干!他要从头开始,点燃农村孩子学习化学的热情之火。

他刚出现在讲台上的时候并不多话,只是摆出几样实验物品,或是几瓣鲜艳的山花,或是一捧清新的泥土,或是有颜色的试剂,一个试管,几只烧杯,一盏酒精灯,然后在黑板上列出几道简单的方程式,写下几个操作要点,让学生们一个个登台表演,边做边解释,最重要的还是:思考!他站在一旁,偶尔提示一两句,等到大部分学生做完了,说完了,他眉头一展,双臂轻舒,才露出对学生信任友好的微笑,接着就手嘴并用,边动手边侃侃宏论,引导着学生不知不觉地遨游于化学知识的海洋。他解释液体如何改变山花的颜色,泥土怎样在一瞬间化为液体,一块丑陋的卵石毕毕剥剥地燃烧后,只听"轰"的一声,在酒精灯上的试管里升起了五彩缤纷的火焰……许久许久,一切都归于平静,老师布置了几个看似简单却很深奥的思考题,下课了。

学生们感觉到了这位新来化学老师的神奇,他完全不是按过去那些老师照本宣科地讲解。他没有什么"逻辑",却令人在做与想的过程中感到条理清晰;他没有限制学生思维,却总是将化学知识与学生的经验世界建立联系,把课本知识升华为学生精神世界的"生命化"知识,令人隐隐感到有一种神秘的力量支配着自己朝一个方向追逐而去。在他的课堂内,总是以学生熟知的生活作"底版",以学生生活经验为出发点,重新"激活"书本知识,恢复知识鲜活的状态,使课堂焕发出生命活力,学生感到老师就像在导演一部活生生的物质世界演义,总是令人一下子懂得了许多,并且还渴求更多!

这就是"王氏激活法"。人们不由睁大了双眼:学生们对化学课的兴趣陡然上升,校园内议论化学老师的话题越来越多,连那些最调皮捣蛋的学生也着魔似的钻研起化学知识来!在他的课堂,学生一个个都想要学习、能够学习、极大地提高了教学效果。占岗中学当年中考化学人均分、高分率在全黄冈县50多所中学中独占鳌头。黄冈县教研室称赞,偏远的乡村学校出了一位教学明星。

为了进一步提高化学教学的效率,王后雄潜心钻研教育心理学、教学心理学、教学设计论,还自学了教学认识论、学习论、系统论、信息论和控制论,他把新世纪人工智能及控制论科学方法同化学教学进行了有机的结合,形成了和谐教学的新理念。他提出:和谐教学赋予了教师的情感体验和心理环境,必须通过教学传递给学生。教师营造充满生命活力的课堂,对教学内容选择最恰当的方法和手段,这种和谐的最终表现是有效教学。他以其行动研究对和谐教学进行了完美的诠释,他成功了!

他提出了有效教学的重要策略在于做到"知识要点"、"思维方法"、"能力训练"三到位。他把教知识与学知识浓缩为化学教学领域最基本的"单元点",提出教学设计全维统摄与控制的理论;把"教材知识"、"隐性知识"、"空无知识"进行有效迁移,促进学生高效学习,从而达到大面积提高学生能力的最好效果。他这一整套新型教学方法,被专家们称为"王氏目标控制教学法"。

经过几年的实践,王后雄的这套教学方法显示了立竿见影的效果:黄冈县一中化学学科成绩由原来的弱势学科一跃成为黄冈市各重点中学之首,他所带的两个差班的高考化学成绩比其他班人平分高出 6.8 分,高分率高出 21 个百分比。"王氏目标控制教学法"在全校推广后,全校化学成绩在黄冈产生了广泛的影响,黄冈市、湖北省及全国近百所重点中学相继到黄冈县一中听课、取经。中央电视台、《中国青年报》、《中国教育报》、《教师报》、《化学教育》等 20 多家媒体专题报道了王后雄的教学成果和先进事迹,王后雄成为全国知名的教学名师。

预期的考试:激励所有的学生成功

1987 年,当王后雄从偏僻的乡村中学调入黄冈县一中时,浑身透着土气,沉默寡言,并没有什么与众不同,学校让他接的是高一的两个差班。面对班级中 30% 以上的"后进生",王后雄能有回天之力吗?

王后雄先从学习调查入手,调查的结果令他吃惊:有 45% 的学生中考化学成绩不及格,有约 51% 的学生认为化学难学而失去学好化学的信心,有约 28% 的学生对化学学科有厌学的情绪。进一步调查研究发现,学生学习压力的主要来源并不是学习任务本身,而是充满竞争的环境所引发的沉重心理压力。在充满竞争的环境中,当学生为很少的几个奖励名额而进行争夺时,学生本身就成为了最大的受害者。

王后雄认为,传统教育把考试作为排定学生名次和奖罚学生的手段,成为了伤害学生自信心的刽子手。在这种残酷的考试制度下,班级中只是极少数高分学生受到教师的赞赏,绝大多数学生成为"筛选"后的牺牲品。教育需要考试与分数,但绝不能歧视分数低的学生,因为接连的失败经历导致学生丧失自信心。在竞争过程中,如果学生的努力却换来失败,这就意味着他们没有能力。因此,这些"后进生"往往会采取回避参与、放弃努力等策略来维护自我价值感。那么,怎样才能避免学生过多地使用自我价值保护策略呢?能不能通过考试评价给学生带来成功和自信呢?如何运用公平的考试和成功的预期,奖励绝大多数的成绩,促进学生的刻苦努力和增强学习的动力呢?王后雄试图从中外教育改革家那里寻找答案。

考试、奖励、动机、诱因、障碍、激励等,王后雄凭借自己厚实的理论和丰富的教学经验,围绕这些主题进行深层思考:运用让学生成功的考试增强学生的学习动机。王后雄首创了"预期成功考试教学法"。该方法提出,教学进行中的考试应该成为与学生沟通、促进学生达成学习目标、期待学生成功的手段。实施的关键是如何让学生在考试中人人都取得好的成绩。他认为,千万不要把考试当做一种投机行为,让学生挖空心思去预测考试中可能涉及的问题。最明智的做法是:给出考试范围—提供模拟样题—训练及诊断—充分准备—考出好成绩—增强学习动机与兴趣—学习的良性循环。让每一位学生在考试中获得成功,把考试变成一种激励与期待,并且帮助学生继续学习,以取得更好的成绩。接连的失败经验只会导致消沉情绪,而稀贵的成功却能让学生看到一线希望。这样,"后进生"也能享受成功,所有学生会回归到你的课堂。这种美好的期待与成功的自信相结合使王后雄创造出一个又一个教学的神话。

从教20余年来,王后雄用他独创的"预期成功考试教学法"让成千的成绩不良的学生获得了学业成功。他明确提出了确保考试取得成功、奖励多种不同的成绩、提供可选择的诱因和增强考试的吸引力等措施,紧紧围绕学生的学习动机和自信,设置一系列预期的考试和奖励系统,使每个学生的学习都能获得最理想的成绩。

王后雄认为,教师必须顾及学生个别差异现象,营造无障碍的教学环境,实现辅导多元化,提供多样的学习机会,使每个学生通过努力都能取得好的成绩,持续获得成功的喜悦和成就感,走上人生快乐学习之路。教学的出发点就是如何使每一位学生都能体会到成功,设法帮助每个学生达到最佳状态,并以此作为教师的教学责任。

超越的技巧:唤醒"差生"沉睡的心灵

王后雄作为一位育人的高手,他对学生既严格要求,又热心关怀;既管教,又管导;他既善于培养优等生,又善于转化"差生"。做"差生"的工作,首要先要分析产生"差生"的原因。王后雄认为,"差生"形成最重要的原因来自学校教育和教学方面。学校和教师对差生的产生应承担很大的责任。当前我国各中学,普遍地都在追求升学率,尤其是一些农村中学,教师上课只考虑升学率,在五六十个学生甚至七八十个学生的大班里,教师讲课往往就只顾二三十个尖子,以尖子的需要安排教学进度,只要那些考学有希望的尖子懂了,就往前教,对中下等学生是不管的。如此做法,不仅原来的"差生"无法赶上去,就连原来是中等成绩的学生也有不少赶不上教师的教学,于是沦为"差生"的人数越来越多,比例越来越大。

王后雄说,"是加德纳的多元智能理论影响了我,我发现许多'差生'其实并不差"。没有天生的"差生",只有天生有差异的学生。成绩不好的学生,绝大多数思想品德都是好的,即使少数人思想品德不好,一般都与家长和老师教育不当有关。成绩不好的学生,绝大多数心理素质都是好的,有较强的心理承受能力,特别是抗挫折能力很强。成绩不好的学生,因为学习时间花得少,课外运动的时间相对就多一些,因而绝大多数都有较强健的体魄,有较高的运动技能和音乐天赋,爱好广泛。成绩不好的学生,因为受到老师关心少,便会努力与同学相处特别是与其他成绩差的同学友好相处,因而绝大多数都有较强的人际沟通技能。于是,王后雄从寻找差生的"优点"着眼,让他们人人都找到自信,在班集生活中体会到归属感,运用教育智慧和情感去教育和感化学生。他用行动践行"没有学生是差生"的教育命题,创造了一个又一个教育神话。

王后雄每接手一个班级,第一次课就是"交心课"。他会坦诚对全班学生说:"在我的教育辞典中,找不到'差生'的概念,我认为没有不会学的学生,只有不善教的老师。在我的班上,要不了多久,我的学生便个个都会成为好学生的,不管是谁,犯了错误必须受到批评和处理,但这并不妨碍我与每一个同学友好相处,我真诚希望做每一个同学的好朋友。"他的这番话,让那些化学成绩不好的学生抬起头,都充满期待地望着这位别样的老师。他又接着说:"凭我的年龄,虽然做不了你们的父亲,但可以为你们的兄长,我希望你们每个人都能把心中的困惑和苦难都倒出来——学习、心理、情感,我愿意做一个忠实的倾听者,分担你们的痛苦,然后我们一起轻装前行。"王后雄是这样承诺的,也是这样行动的。他用超越教学技巧的智慧探寻转化"差生"的教育之道。

在自习课上,王后雄总习惯进入教室了解学生的学习状况,不仅对优等生给予足够的关注,更多的时候是在成绩不好的学生面前停留一小会儿,让成绩不好的学生清晰地感觉到,他们的认真已经被老师看到了,老师已把他们的进步深深地记在心里了。在课余时间,只要有空,王后雄就会走到学生中去,与学生聊天,了解他们学习和心理上的困惑和需要。走路时遇到了学生特别是遇到成绩差的学生,会主动向学生打招呼。每次找学生个别谈话,王后雄总是以诚恳的态度让学生先说自己的情况,倾听学生的痛苦,让学生释放心理压力,以此引导学生走出心理阴影,以自己的人格力量走进"差生"的生活世界。

王后雄说:我不喜欢用这些早已被实践证明在多数情况下是无效的教育办法,因为多数转化"差生"的做法都是以老师的意志为转移的,很少真正考虑到"差生"的需要。强制要求"差生"认真学习,只能使"差生"更加讨厌学习。必须走进"差生"的心灵,让"差生"真实地体会到,认真学习是他们所拥有的权利,是他们人生成功的需要。他的"差生"转化理论与方法相继发表在《教育科学》、《全球教育展望》、《中国教育学刊》、《内蒙古师范大学学报》、《河南教育》、《化学教学》等期刊上,得到了教育界同行的高度评价。

执著的跨越:从中学讲台到大学殿堂

在教育征途里,王后雄把自己喻为永远的探索者、执著的耕耘者。王后雄做到了,并且创造了一个又一个教育教学的奇迹。他能把一个"差班"变成"好班",把一群"后进生"转化为"优等生"。他编著的《初中化学重难点手册》、《高中化学重难点手册》成为全国中学师生尽人皆知的教学参考书,在全国发行量超过2 000万册。他主编的《王后雄学案——教材完全解读》系列丛书成为全国畅销书的第一品牌,创造了"王后雄教辅神话"。他的"化学教学诊断法"在全国一万多所中学推广使用,效果显著。

中学教学,真的被他"玩转了",成为了他拿手的一门大学问。在学生心中,他的课堂获得满堂喝彩,让学生终生铭记;在"差生"心中,他是一位有口皆碑,迄今所遇到的最好的老师;在黄冈,王后雄教育成为"成功教育"的代名词;在化学教育界,人们试图解密成为卓越教师的王后雄。正是由于显著的成绩,他31岁被授予"全国劳模"、"人民教师奖章"、"全国'十杰'教师"称号;35岁被破格评为"湖北省特级教师",39岁被授予"享受国务院政府特殊津贴的教育专家"称号,并且三次赴京受奖,多次受到党和国家领导人的亲切接见。面对这样一位特殊人才,华中师范大学早就想将其作为人才引进以加强学科教学论师资队伍建设。

离开黄冈这块奋斗和成长的热土,王后雄犹豫了很长时间。但想到调入大学后,能把自己对基础教育的教育价值、教育策略、教学方法、零差生理论、教师专业发展等秘诀传授给师范生,培养出更多的优秀教师,产生"核裂变"群体效应,王后雄最终选择了华中师范大学从事化学教育教学研究。离开黄冈,王后雄牺牲了一些东西,他年龄不过39岁,却已是县人大常委会副主任,家乡领导动员他专心从政会有更好的"仕途";京城一家出版社给予其全家3个进京户口、近百平方住房和副社长待遇引进他这位人才;一位出版商以年薪60万元请他出任某教育集团副总的职位;这些,都一一被他婉言谢绝。他难以割舍自己对教育的情结。他常用艾青的诗句:"为什么我的眼里常含泪水?因为我对这土地爱得深沉。"来诠释自己的心声。

从中学特级教师到大学教授,教者视角的转移,是王后雄调入华中师范大学从事化学课程与教学研究面临的挑战。经历短暂的三年沉淀,王后雄凭借基础教育20余年的丰富教育教学经验和实践性知识探索,如鱼得水地迅速打开了通向大学教学与研究的通道。现在他已担任化学教育研究所所长、校考试科学研究中心主任等职,承担化学课程与教学论、差生心理及教育、教育考试与评价等研究工作,把自己多年的教育教学形成独特的理论体系,积极对外交流与传播。

2001年至今,王后雄为本科生和研究生开设了"化学教学论"、"化学教学诊断学"、"奥林匹克化学竞赛研究"、"化学学习心理学"、"教育考试理论与方法"等课程,极大地提升了师范生的教学理论素养和实践性知识,受到师生广泛好评,他的教学也多次被华中师范大学评为优秀教学一、二等奖。近十年来,他以学者的身份在全国20多个省市进行学术讲座,受聘100多所中学和30多个地市教研室作为学术指导,指导基础教育课程教学及改革实践,实效显著,收到60多份有关单位的感谢函。几年来,王后雄编撰了《化学教学论》、《化学教学诊断学》、《化学教学技能训练》、《化学方法论》、《高中化学新课程教学案例研究》、《奥林匹克化学竞赛研究》等10多部教材和专著,并主持和参与国家及省部级科研课题10余项。在《教育研究》、《课程·教材·教法》、《教育发展研究》、《华东师范大学学报》、《外国教育研究》《教育科学研究》《中国大学教学》《化学教育》等核心期刊上发表学术论文120多篇,其中40余篇被权威期刊全文转载……这些成果,浸透了王后雄对教育挚爱的渴望和探索的冲动。这些成果的背后,既有王后雄对自己教育理想与教育实践的一些创新性回顾和探索,也是他长期对教育理性深思和教育智慧沉积的结果。

"做一个教育改革家、实践家!"——王后雄确立了人生与事业的新坐标。他倡导基础教育要努力改善教与学的关系、师与生的关系,为每个学生的健康发展构造和谐空间。他认为,教育的首要任务就是创造和谐教育,努力去接近学生的心灵世界,以培养健康人格作为教育的根本目标。和谐教育是一个符合人性规律与教育规律的生态系统,这一系统应具有科学、民主、感召、开放的特征。当教育者都怀着高尚的德行操守与至诚的人文情怀去解析文本、关注生命、审视生活和传承真理的时候,教育就会成为学生世界中永不衰败的花蕊。从这个意义上说,他是以一种反思的态度在研究教育,是他的见识决定着教育教学这片沃土的收成。

聆听王后雄新教育思想温润的课堂教学,品读王后雄饱含着自己思想和智慧的文章,仿佛看见他那颗炽热的心在化学教育实践园地中跳动着,是那么有力,是那么执著!

教育启示

卓越教师最可贵的品质是什么?勇敢地担当起教师职业所赋予的责任,为了这份责任他比别人倾注了更多的挚爱、耐心和心血。王后雄老师以自己的教育实践和敏锐的视角发现了这一命题,并且贯穿于他的教育教学始终。他的成功示范吸引更多的人来关注教育现实,思考教育问题,实践教育新理念,实现教育新理想。

王后雄提出,一个真正的教师,应该让学生建立起对于世界、对于自我的根本信任乃至信念,懂得学习是自身的需要。为此,教师要学会运用恰当的奖励和诱因来激发学生的学习动机,消除学习中的各种障碍,促进学生高效地学习;教师要尊重每个学生的生命发展,懂得每个人能都实现最好的自我。相信每个学生都能学好,指的是一种姿态、一种情感、一种精神,它包括对自我的信任和对学生的信任。事实上,要提升学生的生命质量很难,而要毁掉一个学生的生命发展潜能却比较容易。把学生的沉沦的自尊心托起来,是学生生命发展的希望,是教育教学的起点,是教育的价值所在,也是教师的全部幸福和快乐之所在。

尽管在具体教育工作中,教师并不一定事事都得心应手,直接感受的多是些琐碎、劳累、令人厌倦和烦恼的事情,但也正是因为有这样艰难曲折、丰富多彩的过程,所以,每当学生快乐成长、实现教育理想之时,教师都会因曾经的无悔付出而生成职业的充实感和满足感。

没教过英语的英语教学改革急先锋

——记全国名师张思中

人物素描

张思中(1932—),本名张伍胥,男,原华东师范大学一附中外语特级教师,现任上海张思中教学法研究所所长、上海市思中业余外语学校校长。1959年7月毕业于华东师范大学俄语系,他结合多年经验积累,归纳出"适当集中、反复循环、阅读原著、因材施教"的16字外语教学法并提出"心理优势论"。1996年6月,张思中作为外语教学法座谈会的与会人员,受到了时任国务院副总理李岚清同志的接见。离休后,张思中承担了教育部"九五"重点课题和"十五"规划课题的科研工作,取得了卓越成绩。从事外语教学与研究40多年来,张思中老师创造性地结合中国国情和外国最新科研成果,在外语教学领域取得了瞩目成就,也为推动我国外语教学法向更科学、更人性、更成熟的方向发展做出了巨大贡献。

张思中

经典语录

★ 学我者死,创我者生。

★ 学而优为民服务,习而能为国报效。

★ 问题不在条件、不在文凭,而在教师良心、教师的责任感,只要有了这个,任何教学奇迹都会出现。

★ 改革开放已经30多年了,外语教学难道还不应该"思我中华、爱我中华、扬我中华"吗?

★ 作为一名外语教师,就要研究怎么使学生尽快看到学外语的前途,看到成绩,看到光明,以促使他们产生学好外语的"心理优势"。

小荷才露尖尖角　张家有子初长成

1932年春天,张思中出生于风景秀丽的福建省尤溪县。凑巧的是,张思中的家与著名的南溪书院隔水相望,他与程朱理学的主要开创者朱熹还是老乡。可以说,张思中一出生就浸润于诗书之中,饱受书香之气的熏陶。

1947年,张思中顺利考入福州英华高中(现为福州师大附中),开始潜心学习。尽管张思中后来在外语教学领域成绩斐然,然而他在学生时代却只肯一门心思地钻研理科,想将来做一名工程师,而对于文科是不太感兴趣的,尤其是英语。当时张思中对英语的态度简直可以说是痛恨,初一和高一时的英语水平甚至差到要补考。

少年时期的张思中一直目睹着祖国在内乱、外患、贫穷、落后中苦苦挣扎,他从小就树立了报效祖国,科学救国的远大理想。1937年,随着卢沟桥事变爆发,中国开始了艰苦卓绝的抗日战争。抗战期间,张思中为表思我中华、爱我中华、扬我中华之意,将本名"张伍胥"改为"张思中"。

1945年,随着《双十协定》被国民党反动派无耻地撕毁,解放战争在全国打响。天下兴亡、匹夫有责,1949年8月,正就读高二的张思中毅然加入中国人民解放军,成为了热播电视剧《亮剑》中李云龙所在独立团原型——中国人民解放军第三十一军九十一师"济南第二团"的光荣一员,随着部队一路南下,解放漳州、厦门,将自己的青春与热血毫无保留地奉献给了祖国。正是这段无悔的青春铸就了张思中吃得苦、耐得劳、具有极强的冒险精神和敢于直面挑战的个性品质。每当回忆起往事时,张思中总说:"正因为我迈出了革命的一步,投进了中国人民解放军革命大熔炉,才彻底改变了我的人生观、世界观,铸就了我的一生。"

别看现在张思中对自己曾经的军旅生涯颇为自豪,评价也极高,刚入伍的时候他还闹了好一阵子别扭哩!原来,刚从三十一军青年干部教导大队结业那会儿,张思中就接到了上级指示——做一名文化教员,这恰恰又是他从读书起就最不屑的教师工作。然而,部队行进路上遇到的那些淳朴的农民、部队里亲如兄弟的战友以及嘘寒问暖的领导深深地震撼着"小文教"的心灵;这支英雄的部队屡立奇功也强烈地鼓舞着张思中,也正是从那一刻起,他才暗下决心,一定要做好文教工作,为人民服务。

从军期间,张思中师承被毛泽东誉为"名副其实的识字专家"的祁建华,并在"祁建华速成识字法"的基础上,创造性地根据战友们学习进度的快慢把识字班分为甲乙丙三个等级,使得扫盲的成果能进一步巩固提高,奇迹般地使得很多"斗大的字不识一箩筐"的战士在短短一个月内就能自如地读报、写信。扫盲运动的巨大成功,也为张思中日后在外语教学领域中的创新与改革奠定了坚实的基础。在他以后的教学改革生涯中,他总是由衷地赞叹道:"速成识字法就是好!"

速成识字法焕发新生:"中国人学外语的有效方法"[①]

生活点滴皆教育,教育的方法亦可从生活中而来。源于生活而高于生活的教学艺术是经常的、大量出现的,在运用中能够有效地激发学生的内在潜能。在这方面,没有受过专业师范训练的张思中就是个最好的例子,他的教学生涯仿佛从他在部队教战士识字开始就注定是传奇。

1960年,张思中成为华东师大一附中的俄语教师,并继续延续着他在语言文字教学领域的传奇——凡是被他教导过的俄语基础很差的学生,都能在一、两个学期内赶上进度,许多学生甚至可以阅读俄文原版的各类教材,与苏联友人自如地交谈、通信。如此令人咋舌的成就自然引起了广泛的关注,有感于此,华东师大一附中外语组成员与华东师大外语系的李震雷教授特别撰写《使学生生动地活泼地主动地学好外语》一文,发表于《人民教育》1965年第6期上,深度剖析了张老师所带班级能取得优异成绩的原因。

进入一附中不久后,适逢全国开展"学习大庆"的运动,华东师大一附

[①] 作者注:1996年李岚清副总理接见张思中老师时的原话。

中也开始了培养骨干教师的活动。在校长陆善涛的大胆支持下,张思中提取了九十一师的"速成识字法"的精髓,通过全员动员大会,利用循环记忆、随堂测验等方法,马上在学生中掀起了学习外语的热潮。同学们根据自己的兴趣,有的翻译数学教科书,有的办起俄语小报,还有学生还学起了日语、德语等第二外语。

张思中之所以能够把俄语后进生教导成名牌大学的毕业生,源于他自己也曾是一名"后进生",而且十分善于把自己的经验和生活经历作为"拐杖"教导学生。

事情要追溯到全国解放以后1955年7月,在张思中复员返乡的途中就争取参加了当年的高考,这也可以算作是张思中人生的又一个重要的转折点——进入后来与他颇有渊源的华东师范大学俄语专业学习。从军期间从事汉字速成法的推广经历,使没有任何俄语基础的"后进生"——张思中在半年内赶超了已经学习了三年俄语的同学。李震雷教授得知这件事后,百思不得其解,于是开始对张思中及其教学法的跟踪研究,也有了后来引起轰动的《使学生生动地活泼地主动地学好外语》一文。

1958—1959年,张思中被安排在华东师大从事图书馆工作。在别人看来,这本来是份淹没在浩瀚书海中的无聊工作,可在张思中眼里,这却成了他的又一根"拐杖"。从"找序、理序、用序"的过程中,他悟出了如何将杂乱无章的海量信息迅速编码的方法,甚至将该方法运用到了背记貌似零散的英文单词的中去。难怪他能博取众长,最终提炼出十六字外语教学法。也难怪有人在了解了他的经历后,不得不承认他是一个有教育灵性的人。

起起伏伏,锋芒毕露　星星之火,可以燎原

1966年,"文化大革命"开始了,大批知识分子受到迫害。张思中老师也因教改出名而被扣上了"飞爬滚教学法祖师爷"的帽子,关进了"牛棚",这一新生的教学法也被扫地出门。与此同时,"文化大革命"中"教育革命"的掀起,也造成了教育质量普遍下降和教学秩序的混乱。

"文化大革命"的风暴终于过去,1978年,为了挽回在风雨中飘摇的教育,时任华东师范大学校长的刘佛年教授主持开展了"小学、中学、大学外语一条龙"的教育改革实验,可当时仅有的30多名学俄语的学生都开始逃避俄语,一到俄语课时间学生就"逃"到英语课堂上。就在俄语教学快支撑不下去的时候,他们找到了张思中老师。可以说,张老师的出现成就了84届实验班的全国轰动,而84届实验班也铸就了张老师的教学改革。

刚刚接收这个班级时,张老师就这样跟同学们"约法三章":

"同学们,既然命运安排你们学俄语那就只好学俄语。人对待命运有两种办法:一是消极的,随它去,让命运摆布。用混的办法,混上六年,那多可惜呀!二是积极的,与命运抗争。我有办法可以帮助你们抗争。我要用一种新办法教你们,保证五年学习俄语的任务三年完成,高考还能考个好成绩。剩下的二年给你们开出第二外语——英语,这样全国所有中学生都是学一门外语,而你们可学到两门外语!走哪条路,看你们选择吧!"

尽管全体同学没有一个吭声的,但他们的脸上已经明显露出了期待的神情。

"但是,与命运抗争不像喝白开水那么容易,需要吃点苦,行吗?"张老师看到同学们的神态,继续问道。

"行!"有60年代高三戊班的榜样在前,又有张老师的信心满怀,最后同学们异口同声地回答道①。

说干就干起来,张老师根据以往的经验,决定每节课教100个单词,每周教500个单词,然后复习一节课,第二周达到1 000个,最后一周上升到1 200个单词,总共3周时间内掌握的单词比高考要求的1 093个还多,之后迅速进入课文学习,原著阅读,辅以分组复式教学。

短时间内记住这么多单词,难免让人觉得他所实施的是饱受诟病的"填鸭式"教学,是教学方法的倒退。而张思中却风趣地回答说:"翻看了《辞海》,原来'填鸭'是一种民间创造的使鸭增肥的科学方法,根据鸭生长的不同阶段,适当多填入不同的精饲料。如果我们的教学能根据学生的具体情况,给以不同的精选知识,不就好了吗?"

除此之外,张思中老师还根据学生的进度快慢,采取了复式教学。因为通过和同学们的交流,张老师发现不区别对待容易削弱快进同学的学习积极性而又打击后进同学的积极性。班上的谢君可说:"老师知道我会,课堂上我就不听不说,索性看课外读物。我希望老师不要叫我们背诵语法定义、规则,要叫我们实践运用,叫我们拿这把钥匙去打开各种难关、去解决各种题目。"张老师了解到这些后,一一采纳了学生们的意见,收到了奇效。

前一阶段试验结束后,张老师班上一名俄语水平一般的学生童一东竟然独自翻译了一本4万字的儿童小说《表》!要知道,当时市面上的权威译本是由鲁迅先生所译,另一本是天津一位俄语造诣极高的老翻译家所译。谁敢跟像山峰一样难以逾越的前辈"叫板"?后来,经过实验班领导小组的

---

① 教育部师范教育司:《张思中与十六字外语教学法》,北京师范大学出版社2006年版。

专家鉴定,一致认定童一东同学的译稿比老翻译家所译的天津译本更为生动有趣,而鲁迅先生是从日文间接翻译不具备可比性,一时引起全市轰动,上海的《青年报》为此还特意发表了名为《小小翻译家》的文章报道了此事。

班上的孩子们看到自己身边活生生的例子,纷纷要求张老师也提供俄文原版书籍,以供他们做翻译练习。在学生们高涨的学习热情中,84届实验班的学生翻译了《亚洲民间故事》、《趣味心理学》、《论道德教育》、《方程与不等式》等大量俄文原版书籍,甚至还正式出版了一本18万字的学生译作《化学竞赛习题汇编》。连当时我国驻莫斯科大使馆的秘书张敏鳌先生都对此交口称赞,不仅千方百计帮他们提供原版书籍,还特地致信鼓励张思中师生再接再厉。眼下的成果不禁使人们忆起,张思中教过的65届学生毕业后曾进入我国清华、复旦、南开、上海交大等著名高校,他们一入校就能一门外语过关,自学原版外语教材,这也是自新中国成立以来第一次有中学毕业生能一门外语过关,堪称奇迹!

因为在教学试验中所取得的骄人成绩,华中师院的《中学俄语教学》主编黄梅发老师特邀张思中参加1982年在哈尔滨召开的全国俄语教学问题研讨会。张老师以"心理优势在俄语教学中的作用"为题在会上做了报告,一石激起千层浪,引起了与会的教育部中学司外语处处长张永彪同志的重视,他与张思中老师亲切握手致贺,号召与会代表推广"张法"并把它带回教育部立即推向全国。经过返校汇报,验收考核,专家组得出这样的结论:"这是一次富有成效的试验","教学成绩突出试验成功"。1983年,张思中老师获得了人生中第一个肯定——被授予"全国五讲四美三热爱优秀教师"光荣称号。

送走了84届这个张老师倾注了大量心血的班级,上海市也宣布了中小学停止开设俄语课的决定。张思中总结的俄语教学法快到无用武之地的局面,而他本人也面临无书可教的境地。

一种好的语言教学方法,必然是经得起检验的,这一点毋庸置疑。1986年在大连召开的全国外语教育工作会议中,国家教育部中学司提出要推广这一经验,会议结束后,与会人员共同将张思中的教学法归纳为十六个字"适当集中,反复循环,阅读原著,因材施教"。由速成识字法,到俄语教学法,再到"张思中外语教学法"的诞生,一路走来,张思中成为了全国包括港澳台地区外语教学改革的弄潮儿。

1990年8月,张思中应邀赴莫斯科参加国际学术交流活动,随着张思中教学法在全国的传播和学习,他除了收获认同和称赞外,还遭到了许多英语教学权威人士(姑且这么称呼吧)的质疑和否定。

夹缝中求生存,要么一蹶不振,要么百折不挠,张思中老师显然是后者。1992年张思中创办了上海张思中教学法研究所,任所长;次年创办上海市思中业余外语学校,任校长;1994年、1996年,上海市思中业余外语学校先后2年被评为上海市社会力量办学先进集体;1996年张思中被授予上海市劳动模范光荣称号,"张思中外语教学法"28集卫星教材于同年8月起在全国播放。

其实,张思中老师的这套方法与当今很多老师推崇备至的"课堂整体教学法"是两个不同的教学切入点,这也是他备受争议的原因之一。学习外语课文前集中记单词、学语法,为后期的课文整体教学打下了坚实的基础。学生们可以无障碍地预习课文,流畅地通读全文,为宝贵的课堂教学赢得了听、说、读、写的训练时间。是金子总会发光的,有教育专家在认真比较两种外语教学法后指出,这两种方法"你中有我,我中有你"的关系,只要二者在实践中能相互吸收、相互借鉴,最终都得到了长足的发展与进步。

危机往往也伴随着转机,就看你能不能抓住一切可能转危为机。1996年张思中的教育事业出现了第三次转折。三月初张思中老师正在北京宣讲他的教学方法,李岚清副总理正好读到了《光明日报》上一篇关于张老师讲学的报道,这种未曾听说过的教学法引起了李副总理的关注。1996年6月28日,李岚清副总理在中南海主持召开"外语教学座谈会"。张思中特地带去的厚厚的两包师生教改成果,引起了李岚清同志的再次关注。会上,他对"张思中教学法"给予充分的肯定,并指示教育部向全国推广。1997年,教育部部长陈至立在听取了张老师的报告后也给予了鼓励和支持。1998年9月23日李岚清副总理在上海位育中学主持召开素质教育座谈会,再次召见张思中老师同,再次指示教委推广"张法"。

得到了党和国家最高领导人的亲切接见和各级各类学校的积极响应后,张思中老师开始遍访全国,希望将这一确实有效的外语教学方法推广开来,让更多的学生和教师从中受益。

这些年来,尽管张思中老师的身体状况并不允许他四处奔波,尽管公开的孤立、打压使他的工作受阻,但他还是像一颗永不生锈的螺丝钉,哪里需要他就到哪里去。迄今为止,他遍访祖国的大江南北:东起台湾岛,西到天山脚,北接北极村,南抵天涯角,除了西藏自治区未去过外,祖国的大片版图都留下了张老师的足迹。

推广张法,送教上门　孔席不暖,墨突不黔

全国各地四处送教上门的日子自然饱含酸甜苦辣,个中滋味恐怕只有

张思中老师自己最清楚。然而当回首往事时,却发现途中虽有乱石湍流,但也不乏璀璨的浪花。在无数次的讲学中,张思中老师和他的助手至今还记得这样几件小事。

上世纪80年代,湖南省溆浦县的英语教育质量普遍很低,农村的学校尤其如此。在英语课堂上,学生们常常是回答问题不知所云,哪怕是在生活中碰到英语老师,也是远远避开。这种状况的一直持续使当地英语的教学水平愈发低下。

后来,溆浦县英语教研室的老师得知张思中外语教学法后,立即派青年教师刘阳参加教师培训班的学习,然后由刘阳老师在生源很差的一所农村中学——谭家湾中学(现为低庄中学)开展"张法"的教学试验。虽然实验班的教学时间只有短短一年,但却毫无悬念地取得了明显的效果。特别是在1990年的全县英语听力大赛中,实验班的两名同学分获一、二等奖,之后代表溆浦县参加"中学生火车头杯"英语听力大赛,最后获得二等奖,这是该校15年来头一次能在地级市的大赛中获奖。

1997年的一个早春时节,张老师及同事在结束了甘肃省的工作后开始奔赴青海,由于高原反应和极低的温度,张老师一行人晚上迟迟无法入睡,白天又因缺氧而胸闷气喘,即便如此,张老师依然强忍着身体的不适,硬是撑着身子讲完了整天的课程,在座领导教师无不感动。

同年5月,结束了兰州石化一中的讲学正准备离开的张老师被当地淳朴的学生们团团围住,孩子们一面拉着张老师的衣角,一面异口同声地说:"张老师留下来吧,就用这个方法教我们。"场面及其温馨感人。后来,张思中老师本人虽然没有留下来,但他的教学方法却在石化一中老师的脑海中深深扎根。

10月份,张思中等人在山东泰安郊区举办了一场教师培训班,离培训开始还有一段时间已经有很多人在礼堂门口焦急地等待了,带着干粮来占座,甚至跳窗进场的人比比皆是,最后一统计,这次讲座竟然吸引了800多人参加!

还有一次,张思中老师在山东枣庄的某大礼堂开展讲座,慕名前来的教师多达500人,甚至走道上也全是人。可是张思中老师足足讲了3个小时却无一人离开。在座老师纷纷表示:"这种情况从没遇到过。"

1998年,刚刚从外地返回上海的张思中老师因劳累过度,突发脑中风被送进医院。待病情稍稍稳定时,张思中老师就张罗着要去贵阳讲学,一再表示"哪怕不讲课,和老师们见见面也是好的"。后来还是在旁人的一再阻拦下才未成行,由其助理代为讲学并把张老师的心意带到,贵阳的教师得知此事后欷歔不已。

可能有人会说,好老师通常是好学生成就的。张老师所带的学生虽然有些在学校里算是中差水平,但在大环境下看来,学习水平是很优秀的,这样的方法放到农村或其他偏远地区肯定无法推广。事实真的如此吗?

跨入21世纪后,我国很多省市地区的学校仍然在办学条件、师资力量等方面居于人后,安徽省的望城三中就是这样一所普通的乡村中学。进入该校的学生大都是在中考中受挫,迫不得已才进入这所学校就读的,因此在心理上就落于人后。2002年,一名叫高丹的学生进入望城三中,听到了张思中的这样一席话,这段话一直伴随着她的青春岁月,直到她寻觅到自己的奋斗目标。张老师说:"亲爱的同学,或许你在英语大门之外彷徨过,在英语大海中奋斗过,在英语考场上挣扎过,你渴望成功吗?你有过获得成功的透心喜悦吗?如果你肯给我机会,我有妙招让你的美梦成真!"随后,深谙"张法"精髓的黄老师,根据高丹的特点,设计了用简笔画的虚拟情境来辅助单词记忆的方法,针对略显青涩的翻译作品,满怀深情地说道:"你的第一步就这么坚实,谁说你的下一篇力作不可期待呢?"能在这么和谐亲密的氛围中学习生活,张思中老师的教学理念可谓功不可没。不论学生们毕业后考入什么大学,从事什么工作,都将从中受益。

编写中国特色的教材 用英语说"窗前明月光"[①]

早在1996年,李岚清副总理在外语教学座谈会上的讲话中就提出:"请问,为什么老一代人学外语条件那么差水平那么好,现在人学外语条件那么好水平那么差,什么道理?"一时众说纷纭,但仍没有满意的答案。从张思中教学法的诞生到张思中教学法研讨会胜利召开数十届,执拗的张思中开始深入思考本来不该他过问的教材的开发和研究上。

这几年,张思中总不停地问去他的研究所应聘的本科生、硕士生这样的问题:

"你在外国人面前能讲些什么?如果对方介绍华盛顿、林肯,你也讲华盛顿、林肯,能讲得过他们吗?"

"他们讲华盛顿、林肯,你能不能用英语介绍我国的孙中山、毛泽东?"

"他们讲莎士比亚的四大悲剧,你能否用英语介绍关汉卿的'窦娥冤'、当代的'白毛女'、'红色娘子军'?"

---

① 教育部师范教育司:《张思中与十六字外语教学法》,北京师范大学出版社2006年版。

"他们介绍金字塔、斜塔、凯旋门,你能否介绍秦陵兵马俑、孟姜女哭长城、京杭大运河或当代的东方明珠、长江三峡水电站?"

"他们给你朗诵十四行诗或爱情诗,你能否用英语朗诵唐诗'床前明月光'或'更上一层楼'?"

"他们讲拿破仑,你能否介绍孙子、孙子兵法?他们讲希腊哲学家,你能否介绍中国的老子、孔子、孟子、朱子、庄子?"

"会不会用英语讲大饼、油条、豆浆、汤团、粽子呢?"

全都不会!多可悲啊!正当张思中为此苦恼时,1999年,教育部召开了"21世纪英语课程标准研讨会",会议通过了下放教科书编写权,并号召有条件有能力的单位和个人编写教材。张思中似乎在浓雾中看到了解决原先教材中"全盘西化"倾向的曙光,开始按照其十六字教学法体系编写教材。

编写具有中国特色的英语教材如同推广他的教学法一样,五味俱全。2003年,适逢全国"非典",资金链断裂,张思中不惜卖掉自己的新房子来维持工作;由于年事已高,教材的编订过程中他曾四次中风,又四次恢复。也许真的是应了那句老话:"人在做,天在看"吧,张老师的《张思中英语教程》经过在上海市思中业余外语学校的试点,取得了巨大的成功——试点班级的初一学生在2002年全市英语中考里,合格率达到100%,一举超过了初三毕业生平均水平。

在喜人的成绩的鼓舞和各级教育部门领导的推动下,全国已成立了百余个张思中外语教学法教育改革基地。就连地处偏远的贵州地区也不例外,当地的教改基地遵循着张思中老师的方法,在3年内教完了6年的课程,并在高考中超过了贵州省英语重点中学的成绩。

老当益壮,宁移白首之心　穷且弥坚,不堕青云之志

从张思中老师以"门外汉"的角色开始探索外语教学方法改革并有所斩获时,他就备受各方争议。但无论怎样的误解、甚至诋毁都难以撼动经过实践反复考验的改革成果,也毫不影响他在争议中不断前行,逆势上扬,多年所获奖项荣誉如仲夏夜的繁星一般,数不胜数。

到了退休年龄的张思中依然不闲着。1999年"张思中外语教学法课堂操作法"4集教学节目录制完成并在全国播放;1999年《张思中外语教学法》一书荣获国家教育科研成果二等奖;2000年完成"九·五"规划教育部重点课题《大面积提高中学外语教学质量的实验研究》;2003年的"十·五"教育部规划课题开题会议上,大家一致建议将2000年完成的课题成果与

现阶段的规划课题合并为"大面积提高学校外语教学质量的推广应用和一门外语基础过关的理论与实践研究",在这一教育科学研究的基础上,普通中学也能达到"一门外语基础过关"的可喜成绩;2006年1月,《张思中与十六字外语教学法》一书被纳入教育部师范司组编的我国首部《教育家成长丛书》之中。他的成就不断受到《人民日报》、《人民教育》、《光明日报》、《文汇报》等主流媒体的关注和报道,他和他的教学艺术就像一壶醇香的美酒,芳香淑郁,愈久弥香。

时至今日,张思中老师虽已是古稀老人,却精神矍铄,一直活跃在教育科学的各项研究领域。目前,他和同事们已经举办了280多期张思中教学法全国师资培训班,培养了大批的优秀教师,这些教师如星火般散落在全国各地,每到一处就点亮一处英语教学的希望。

久经考验的"张法"随着岁月的进展愈发焕发出青春的光彩,面对喜人的成就,张思中并没有因此认定自己的这套方法就是唯一,而是冷静地提出:"学我者死,创我者生!"他深深明白,他的这套方法论也不是凭空臆想来的,也是博采众家之长应运而生的。

不仅如此,他还常常鼓励教师们,特别是张思中教改基地的老师,要多总结、多反馈、准确提炼,大胆尝试,勇于创新。在张思中老师的积极推动和鼓励下,实验区的众多老师取得了不俗的成绩。这其中以上海的汪曦聆老师为杰出代表,他所提出的"国际音标对称排列教学法"就是在"张法"的根基上结出的硕果。

主创张思中教学法、运用张思中教学法、推广张思中教学法、丰富张思中教学法,"张思中"这个名字悄然和外语教学紧紧连在了一起。有人开玩笑说:"老张啊,现在你的名字除了户口簿上是你自己以外,其他的都属于大家了。"①

回望自己的人生经历,已近80岁的张思中感慨道:"如果我还能做一些事的话,我想那就是教育科研,也算不辜负这么多教师的期望。"也许,这句心底的话就是一直支撑他不停工作的动力吧。

教育启示

国学大师王国维在《人间词话》一书中,用了三句诗词来形容治学所

---

① 教育部师范教育司:《张思中与十六字外语教学法》,北京师范大学出版社2006年版。

达的三种境界,放在张思中老师身上再合适不过了:"古今之成大事业、大学问者,必经过三种之境界:'昨夜西风凋碧树。独上高楼,望尽天涯路。'此第一境也。'衣带渐宽终不悔,为伊消得人憔悴。'此第二境也。'众里寻他千百度,蓦然回首,那人却在,灯火阑珊处。'此第三境也。"极目远眺而后执著追求,最后豁然开朗。相信伴随着这朵"教学改革奇葩"的持久绽放以及如火如荼的新课程改革,中国外语教育的未来将无比光明!

常言道:吃得苦中苦,方为人上人;读书破万卷,下笔如有神。我们的老祖宗对待学习亦是"头悬梁,锥刺股"的态度,这些耳熟能详的警句名言都表达了"学习是一门苦差事,学习的过程是艰苦的"这样一个令人沮丧的意思,而即使在这样的氛围和风气中,孩子们却仍然坚持学习,现在看来颇有些视死如归的味道。

改革开放初期,正当全体教师和学生都陷在"费时较多"、"收效较低"的学习中不能自拔之时,"外语教学有捷径"这一口号的提出有如一阵春风,吹绿了死气沉沉的课堂外语教学,重建孩子们的信心,促使孩子们产生了学好外语的"心理优势",使他们生动活泼、主动积极地学习外语。

从"最不愿意当老师"到孕育出"张思中外语教学法",张思中的外语教学法的外延不断辐射扩增:从俄语教学到英语教学,从基础教育到职业教育,又从成人教育直抵高等教育,现在还涉足英语教材的编写……在这一过程中,各级各类外语教学方法都得到极大丰富。

由此可见,不同层级的外语教育虽各有特点,但仍然有共性存在,即:都是对语言的传授。引申开来,某些小学教育的课程之间也存在共性,例如:自然课与科学课。遗憾的是,当今一些教师对不同层级的教育和不同课程的内容之间的共性认识不足,直接导致了学生思维方式的僵化,不会举一反三。具体体现在研究某一特定领域的学者,例如专门研究高等教育领域的学者往往标榜高等教育是一门独立的学科,有时甚至急于撇清与基础教育的关系。张思中外语教学法的成功推广则纠正了这种认识上的偏差。

尽管许多专门研究英语教学法的学者对他的方法颇有微词,甚至嗤之以鼻,但他却始终坚持,勇于改革,善于学习,对长期占统治地位的教学方法敢于"叫板"。张思中老师这种不信邪的韧劲和毅力,为我们当前推行新课程改革坚定了信念,树立了榜样。

参考文献

1. 教育部师范教育司.张思中与十六字外语教学法.北京:北京师范大学出版社,2006

2. 李震雷,华东师大一附中外语组."使学生生动活泼地学好外语".人民教育,1965(6)

3. 舒友刚.让更多的学生抬起头走路.人民教育,1998(12)

4. 上海思中教学法研究所.专家学者教师论说"张思中外语教学法".上海:上海交通大学出版社,2000

让三年后的你成为专家型教师

——记全国名师王能智

人物素描

王能智(1942—),男,满族人。1967年毕业于北京师范学院地理系,1970年9月到密云县焦家坞中学任地理教师,1981年10月调石景山区古城中学任地理教师。1994年调到北京教育学院石景山分院任地理教研员。先后被授予"教师楷模"、"师德标兵"、"杰出人才"等光荣称号。2004年11月,在北京市第二届基础教育教学成果评比中,以《青年教师综合教学实践能力培养策略研究》荣获唯一一项特等奖。2005年3月,在石景山区"保持共产党员先进性教育活动中"作为先进典型隆重推出。2005年3月11日,在石景山区政府召开"王能智先进事迹报告会"。2005年暑假30集电视报告文学《中国新教育风暴》在中央十频道播出。2005年9月被评为"首都基础教育名家"。

王能智

经典语录

★ 对于一个教师的发展,最重要的是他的职业理想和职业精神,其他的都是第二位的,这一点年龄越大感受越深。

★ 我为什么多做少休息?因为那些重要!我为什么不计较一些东西?因为那些不重要!

★ 现在的青年教师往往把梦想当现实,或者把现实当梦想,对于自己的真正需求却往往不知道。这需要有人指点,以免走弯路。

★ 一个好教师不是自己能传授得多么好,而是有本事让学生进入一种琢磨的学习状态。

★ 鲁迅的杂文对中国人人性的刻画入木三分,也有深刻的求异思想。我建议青年教师要从后往前读,体会作者的立场和方法。

★ 做你该做的和有价值有前景的,不要做你不可驾驭的;在实践中不断学习和尝试,求实不慕虚名。

事业胜过生命的"工作狂"

石景山医院某病房,王能智因长期劳累住院了。"你走吧,回去休息一下,该我值班了。"这边是他的弟子们轮换着值班,那边已经有人跟王能智探讨起课来了。林中弘更绝,干脆把地理实验带到了病房……医生、护士都说:"这哪儿是瞧病呀!这分明是把办公室搬到病房来了!"王能智的老伴儿无奈地说:"唉!你们这些小老师啊,跟你们的老老师一样,一群工作狂!"此时你也许会想:"这王能智的弟子也太不知道心疼老师了吧!怎么连住院也不让老师清静一会儿啊!"你可冤枉他的这些弟子了,因为正是王能智非要让前来看望他的弟子们汇报、探讨工作情况的。这就是王能智,一个把事业看得比生命还要宝贵的"工作狂"。①

王能智热爱大自然,亲近大自然,儿时的兴趣使他在报考大学时毫不犹豫选择了地理。1970年分配到京郊密云县焦家坞中学时,他28岁。在这里,他遇到了一位好校长,放手让他编写密云县地理。王能智果然自己

---

① 王能智:《我愿在力所能及的范围内改变孩子的一生》,http://www.bjgcxx.cn/article/2009/0120/article_262.html。

动手编,这需要去跑密云县的山川河流,田野与森林,28岁的乡村教师生活突然充满了山花麦穗的气息、水库的倒影、牛羊的叫声……

一样的教学内容,别样的教学方法

1981年,王能智调到石景山古城中学任教。第二年秋,他从初一年级开始尝试一种新的教学方法。中学地理教材在编排体例上可表述为"总—分—总"。王能智细致地讲解了前一个"总",中间的八大分区他就不讲了,他把八大章变成了八个大问题,让学生运用前一个"总"里讲过的常识去解这八大题。

比如讲黄土高原,他只给出一个问题:黄土高原怎么改造?

"让我们说黄土高原怎么改造?"学生问。

"是呀,为什么你们不能考虑?"

学生们表现出的惊讶,有点类似当年王能智听到王校长叫他自己编地理课本。王能智认真地说:"这对专家也是个有挑战性的历史难题。"学生们的精神和智力忽然受到很大鼓舞,某种跃跃欲试的东西开始在心灵深处萌动。

学生自由组合成一个个学习小组,分头准备,看书、查资料、分析问题,小组里展开了激烈的讨论,智慧的火花在碰撞中逐渐产生。发表见解的时刻在学生们的期待中到来。他们带着大人也想不到的方案到课堂上来了,你可以想象在这里他们是多么的快乐与兴奋。你听:

"我们认为,有一个快起步的办法。"一个组的某位同学站起来发言。大家都听着,想知道怎样叫快起步。

发言的同学说:"黄土高原全改牧业,不种粮,光种草。三年就起来了。"大家就笑了。"你们别笑。没听说过'退耕还牧'这词吧,种草发展牧业,羊毛比粮食值钱,有三年,牧业经济就起来了。"

"谁给他们粮食吃呢?"有同学忍不住发问。

"我们算过了,黄土高原每平方公里有300人以上,没粮怎么办?"

"我们不是社会主义大家庭吗?其他农业区可以供粮,这还可以促进农业区的商品粮经济发展。"质疑和争论越来越激烈。主讲的同学甚至举英国圈地运动为例,说以前英国是个农业岛国,后来圈地退耕还牧,养羊发展毛纺织业,才把农业的英国变成了工业的英国。

这就是王能智一节普普通通的地理课。

从这节课开始,教改的思想不断在王能智的胸中涌动,他创造性地提出"新常规课"的概念,让学生在常规课中有探究的空间。每上一节这样的课,学生思考的心弦就被拨动一次。学生要解答问题就必须认真去看,去分析,去使用书里的材料。又让学生自由组合成一个个学习小组,然后分头准备,每个组都可以提出自认为最好的"解决方案",谁的方案更好呢?这激发了竞争意识,而"小组"又保证了合作意识的培养。小组里还可以形成讨论,碰撞就会产生智慧的火花。这学习小组实际上已是一个个探究性学习组织。其他的类似"八宝山有哪八宝?""李四光在模式口找到了冰川擦痕,你们也试试找到点什么?""琢磨琢磨京城地下水问题"等等,王能智在课堂上也是点到为止,大量的时间花在让学生主动实践上。孩子们在"做"中有了发现,又在发现中对地理课产生了浓厚的兴趣。他带学生研究北京沙尘天气的成因,到小坝子乡做地理调查。调查中,学生发现当地只有一所房子被沙子四面掩埋,而别的房子沙子都堆积在房子有凹陷的一面。学生琢磨开了:沙地是风成还是水成?风和水对小坝子村通体沙化起到什么作用?最后发现,无论是水是风,都无法使沙子四面围住房子。老乡服了,悄悄承认房子周围的沙子,是人堆成的。

大课发表见解是在他们的期待中到来的,他们比成年人敢想,带着大人也想不到的方案到课堂上去发表,你可以想象那是他们多么愿意上的课,这里有他们极大的兴趣和快乐。

身边的探索发现,验证山丘之谜

王能智课堂教学进展的速度令同学们感到惊奇,一学期的课,半学期就学完了。于是,王能智就发动大家找来往届学生的课本,提前学。以前哪儿经历过这样的事儿?同学们心中的那份自豪就别提了。随着地理课的推进,王能智给出的一个个题目,学生都如同要去攻克一个个堡垒,解题水平也在迅速提高。王能智发现:"探讨性学习必然导致学生的目光和兴趣会越出书本。"于是引入校外实践活动。

有一次,王能智提出一个问题:"石景山到底是山还是丘?"然后说:"我看是个孤丘。"一个名叫李丽的女孩儿说:"不对吧。"她与4位同学决定去测量石景山的高度,因为只要能测出它的绝对高度大于500米,在地貌学上就不能把石景山判为丘陵。

这一代学生,从小学一年级开始就被功课捆在教室里,现在上地理课不必死抱课本,可按自己的选题到野外去透透气,他们的身心都像小鸟那样飞翔起来……他们唱着歌飞向大自然。但初一学生,知识有限,站在石景山下,面对这样一个"庞然大物",要测量它的高度,从哪儿下手?想了各种办法,最后学会用经纬仪测出它超过了500米,他们就回来说:"王老师,您错了,石景山是山,不是丘!"

王能智笑了,自己错了没关系,学生们对了,你看他们多快乐!学生们还带回来一个问题:"我们爬到了山顶,发现山顶有一口井,用50米的皮尺缀着石块去量,到不了底。从岩层看,那是岩石构成的山,在岩石上凿那么深的井,怎么凿,谁凿的?"

这是一个挺大的谜。王能智跟学生去看了,学生们又在杂树丛中发现了这儿有过建筑的遗迹,还找到几块残破的碑石,拼对起来,拍照,拿到文物部门去请教,经鉴定,这碑和井都是明代的,山顶曾经有个寺庙,井是和尚打的。而文史资料也说,石景山早先叫"石经山"。那"经"是指佛经。

同学们仍想知道那井到底有多深,于是王能智教他们用物体的自由落体回声原理去测算,这是高一课本的知识,他们提前学会了,并测出井深是146米。他们惊讶不已,对明代和尚凿井的壮举更是十分佩服。他们写了一篇文章《石景山上的古井》,报纸登了,电台也播了,他们为自己拥有的知识而兴奋,为自己的"成就"而骄傲!

春游的选址之赛,学科的融合之魂[①]

2000年,王能智为他的弟子,京源学校地理教师曹彦彦设计了《今年春游去哪里》的研究性课题,尝试将语文、数学、外语、历史、地理、生物、计算机、政治等8门学科整合起来,试图通过这样的活动,打破学科之间的壁垒,在初中学生中开展"多学科融合的研究性学习",训练学生的综合实践能力。

各学科的老师对王能智都挺尊重,但觉得这地理课把腿伸到野外尚可理解,为什么还把腿伸到这么多学科里来呢?讨论后,老师们也各有说法。比如,数学老师说,对旅游点做客流量趋势分析,需要用到"数学建模",但初一刚学代数,高中、大学的学生都不见得能运用数学建模。语文老师说,要说服大家为什么去某地春游最好,这需要"议论文"的本领,但初一上的是记叙文,初三才上议论文,现在怎么讲议论文呢?……由于老师们都跟

[①] 本段落参考:《我愿在力所能及的范围内改变孩子的一生》(http://www.bjgcxx.cn/article/2009/0120/article_262.html);《一扇重新看教育的窗——王能智同志先进事迹》(http://blog.sina.com.cn/s/blog_48d16b7c0100cvcf.html);《开启学生心灵之窗:地理教研员王能智老师》(http://www.china.com.cn/education/txt/2003-09/08/content_5399943.htm);略有改动。

曹彦彦关系不错,于是说,我们可以配合你,但这毕竟是你地理课的事,要让我们当本学科的事来做,是不现实的。总之,愿意"友情接受",不愿有多大的投入。

曹彦彦说:"第一次开完这个会的那个黄昏,老师们都走了,我和王老师坐在黑暗中。如果说老师们固守在自己原有的心智模式上,但他们说教学要循序渐进,难道没有道理?我不知道下一步该怎么走了。王老师说,先干起来吧,把题目告诉学生。理论上还说不清的事儿,实践会告诉你。"

于是告诉学生,自由组合小组提出方案,最后大家投票,得票最多的入选。学生们听明白后立刻兴奋起来。全班51位同学分成了7个小组,提出7个方案,每一个方案都饱含着全组的智慧,凝聚着同学们的心血,包括家长的指点。每个方案都很有吸引力,如何决断还真是个难题。第一小组7名同学选择了沿北京城中轴线考察,那里矗立着中国历史上最重要的建筑群。论证皇权的含义和建筑象征,去请教历史和政治老师;分析故宫的客流量,向数学老师发难;在电脑里进行统计分析,免不了请教计算机老师。各学科老师领略到同学们前所未有的求学热情,显得应接不暇。孩子们考察时时常遇到不配合的客人,语文老师急忙教他们说服别人的技巧,英语老师开始帮助学生添加英文解释。第二小组设计了一个两天一夜的方案,去密云的司马台长城,考察密云水库,参观"京都第一瀑"。学生在设计方案里插入了动画,小汽车从学校出发,第一站需要的时间,走过的路程,需要的费用,一一显示出来。第五组给软件加进了声音。孩子们恨不得把学过的各门功课全用上。至此,学生考虑投票的时刻终于到来,教室静得就像考场,只有笔和纸接触的声音。经历了这次角逐,孩子们真的长大了许多。从此,学生考虑问题不再是单科导入,而是在联系中综合思考。

意外的地理奇迹,意料的学科魅力①

随着王能智教改实验的深入,令人始料不及的问题出现了。学校的书籍、杂志被人开了不少"天窗",被剪的多是地理书刊。这不是王能智的学生干的还能是谁?要解答那些探究性问题,课本上知识不够,学生就向学校的图书、杂志进攻。学校规定的借书数量有限制,学生们求索的需要却

---

① 本段落参考:《我愿在力所能及的范围内改变孩子的一生》(http://www.bjgcxx.cn/article/2009/0120/article_262.html);《一扇重新看教育的窗——王能智同志先进事迹》(http://blog.sina.com.cn/s/blog_48d16b7c0100cvcf.html);《开启学生心灵之窗:地理教研员王能智老师》(http://www.china.com.cn/education/txt/2003-09/08/content_5399943.htm);略有改动。

无穷。那时学生都没电脑，没条件上网查找资料。当然是王能智替学生交了罚款，而当学生知道了"后果"后，"剪"学校图书资料的行为戛然而止。但学生借阅的兴趣不减，订阅和选择购买有关书籍的积极性也提高了。

王能智让地理课走出了课堂，让探究式学习走进了课堂，变成了课内课外水乳交融的"新常规课"。把"我讲你听"变成"找话题—课题案例—案例课题化—研究讨论"的新型上课模式。他说，一个好教师不是自己能传授得多么好，而是如何能让学生进入一种琢磨的学习状态。不是你教给学生什么，而是学生自己琢磨什么；孩子在琢磨，他就会进步、会提高。背地名、记首都、画铁路……地理课大都这么上。他认为这么做一是脱离实践，关门教学，二是割裂知识联系，学科壁垒森严，学生只学会死记硬背，学不会琢磨。"人类有所发现、有所发明、有所创造的潜能，绝不是课堂上讲解出来的。"王能智是北京乃至全国最先让地理课走出课堂的人。他带着学生跑野外、跑大自然，让学生去琢磨家乡的地形地貌，去琢磨中西人文历史，去琢磨社会的可持续发展。他打破了各学科孤军作战的局面，让学生在"上接天，下接地，中间找联系"中，学会纵横交错、顺向逆向琢磨问题，提高综合实践能力。

他不仅将探究式学习引入课堂，同时将国内"学科课程"和西方"活动课程"优势互补，开辟了"家庭—校园—社区—区域—全球"的地理教学活动场所。无所不在的课堂情趣盎然，成了吸引孩子的大磁场，"要我学"变成了"我要学"。有的家长曾对此抱有疑问：涉足了那么多课外活动和课外知识，课本上那些将来中考、高考要考的知识到底有没有学到？王能智从课本里出了100道难度颇大的考题，要求1小时考完。他权衡试验班的学生现在信心颇足，也担心他们麻痹大意，有心难一难他们，如果考得不行，也好敲个警钟。结果，全班平均96分，最低88分。相同的卷子给"比较班"考试，大部分同学不及格。这印证了：学生们要解答那些大问题，早把课本翻来覆去地琢磨遍了，课本知识掌握得相当牢固，如此之用功，怎怕成绩会提不上？

套用王能智的话说，几十年来，他做了三件半事：第一件事，在基本功教学方面，创造性地提出"新常规课"的概念，让学生在常规课中就有探究空间；第二件事，创造性地推行"教学活动化"，在开展活动中打破学科之间的壁垒，在初中学生中开展多学科融合的研究性学习，引导学生在解决实际问题中自主地学习并综合运用各学科知识；第三件事，致力于校内外研究性实践综合能力的培养，创造性地提出"区域资源教育开发"，促进学生在中学时期的学习与实践结合、与社会接轨。还有"半件事"，就是研究"基础教学—研究性学习—选拔考试"这三块如何更好地接轨。

新手的燃眉之急,三年的专家之路①

有研究表明,造就一名优秀青年教师需要7年时间。王能智没有轻易认同。他认为,7年时间太漫长了。他把经验传授和理论学习结合起来,力求让一批优秀青年教师3年内脱颖而出。他逼青年教师苦练基本功。他列出了教师的十项基本功,教学语言、形体语言、板书、画画、计算机应用等课堂基本功,应用教材的基本功,研究新课型的基本功……要求年轻教师一项一项过关。

他要求青年教师在野外考察中精心设计课堂教学。一节课常常要反复修改十几次,被青年教师称为"磨课"。去年他应邀带着曹彦彦到安徽参加全国高中地理优质课教学评比,曹彦彦的录像课获得了特等奖第一名。评奖后要求获奖者在当地上一节课。讲什么内容呢?当然可以讲已经精心准备的录像课,另两位获奖者也已选择了上录像课,效果不错。但王能智坚持让曹彦彦按当地屯溪一中的进度讲,用当地的实地素材讲。几天里,一老一少的身影闪现在屯溪的大街小巷。夜幕下,与一中的寄宿生攀谈;烈日下,测量屋檐长度;风雨中,访问规划局、老店铺、售楼处工作人员。屯溪每条街道的走向,一中教室窗户的每个夹角,都测量出来了。奔波一天后,60岁的王能智忍着腰椎间盘突出带来的痛苦,坚持与曹彦彦在宾馆大厅一起备课到凌晨2时。这节课的课名定为"解读黄山气候资源",由曹彦彦主讲。北京女教师对黄山独特气候资源的分析引起学生思考,令全国听课的同行刮目相看。这样的课,王能智带着年轻教师做了100多节,弟子们从中悟出了门道:讲课要贴近学生生活,要寻找实践案例,要激发学生探究热情。

他要求青年教师既当教书匠又当研究者,鼓励他们进入研究状态。去年,北京四个区以"北京平原地区热岛效应"为题,进行为期半年的研究性学习活动,王能智任总指导教师。石景山区以9中为主,联合4所中学十几

---

① 本段落参考:《我愿在力所能及的范围内改变孩子的一生》(http://www.bjgcxx.cn/article/2009/0120/article_262.html);《一扇重新看教育的窗——王能智同志先进事迹》(http://blog.sina.com.cn/s/blog_48d16b7c0100cvcf.html);《开启学生心灵之窗:地理教研员王能智老师》(http://www.china.com.cn/education/txt/2003-09/08/content_5399943.htm);《点亮智慧——记北京市特级教师王能智》(http://news.sina.com.cn/c/2003-09-08/1125711151s.shtml);略有改动。

位老师几十名学生进行"石景山区热岛分布"子课题的研究。师生们跑遍了整个研究区域,在几十个气温观测点,连续观测了12天的气温,获得了上千个数据,创造性绘出"石景山区热岛分布图"。师生一起又衍生出"居民收入对热岛的影响"等7个子课题。整个研究项目获得全国地理教育一等奖。

令人称奇的是,他带一个徒弟成功一个。3年后,他带过的100多个徒弟,年纪轻轻的,不是学科带头人、骨干教师、优秀教师,就是全国地理教学大奖赛的冠军和全能。在北京市和全国享有很高的声誉,也使中学地理这门副科成了石景山区教学的招牌。王能智是这一团体的当家人。对于此,王能智是这样概括的:第一年要学会讲课,为实现这个目标,并为以后两年的培训打好基础,王能智把第一年的培训工作分解为"三项任务,八个讲座,五次作业,一个考试"。新教师第二年的培训包括三项内容:非毕业班的教师重点突破教学设计中的"还原"、"案例化"和"活动化";毕业班的教师重点训练对学生辅导的"诊断"和"治疗",力求在任教一年半的时候能做到"堂上对话";通过开设"科学培训"和"人文培训"课,提高自身学科能力、科学和人文素养。第三年能"自己解救自己",在这个阶段,王能智特别强调要让教师不断获得研究上的成功体验,他认为这是教师形成独立研究能力的基点:"假如这个人已经掉到泥坑里了,怎么样才能让他出来呢?指责他没有用,你要给他方法,告诉他先迈哪只脚;给他激励,让他试一试;帮他成功,他需要成功的体验。别人也不可能抱他起来,他必须自己解救自己,而且只能自己解救自己。"

低调的人格品质,高尚的师德师魂①

王能智有着显赫的家庭背景,有到国外定居的优越条件,也有挣得高额收入的能力资本,但他的心思始终用在教学改革和培养中青年教师上。作为北京市乃至全国地理教学界颇具影响的特级教师,王能智奔赴全国各地讲学从不收取报酬,并多次谢绝高薪聘请,始终潜心于教育教学本职岗

---

① 本段落参考:《我愿在力所能及的范围内改变孩子的一生》(http://www.bjgcxx.cn/article/2009/0120/article_262.html);《一扇重新看教育的窗——王能智同志先进事迹》(http://blog.sina.com.cn/s/blog_48d16b7c0100cvcf.html);《开启学生心灵之窗:地理教研员王能智老师》(http://www.china.com.cn/education/txt/2003-09/08/content_5399943.htm);《点亮智慧——记北京市特级教师王能智》(http://news.sina.com.cn/c/2003-09-08/1125711151s.shtml);略有改动。

位,为实现自己崇高的职业理想而孜孜以求、锐意创新。他出外讲课从不收讲课费,对方硬往兜里塞,衣兜好几次被撕开了,即使是推辞不掉的讲课费,他也用来为学生或青年教师购买学习材料、加强学科建设。

跟王能智接触过的人对他一致的评价是——一位非常低调的人。他为人极其谦虚,被原石景山教育局局长祁红同志评价为:"谦虚得一塌糊涂!"不论是门卫、司机还是炊事员,抑或是清洁工,他都会尊称对方为老师。王能智在教学业务上是专家,在教学改革上是先锋,在人品修养上是楷模。因为在他的内心世界里,人与人只有社会分工的不同,没有高低贵贱之分,每个人都会在自己的工作领域里成为老师。从1998年—2005年短短的七年时间里,王能智先后获得了25项北京乃至全国的奖励和荣誉,面对众多的奖励和荣誉,王能智总是谦虚地一笑而过。

在师德方面,王能智曾这样说过,"对于一个教师的发展,最重要的是他的职业理想和职业精神,其他的都是第二位的,这一点年龄越大感受越深"。对当时闹得沸沸扬扬的"范跑跑"事件,王能智认为这是严重有辱师德的行为,这样的人应受到鄙视,"保护学生是老师的天职!老师是孩子王啊,怎么能先跑呢?即使你的学生都是三四十岁的青壮年,作为老师,你同样有保护他们的义务"。"这样的人灵魂不好看,更谈不上为人师表"。

《中小学教师职业道德规范(征求意见稿)》发布以后,王能智很关注,也与他的弟子们认真讨论过一些条款的修订意见。王能智说,这六条内容比起老的《中小学教师职业道德规范》,更具体、更简洁、更贴近教师的教学行为和工作实际,实际操作性更强。"具体刻画了教师职业道德的特征,让老师看得见、摸得着"。

对于有些教师批评《中小学教师职业道德规范(征求意见稿)》中的某些条款是在拿圣人的标准来要求教师的意见,王能智说:"对教师就应提出圣人的标准,这是中国教师的必然选择。我也听到过一些议论,说教师的权利和义务要对等,那么,我要问一句,那些战死的军人要求过吗?"王能智认为,师德不能仅仅定位为教师的职业道德,而应该是一种信仰。"师德如果定位为一个职业守则的话,仅仅是教学技能的操作,而信仰是很难实现的,但要信它。"他认为,师德是一个人价值体系的灵魂和具体化,师德就是师魂。"所有好的动机都源于师德"。王能智说:"有许多人很有才华、很有能力,但没成大器,就是因为师德出了问题。"

在一次教学研讨会上,王能智倾诉衷肠:"我已到了日薄西山的年龄。对金钱、地位一类的事情看得淡漠多了,也深沉多了。但在淡漠中升腾起来的是自己的职业理想。为了这个理想,我已经苦苦追求了大半生。我欣赏飞蛾扑火的精神，为了自己心中的那片光明，勇敢地扑上去。我希望我所钟爱的地理教育事业有光明灿烂的未来，但我深知，光明并不在我的身上，而在那些生机勃勃的年轻人之中，他们就是地理教育的未来！"

教育启示

　　有些教师就像陈年佳酿，任教时间越久就越优秀。然而，一些教师虽然经过数年的教育实践，但教学技能并没有得到提升，仍然停留在初入课堂时的状态。为什么有些教师能用短短的时间使自己脱颖而出，取得不菲成就，成为行内佼佼者？相反，为什么有些教师却感觉职业生涯越发昏暗，展现出对教育的倦怠？

　　众所周知，对于一名教师而言，最重要的不是准确地模仿某些专家、而是成为一名有效的教师。任何教学情境都是在不断变化着的，学生各不相同、任务各不相似。我们摒弃了教师"教书匠"的传统观念，我们正向着"人师"目标迈进。或许，三年的时间，放在人的一生之中，只不过是白驹过隙，也许在匆匆之间就流逝了。三年后，如果你成为一名教师有三年了，回首看看，是否留有遗憾？

　　在王能智看来，从新手到专家型教师只需三年，也许这三年任务繁重，也许这三年身心俱疲，也许这三年是你人生中最漫长的三年，但也许，这三年还是你人生之路上最有价值的三年、最有激情的三年、最值得你回味的三年。成长中的教师是幸福的，这种幸福是疲惫后的轻松，是等待后的收获，是成长后的欣慰。专家型教师的成长，是身为教师的我们的应有的奋斗目标，也是我们终身的追求之路。

　　然而，终身学习的观念不仅仅作用于学生，同样也适用于教师。也许，从新手到专家之路走得不需太漫长，但是，就如同运动员一样，达到巅峰状态如何保持同样值得我们关注。我们苦心孤诣多年，不是为了昙花一现般的绚烂，而是为了获得启明星般的永恒。想成为一名真正有造诣的教师也是如此，需要在期盼完美的动力下不断改进，专家型教师需要有这样一种态度：教学不是一个抱残守缺的过程，教学不是一个故步自封的经验，教学更不是一个停滞不前的静态，专家型教师是一个持续终身的进步，在这期间，教师经过不断的行动和反思、不断的质疑、不断的完善，逐渐找到最适合自己的风格。专家型教师的成长应该是一生的不断发展的过程，而不仅是从获得教师资格证开始，到成为特级教师为止，它需要我们不断关注自身的学习,发展具有个人特色的教学技能,逐渐走向成熟。

言至于此,反观自身,我们是不是须扪心自问,既然有了如此之路,我们现在应如何规划,我们将来应该如何走下去?

参考文献

1. 我愿在力所能及的范围内改变孩子的一生.[2010-8-20]. http://www.bjgcxx.cn/article/2009/0120/article_262.html

2. 开启学生心灵之窗:地理教研员王能智老师.[2010-8-20]. http://www.china.com.cn/education/txt/2003-09/08/content_5399943.htm

3. 点亮智慧——记北京市特级教师王能智.[2010-8-20]. http://news.sina.com.cn/c/2003-09-08/1125711151s.shtml

4. 一扇重新看教育的窗——王能智同志先进事迹.[2010-8-20]. http://biog.sina.com.cn/s/blog_48d16b7c0100cvcf.html

让学生在课堂上发挥主体作用

——记全国名师王树声

人物素描

　　王树声(1928—　)，男，生于北京。1945年考入北京师范大学理学院地学系(后改名地理系)。1949年毕业后先在兰州市中学任教，1954年开始在北京师大附中任教直至1988年退休。他是全国著名地理特级教师，长期致力于地理教学研究与教师培训工作，并参加教育部新高中地理教学大纲的制定、修订与新教材的编写工作。著有：《中学地理教材教法》、《特级教师导学丛书》、《特级教师谈学习策略》、《地理教学理论与实践研究》，参与编写了《中国著名特级教师教学思想录 中学地理卷》。

王树声

经典语录

★ 我们地理教师的工作是连接着人类未来的工作,因为我们的任务是要告诉学生人类应该怎样对待环境,培养环境意识,教会他们如何从环境角度出发去考虑问题。

★ 地理教师要向学生进行爱国主义教育,首先自己必须是一个爱国主义者,那种"白描式"的空洞无物的客观叙述,无法感染学生;自己要先投入,要真正发自内心地"晓之以理",才能"动之以情",达到"导之以行",最后"持之以恒",以至终身难忘。

★ 教师意识应该包括:"敬业、奉献、为人师表的师德意识,追求、探索、勇于实践的创新意识,不断更新、终身学习的自我完善意识,教师职能的主导意识和学生地位的主体意识。"教师意识反映了教师的素质和内心世界,它也会影响到教师的形象。

★ 板书、板图、板画是地理教学中的"三板艺术",是地理教师必须掌握的基本功。即使是计算机等多媒体手段广泛应用的今天,"三板艺术"也仍有其不可替代的作用。

★ 人们常用"一桶水与一杯水"来比喻教师传授给学生和自己应掌握的知识"量"的关系,其实,今天还应注意"质",因为这水必须是"活水"、"新水",还有找水的方法。

★ 以高尚的师德和优质工作回报社会,以精湛的业务和教学艺术投身课堂;以真挚的情感和健康心态热爱学生,以发展的观念和创新精神迎接未来!

满怀激情,积极探索现代地理教育

也许大家会好奇,现代化教学方式运用于课堂教学已经不是什么新鲜事了,但是如果说一位年过八旬的老人仍然活跃在教学的前沿,对着电脑一字字地敲出文本,做出一页页精美的PPT,不知您会作何感慨?王树声就是这样一个传奇。

早在20世纪60年代初,王树声就积极探索现代化教学手段在地理教学中的应用,尝试上电影课,把《奇峰异洞》电影经过处理应用到广西岩溶地形的教学中。70年代末,亲手绘制幻灯片100余幅,基本配套可供初中地理教学之用,并写出《试论地理教学幻灯片的分类及其应用》。1979年在北京市地理学会年会上较早提出"中学地理教学中的能力培养问题"。1981年被中国教育学会地理教学研究会选为理事(是北京市中学地理教师中唯一的一名)。1982年获"全国青少年优秀科技辅导员"称号。1983年、1984年两度作为《电化教育》杂志封面人物。

王树声于1983年秋开始担任地理组组长,1983年起在中央电视台主持"中学生智力竞赛"、"国情知识竞赛"、"聪明人的游戏"等节目,并获全国电视专栏节目优秀主持人称号。先后被评为北京市教育系统先进工作者和北京市少年儿童教育先进工作者,1986年被评为北京市第一批地理特级教师。先后录制80多节录像课和几百讲电视讲座。发表论文和论著达千万字。其中《中学地理教材教法》、《中学地理教学的理论与实践》、《教海求索五十年》、《王树声教育理论与实践研究》等为其代表作。

作为北京市最早在地理课堂使用电教手段的教师之一,王树声认为电教手段是人类传授知识手段的一次革命,地理教学尤其需要。因为电教手段形象生动,把无法直接感知的知识展现在眼前,并且把运动过程形象化,把动态的事物分解为阶段化,把宏观和微观事物或现象缩小或放大,有效地解决了地理教学中的形象化问题。

王树声说过:"我之所以尝试各种电教媒体,深感通过声像教学可以更直观、更形象地反映地理事物的空间分布、外部特征、内部结构,观察宇宙宏观特征,远古地壳运动,有利于调动学生眼、耳、脑各种感观,培养学生思维分析能力,开发智力。"

王树声对待教学,是以虔敬的态度对待这项神圣的事业。王树声对地理教育的执著热情,背后支撑的是他对教育的执著追求。在那敬业精神蔚然成风的年代,在北京师大附中这所名师荟萃、群星灿烂的学校,王树声作为地理教师和班主任,将全部身心都投入到教学中去。他精心准备教案,置备大量教具:向学生展示自己制作的海深测锤的模型,组织学生自己动手制作地理沙盘。王树声总是费尽心思去营造生动的课堂,频繁的测验和提问常常是出其不意,花样翻新,使学生觉得既具有挑战性又富有趣味性,牢牢抓住了学生注意力,激活了学生的参与意识和学习的主动精神。由于准备充分,匠心独运,王树声的课听起来趣味盎然,从来没有枯燥的感觉。每堂课都使人充满新鲜感,每堂课都为你展开一片新天地。课堂气氛既井然有序,又十分活跃,常常爆发出激烈的讨论和哄堂大笑,有时很像是当今电视智力竞赛的抢答场面。王树声像一名驾轻就熟的节目主持人,一班学生就像竞赛的参与者。这样生动的课堂,这样成功的教学,只有教师虔心敬业,全身心投入才能造就的。

对于今天进行的地理课程改革,王树声认为改革的关键在于地理教师观念的更新。课堂教学改革了,课程改革才能落到实处。目前课程改革的一些设想很好,只是结合当前实际较少,学校、教师、设备、学生等条件都要考虑到。

矢志教育,关注学生主体成长

王树声教学中非常注意"人",即学生,强调教书育人,强调人的发展,强调人的全面发展和个性发展。他较早地、较系统地提出了培养学生学习地理课兴趣的方法、训练学生思维能力的方法、使学生建立地理知识结构的方法、培养学生使用地图能力的方法,并且较系统地总结和阐述了中学生学习地理的方法与策略。在此基础上,王树声提出了"重视能力培养和思维训练,使学生从学会到会学"、"重视给学生参与的机会,使学生真正做学习的主人"、"重视教学情境的创造,使学生思维更活跃"、"开展课外活动,使课堂从封闭走向开放"、"运用电化教学手段,使教学手段走向现代化"和"改革考试方法,着眼于灵活运用知识"等见解,不但有利于中学地理教育与教学任务的落实,而且也有利于广大中学地理教师更新教育思想和教学观念。

从王树声几十年的教学实践中可以看出,他充分把握了"学生是学习的主体,教师在教学中起主导作用"的教学基本规律,每一节课都能把开发学生的智力和培养学生的能力,以及紧密结合教学内容来渗透德育教育,放在突出的地位。从他的总结和回忆中也可看出,20世纪80年代以来,王树声一直对中学地理教学中的学生智能发展问题给予高度重视。

进入20世纪90年代以后,王树声意识到,21世纪的地理教育如何发展,将取决于如何转变并确立新的地理教育思想和教学观念。这种教育思想和教学观念的扩展,反映出以王树声为代表的一些地理教育工作者对跨世纪社会、科学和教育发展的敏锐审视,以及经过反思后的地理教育思想和教学观念的深化。

进入21世纪后,王树声对综合能力培养和学生潜能挖掘进行了较深入的研究。王树声提出:"高考考场上是考生能力的较量,也是考生潜能的展示,潜能的积累绝不只是高三年级一年的'功劳',各年级都应为积累学生的潜能作出努力。良好的学习习惯,科学的思维方法,牢固的空间概念,严谨的时间观念,敏锐的信息意识以及遣词用句、谋篇布局的表达能力,都是平时教学中应该注意的。"

　　王树声看来,良好的师生关系是教师与学生做朋友、做向导和顾问;多了解学生,多从学生角度想想问题;适当地表扬和艺术地批评学生,时时刻刻激励并鼓励学生,以真挚的情感爱学生,爱而不溺,严而不厉。在王树声还是地理教师兼班主任的时候,有个学生就这样记录了王树声的"难忘一课":记得有个周末,中央电影院(现北京音乐厅前身)放映一部法国电影。好像是吉纳·菲利浦主演的《勇士的奇遇》,这部外国大片太诱人了,实在不舍得错过机会,我就和一位同学违反学校午休的规定,中午溜出去观看。回来时下午的自习课又迟到了,这在当时的附中是比较严重的违纪现象。我们很慌张,选条僻径想溜回教室。走了一阵,远远看到王老师站在那里,我们避开老师又绕行另一条路。不料,快到教室时又和王老师迎面相遇。我们非常尴尬:迟到已经不对了,还这样和老师兜圈子,弄出了这样可笑的结果,当时感到一场训斥是免不掉了。王老师一面含笑打量我们,一面又若无其事地问道:这部片子怎么样?男主角演得还好吧?然后又讲了几句对那部影片的评价,就让我们回教室去了,责备的话却绝口不提。老师的这种态度反而使我们感到十分羞愧,这比厉声训斥几句还要厉害,内心的自责因此而更为强烈,当时的负疚之情至今还依然记得。这或许就是以心施教的力量所在吧。在我们的印象中,王树声总是面带笑容,一副友善的目光,从容的语调,从没有板着面孔训斥的口吻。即使对违纪现象也是讲究方法,启发自觉,使学生获得深刻的内心感受。

推进交流,帮助青年教师学术提升

　　20世纪80年代,由于刚刚开设高中地理课,地区间来往学习的活动很多,来到宣武区,都要求听王树声的课或与王树声座谈。为此,不知给王树声增添了多少麻烦。王树声总是这样说,为了地理教育的发展,只要我能做到的,一定尽力。对于那些有强烈学习愿望的老师,王树声更是给予了特别关注。在80年代初期,有一位年龄较大,但又刚刚从事地理教学的老师,她希望用两年时间跟随王树声听完初中地理课。王树声同意了,这位老师也一课不少地坚持跟堂听了两年。这位老师回忆这段往事时说:那时,我是听一节课,讲一节课。我听完课还不走,还要向王老师提出一些问题请教。王老师从来都是耐心地回答我的问题,尽其所能帮助我,一点保留都没有。现在回想起来,当时提的一些问题是非常幼稚可笑的,可是王老师从来没有嫌弃我,还夸奖我虚心好学,有毅力,能坚持听课很不容易。

王老师的这些话，不断地鼓励着我，使我又完成了专业课的学历进修。这段经历，为我后半生的工作、思想奠定了很好的基础。我要像王老师一样，热爱我的学生，帮助别人。这位老师经过不断努力，成长为一个合格的高级教师。

"我们每个人在地理教学中迈出一小步，中国的中学地理教学就会向前跨出一大步"，这是王树声对教师的期望，他也正是这样要求自己的：还是在70年代末期，国家刚恢复开设地理课时，教师处于青黄不接的尴尬境地，急需培训大批教师。培训工作开展后，王树声在百忙之中，仍承担一部分授课任务，并且在那段日子中，可以说是随请随到。记得有一次，全区教研活动的内容、时间和地点都已确定，并通知了各位教师。但是，意外事情发生了。在教研活动即将进行的前一天傍晚，突然接到讲课人的告知，他现在出差在外，因故不能按时返京。在当时通信条件下，连"停止活动"的通知都不可能传达到各校教师那里了。主办人在万般无奈之下，只有抱着最后的期望，请王树声将排在几周后的讲座提前到本次教研活动时间。当时只是想试试看，时间太紧迫了，尽管是商量，但似乎也很不讲理了。没想到，王树声听完情况后，不但非常痛快地答应了，还保证明天一定准时到达讲课地点。虽然解除了临阵的危机，可是王树声却是一直工作到深夜。

王树声的热情和热心来自于哪里呢？那就是他的社会责任感。

对于中青年地理教师的成长，王树声给予了极大的热情。他开放自己的课堂教学，不断接待来自全国各地的中青年教师，言传身教，谆谆教导，并积极担任有关高等师范院校的实习指导教师，还毫无保留地对身边的青年教师进行传帮带，使他们都能热爱并胜任教学工作。经他培养的北京师大附中青年地理教师，都已成为中学地理骨干教师。为了系统地培养中青年地理教师，王树声先后在中央电视台、中央电大和中央电视师范学院主讲"中学地理教学"、"中师地理"、"中学地理教材教法"、"中师自然科学基础"（地理部分）、"地理教育研究"和"高中地理复习"等课程，并在北京市教育局教研部举办的青年地理教师培训班授课。曾为北京教育学院高级教师研讨班、学科带头人培训班、北师大研究生院硕士课程班等讲授《地理教学论》等课程，并应邀在全国多所高等师范院校讲学。

王树声不仅为年轻的地理老师营造了一种研讨地理教学的教研氛围，更以自己的人格魅力影响着年轻教师的地理教育观。王树声是一位既创新而又严谨、既灵活而又有原则的长者；在讲课公司如雨后春笋一般兴起的今天，王树声多次说道，"我们也要能出去讲学，但不仅仅是去讲高考，我们更要探索地理教学的改革；但也不能盯着那讲课费去，人家诚心请你，没钱也去;蒙骗瞎扯的事情我们更不能做"。

"心"系地理,名师工作室才露尖尖角

王树声常向年轻教师提出成长过程中的三个"高原期",即处于停滞不前的年龄段:第一个高原期约在登上讲台后的3~5年的时候,第二个高原期约在工作后8~10年的时候,第三个高原期约在工作后20年左右时。高原期意味着工作中满足于现状,不知向哪个方向努力,随着年龄的增长而出现负向发展,今天各学科都在飞速发展,知识陈旧率来得特别快,由于科技的发展,许多新知层出不穷,新的理念也不断涌现,教育观念也在更新,不学习就会跟不上形势,和年轻人就没有了共同的语言,就会失去交流的机会。终身教育的时代已经来临,王树声可谓是我辈的典范。他就这样说过:"因为知识更新得太快,不学习就要落伍,何况我总是感觉到过去耽误得太多,尽可能多了解点新的信息,不断更新教育观念,以适应不断发展变化的形势。地理教师尤其应注意这点,因为全球化的现实,全球变化的形势,科技手段的发展,使人类对周围环境认识的深度和广度在发生变化,这些都促使人们的认识和观念发生变化,需要学习的新东西太多了"。

王树声1988年就退休了,可是却"退而不休",在此后的十几年时间中,王树声应邀到全国31个省、市、区的115个市、县进行讲学和学术交流活动,足迹遍及大江南北和长城内外。从东北到西南,从沿海到内地,到处留下了他的身影。这些活动包括有关教材、教法、教学能力、教学基本功、学法指导、能力培养、电化教学的系列讲座,有关教学法、教师素质、教学技能、教学艺术、教师成长之路以及教师的持续发展与自我更新的专题辅导,有关思想教育、师德教育、素质教育、学科教学改革的演讲,有关更新教学观念和优化教学过程、遵循教学原则规范教学行为的学术报告。通过这些活动,王树声一如既往地体现出执著追求,谦虚谨慎,诲人不倦,乐于奉献的高尚品德,继续赢得了人们的普遍尊敬。由于王树声对我国地理教育事业的卓越贡献,他曾先后被选为中国教育学会地理教学研究会常务理事、北京教育学会地理教学研究会常务理事、北京电化教育研究会常务理事、顾问,被聘为中国地理学会教育委员会委员、国家教委考试中心兼职研究员、北京市教育局教材编审部学科审查委员、北京师大、首都师大和北京教育学院兼职教授。因此,王树声也关心我国中学地理教育的整体改革,积极参加有关教学大纲和教材的修订、评审工作,对中学地理教学改革提出了许多中肯的建设性意见和建议。

在期间,王树声录制了《中学地理教学法》、《中学地理教材教法》、《高中地理》、《中师地理》、《自然科学基础》、《地理难点解析》、《地理命题研究》等近180多节录像课;出版了《特级教师谈学习策略》、《特级教师导学丛书》、《王树声地理教学理论与实践研究》、《教海求索五十年》、《中国著名特级教师教学思想录》、《中学地理教材教法》等著作和发表了一些论文,特别是1998年在香港举办的《21世纪的中国与世界》国际地理学术讨论会上,宣读了《明日的中学地理教师素质及其培养途径》论文;参加了11年的教育部考试中心组织的成人高考的命题工作(1990—2000);并于1994年参与教育部委托制定高中新地理大纲并参与编写教材、会考命题、修订大纲等工作;1999年,王树声带领一批教师开始研究综合能力测试和能力培养问题,这在全国是最早的研究团队之一。几年内,研究小组出版了多本综合能力培养的书籍。2001年,王树声带领一批年轻的地理教师,成立"王树声地理教学研究室",主要进行教学交流和研讨,学术研究和编写代表性的学习资料。其中的地图系列、高考研究系列和备考指导系列书籍,都成为中学地理教师的重要用书,深受欢迎。2002年,王树声兼任清华同方教育技术研究院综合所所长,为开发中学地理课程资源继续奋战。2005年北京市宣武区成立"名师工作室",王树声为其中之一,他为培养新一代地理教师还在辛勤耕耘着。2005年12月,北京师大附中举行了"王树声先生从教55周年教育教学研讨会"。他也得到年轻教师们的深切拥戴。王树声的一位弟子曾为他写过一首诗:

"您对待徒弟和年轻的教师们,总是那么热忱和毫无保留地赋予。
作为您的徒弟,我倍感辛苦,
您总有一个个问题让我去思考,一篇篇文章让我去撰写,
是您'逼'着我不断地学习、不断地总结、不断地进步。
您敞开课堂的大门,热情接待所有愿来听课的教师,
您把您的教案、自制教具、心得体会,一股脑儿地奉献给大家。
——您不愧为一位好师傅!
您对待学生,总是那么循循善诱、孜孜不倦。
您以'三尺讲台'为园地,精心耕耘,传知识、教技能、育德行,
用您那智慧的乳汁和辛勤的汗水,
浇灌出了绚丽的花朵和累累的硕果。
您利用休息时间,带领学生参观、采访,到野外考察实习,
这不仅开阔了视野、丰富了知识,也磨炼了他们的意志。

——您不愧为一位好园丁！

您无论在讲学中，还是生活中，都显示出您的'博学多才'。

您在讲学中，诗词歌赋、历史典故、哲学观点都能信手拈来，被众多听者誉为'文综大师'。

您在生活中，兴趣爱好十分广泛，您能几笔勾画出形象逼真的板画，

您能三步吟出新诗、五步填出新词，您能借景写出绝妙的对联，

您挥指能弹钢琴、放喉能唱赞歌、迈步能跳探戈……

——您不愧为一位奇人也！"

教育启示

幸福是什么，它是一种气体，弥散在空气中，让每个人为了享有它而呼吸，它芬芳而甜美；它是一种液体，依存于血液中，让每颗心为了追逐它而跳动，它生动且活泼；幸福的事件每天都在发生，幸福的教育存在于每时每刻。

作为教师，最感到幸福的时刻，就在于与学生心灵间的沟通；在于与同行心得上的切磋。王树声做到了，他是幸福的，他的幸福是对学生"主体性"的尊重，是对青年教师的无私的提携，是对地理教育的无限热情。

教育家们强烈要求进行教育改革，他们认为现存的教育是对学生的压抑。从传统上看，长方形的教室、固定的座位以及教室前面的讲台和黑板是为了教师有效传递知识、学生安静记笔记而设计的，这样的学习是被动的"灌输"；现代的教育理论说明，学习是学生主动进行的，是学生已有经验与新信息间的意义建构，学习不是被动的，相反，是主动的。

同时，全班学生"主体性"的发挥，还要处理好个体——群体间的关系。学生的个性禀赋各不相同，教师如何做才能同时满足学生个体与学生群体的需求。使得二者不相冲突，齐头并进呢？尊重学生，促进学生主体性的发挥，是教师教学所要达到的目标之一。教师们要深刻体会这样一点：尊重并不意味着放任。促进学生主体性的发挥的教学，最终要形成的目的就是"关怀学生，进而促进学生去关怀他人"。

尊重学生主体性的教师，不仅能倾听学生的心声，尊重学生合理兴趣，而且也能同学生分享智慧。他们非常留心学生的一言一行，从细微之处观察学生学习生活状况，发现问题；他们随时和学生进行沟通交流，掌握学生最近的思想动态，帮助解决困惑；他们保持着一颗童心，也许还保留着当年

的纯真,以真心和学生相对,以真情唤醒学生热情。总之,充分尊重学生主体性的教师,首先关注的都是学生的发展,其次才是关注学生的课业。

　　身为缔造未来的教育工作者,我们面对的是青春活力的生命个体,我们面对的是朝气蓬勃的青年一代,我们面对的是拥有阳光般笑脸的莘莘学子,我们师承王树声就要像他那样热爱学生、尊重学生,让学生掌控自己年轻的激情,去开创出一片美好的未来。

参考文献

　　1. 王树声.地理教学理论与实践研究.[2010-8-20]. http://rcs.wuchang-edu.com/Special/Subject/CZDL/DLBL/DLTS0137/

　　2. 献身教育、永葆青春——记我校校友王树声老师.[2010-8-20]. http://xyh.bnu.edu.cn/xiaoyoutongxun/bnu100/19/55.htm

　　3. 77岁高龄教海求索50年.[2010-8-20]. http://learning.sohu.com/20051231/n241237679.shtml

让哲学进入物理的世界

——记全国名师吴加澍

人物素描

吴加澍(1941—)，男，中共党员，浙江省物理特级教师，浙江省功勋教师，享受国务院政府特殊津贴，现任义乌中学副校长。自1961年走上讲台，全身心地扑在教学工作上，以苦为乐，甘做奉献，受到了广大师生和社会各界的赞誉。在长期的教学实践中，形成了鲜明的教学特色和风格，创建了以优化教学过程为核心的"实验·启思·引探"物理教学模式，发表了《我对物理教学的哲学思考》、《意识·功能·方法——改进物理实验教学的思考与实践》等颇有见地的教学论文。由他设计的计算机辅助教学课件，有多项在全省乃至全国的评比中荣获一等奖。他始终以培养青年教师为己任，倾心扶植，言传身教。相继被授予义乌市首届十佳教师、金华市十

吴加澍

佳师德标兵以及浙江省劳动模范、全国先进工作者等称号,还被浙师大聘为物理系兼职教授和教育硕士导师。

经典语录

★ 郑板桥曾有诗云:"四十年来画竹枝,画到生时是熟时。"我也仿效写了两句,以作自勉:"四十年来教学子,教到生时是熟时。"新教师是力求将课从"生"教到"熟",老教师则贵在把课由"熟"教到"生",力求教出新意,做到常教常新。

★ 理想的教育固然无人可及,但是教育的理想却应人皆有之。理想的教学境界,好比一条平行于 X 轴的直线,我们个人努力的轨迹有如一条渐近线,虽然不能达到它,但可以无限地逼近它。

★ 学校教育好比一盘磨:上磨是科学,底磨是人文,磨心是哲学。这就要求教师具有丰厚的学术底蕴,即:理科教师要有人文的素养,文科教师要有科学的背景,所有教师都要有哲学的头脑。

★ 农民种地要做到"不违农时",学生读书同样应"不违学时"。高中阶段是一个人成长的关键时期,有许多东西在小学、初中学为时过早,到大学补则又太晚,必须在高中打好基础。我们教学生只有 3 年,但要想到他们今后的 30 年。

螺丝精神,感悟初为人师的喜悦

吴加澍是义乌教育史上的一个人才,在他的热忱培养下,一个优秀的青年物理教师群体已在义乌中学崛起:十几年来,浙江省青年物理教师优质课评比第一名的桂冠均被义乌中学所得;共计有 6 位教师代表浙江省参加全国青年物理教师优质课评比,均获一等奖;先后有 5 位青年物理教师被评为浙江省教坛新秀,有两人成为年轻的物理特级教师。2002 年底,浙江省教育厅教研室、省特级教师协会、省中学物理教学研究会联合举办了《吴加澍教育思想研讨会》。回顾自己的成长之路,吴加澍的经验体会是,学校教育好比一个盘磨:上磨是科学,底磨是人文,磨心是哲学。这就要求教师具有丰厚的学术底蕴,即"理科教师要有人文的素养,文科教师要有科学的背景,所有教师都要有哲学的头脑"。前些年,东阳中学、永康中学特派骨干教师长驻义乌中学一年,专门听吴加澍老师的课……常人总是把荣誉的花环戴在头顶上,而对于吴加澍来说,任何荣誉的花环都只能簇拥在他的脚下。

但是你可能不会想到,吴老师还曾作过跳槽的努力。那年,乡农机站要招聘人,吴老师跑去报名。农机站的同志跟他说:这里的工资低,月工资只有 16 元,你怎么不要当老师的 29 元工资而到这里领 16 元工资?吴老师回答说,工资低一点没关系,只要能够不去教书就行!结果被学校领导批评了一顿:没有"螺丝钉精神"!吴老师觉得理亏,于是就放弃了跳槽的想法。不想跳槽了,不等于喜欢教书了。上世纪 60 年代,学校很重视家访工作,吴老师也经常到乡村农民家里去家访。尽管他才 20 出头,但是农民们对他都十分尊敬,总是给他烧鸡蛋吃。须知,那时农民普遍穷困,大家连饭都吃不饱,鸡蛋本是农民用来换取火柴、食盐、酱油等生活必需品的"代币券",也是农民用来招待客人的最高礼品。吴老师很感动,慢慢地觉得"教书也是好的"。教书没几年,吴老师就上了一节地区级公开课,评价很高,吴老师很高兴,品尝到了成功的喜悦,开始觉得自己"好像就是教书的料"。

成长必经,体验源于生活的磨炼

吴老师回忆说,促使他"成长"的养料:一是"艰苦的生活";二是"大量的实践"。

吴老师起初在廿三里中学教书,虽然不是农民,但国家政策要求教师在暑假、寒假、农忙假里必须参加农业生产劳动。"塞禾毛"是吴老师终生难忘的农活。那时,农村缺乏化肥,农民就自己想办法,将鸡毛、鸭毛的下脚料与焦泥灰、粪便等混合成不软不硬的面团样东西,然后装入蒲扣(篾制器皿)里,挂于胸前,不但臭气熏人,还要用手指取一小块,将其摁入秧根处,作为水稻的基肥,此活叫做"塞禾毛"。干此活,必须手与粪便零距离接触,且要不断地弯腰、直起,真是既恶心又累人!当然,由此也让人深刻地理解"香喷喷的米饭"是用什么换来的!另一件让吴老师刻骨铭心的,是"四清"时期随工作组进农村与农民"同吃同住同劳动"的往事。那时,每天吃不饱,晚上与猪上下铺睡觉——吴老师的房东家只有一间房子,房东家人全部住在楼上,楼下是厨房、饭桌、猪圈和厕所,人在其中连转个身子都不方便。晚上,用床板铺在猪圈上面,吴老师睡在上面,猪睡在下面。半夜三更,顽皮的猪还常常用鼻子拱床板,寻吴老师开心呢!这样一住就是半年。经历过这些艰难困苦以后,学校里遇到的所有困难,再也放不到吴老师的眼里了!此后,每每置身校园,吴老师都有一种幸福感和满足感,这让他渐渐地爱上了教书。

吴老师说,他所从事的物理课教学需要很强的动手操作能力。因为物理本身就是一门实验科学,很多规律都是通过实验得出的。吴老师的动手能力得益于"文化大革命"时期的"大量空余时间"。当时,大家花大力气抓政治,课务比较宽松。空闲时间,吴老师就帮农民修理电动机、柴油机,边学边修,积累了许多知识,品尝到了劳动成果的香醇与甘甜。特别是在制作遥控飞机的过程中,吴老师养成了刻苦钻研、一丝不苟、百折不挠、精益求精的工作作风。制作遥控飞机可真不是一件容易的事儿,摔坏了,重新做,做好了,又摔坏……屡战屡败,屡败屡战!当看到自己亲手制作的飞机在自己的掌控中翱翔于蓝天的时候,一个多月的艰辛困苦消失得无影无踪,剩下的只有成功的喜悦了!这份喜悦是用金钱买不来的。不畏艰难困苦和勇于实践,是吴老师走上教育大师舞台的两大基石。吴老师说,26年的乡村教师生活是他事业之树的基肥,这份基肥充足养分多! 缺少它,会后劲不足的! 现在有些年轻人因为缺乏乡村生活这个"基肥",容易浮躁,容易满足,难以成大材。

同行相惜,收获不绝于耳的赞美

浙江省《教学月刊》杂志社中学物理科主编李国倩,在一次关于中学物理教学改革报告会上说:"收到吴加澍老师的《意识·功能·方法》一文,初时感觉文章太长,有两万字,可是删了好几个月还是没删掉,原因是文章实在写得好,不忍心删,最后还是全文刊发了。发这样长的文章,以前是从未有过的! 该文刊发后,很快被国内权威杂志——中国人民大学书报资料中心《中学物理教学》全文转载,并荣获省教科研成果二等奖。

永康市一名姓胡的老师在他的听课记录上是这样描写的:"记得是在1992年,我第一次见到了仰慕已久的吴加澍老师,第一次聆听了他的专题报告。吴老师系统阐述了物理教学应以实验为基础,并强调物理实验可以'坛坛罐罐当仪器,拼拼凑凑做实验'。吴老师的报告使我豁然开朗,找到了自己的前进方向。"这位胡老师为了研究光的吸收现象,曾一连几天关在实验室,对比研究了各种各样的光源和吸热材料,终于使气球在光的照射下发生了爆炸。对这个实验,胡倾注了心血,也寄予了期望。可在当年的浙江省物理年会上,只获得了二等奖,胡老师当时有些愤愤不平,吴老师可能看出了他的想法,就耐心开导他,只要自己在研究过程中有所收获,并能有效应用于课堂教学,就是对此最大的肯定。简简单单的几句话使胡老师意识到实验研究不仅仅是为了获奖,而是为了更好地教学。

吴老师不仅仅是物理教得好,对文字的使用也拿捏得恰到好处。胡老师在他的笔记中还写道:"1998年吴老师应邀到我校为全体教师上示范课。可惜那天我有特殊的事情未能参加听课。事后,我与几位教师交谈,了解吴老师上课的情况。语文老师说,'蚂蚁缘槐夸大国,蚍蜉撼树谈何易'是物理老师说的话吗?言外之意,想不到一个物理教师会把毛泽东诗词引用到物理课堂中来;化学老师说,吴老师上课会调动人,鼓舞人,哪怕是最差的学生,他也会找出其值得肯定的地方;英语老师说,物理的知识我不太懂,但我向吴老师学到了研究的方法;政治老师说,吴老师爱学生,相信学生,会发现每个学生的潜能,鼓励学生去不断地自主探索。吴老师以他精湛的教学艺术,获得了不同学科教师的共同赞誉。"

遂昌县一名姓石的老师听了一堂吴加澍的讲座后,激动不已,连夜在自己的博客上写了一篇《向吴加澍老师学习》的文章——听了义乌中学吴加澍老师的讲课,心灵上有如冬天沐浴阳光般的幸福。吴老师1961年从教至今,桃李满天下,教学成果满枝头。看着他慈善的笑容、听着他温和的话语,感受着他追求卓越的精神,我觉得他就是一本书,这本书没有杨朔散文集《海市》的华丽篇章,却有巴金历尽沧海桑田后的反思——《随想录》般厚重。虽然他只是在一个半小时内轻轻地给我们翻阅了几页,可是在这冰山一角中让我们体味到了他的为人之平实、为师之恬淡、为学之执著。

理论指导,领航实践创新的风骚

吴老师在漫长的教学生涯中,形成了自己鲜明的教学特色和教育思想,在省内外物理教学界享有盛誉。他从"为提高学生的科学素养而教"的基本理念出发,结合现代教学理论,提出了"以实验为基础,以思维为中心,以过程为主线,以变式为手段"的优化物理教学的策略体系,成功地构建了"实验·启思·引探"教学模式,有效促成了物理教学过程的整体优化。这些年来,义乌中学的物理教学质量始终稳定在一个高水平上,高考、会考以及学科竞赛方面均取得了可喜成绩。

吴老师潜心研究教育理论,勇于探索教学规律,发表了一批有见地、有影响的教学论文。《在物理教学中培养学生直觉思维能力的尝试》、《意识·功能·方法——改进物理实验教学的思考与实践》、《以思维为中心》等论文,被国内权威杂志刊登或转载。充分反映他教学风格的教学实录《回旋加速器》一文,被国家级刊物《物理教学》选为刊首篇发表,同时被辑入上海教育出版社的《名师授课录》一书；《优化教学过程，培养科学素质》一文，在全国第四届物理教学年会上交流；他还参与了《高中物理方法教育》等十余本教学用书的编写。他主持的课题《实验·启思·引探——吴加澍优化过程物理教学模式》，获首届浙江省政府基础教育成果二等奖。

吴老师不仅是教学前沿的领导者，还是计算机辅助教学的开拓者。

近年来，随着现代教育技术的兴起，吴老师又把教科研的重点移向计算机辅助教学。他积极探索，大胆实践，率先在金华市以及全省的物理教学年会上运用CAI课件进行观摩教学，起到了很好的带头示范作用。由他设计的计算机辅助教学课件，有多项在省乃至全国评比中荣获大奖。如1998年的多媒体课件《电磁现象》获当年浙江省教学课件评比一等奖（第一名）；《双缝干涉》，获1998年全国首届教学软件大奖赛基础教育组一等奖（第一名）；1999年的《电动势与内阻的测量》获全国首届物理教学软件评比一等奖。2000年在全国第四次物理特级教师学术研讨会上，吴加澍老师受邀作了题为《关于CAI的若干思考》的专题报告；2005年在中国教育学会物理教学专业委员会会上作专题报告——《漫谈物理教学境界》。

哲学指引，完善教育理论的武装

吴老师认为，一切问题归根于哲学，教师要懂得教育哲学。在谈到物理教学的哲学时，吴老师曾撰文专题论述此问题。他认为教师如果有自己的主干问题，及相应的问题系统，进步会更快。每个学科都应设计一些核心的学科问题，这样才能把继续教育深化：一类是应知应会的（通识）；一类是学科性的（经验——针对初级老师；艺术——针对中级老师；教育哲学——针对优秀老师）。又从自身例证出发，他提到过，有的学生高考结束，教科书就扔掉，里面抄满了蝇头小楷啊，多少心血啊，一扔就走了。我们教他们考得了高的分数，但没有教成他们喜爱物理的态度。这个与大的应试环境有关，也与教者有关，与教育哲学问题有关。规律性的、深层次的问题就是哲学问题了，教语文的，要问什么是语文？这是本体论；要问为什么学语文？这是价值论；要问如何学语文？这是方法论。有没有这样想问题的？我总是这样与年轻人讲，可是他们很难听进去，要是一开始就这样思考问题，走的路径会短得多，这是我自己体会出来的，但是也是自己最遗憾的，因为自己一开始也不懂得这样子思考问题。教育理念最终是否起作用，一定要通过这样的深层次问题的思考，才能达到。在有了自己专属哲学思想的指导下，教师的成长还需关注以下问题：

首先要关注教师发展的高原期问题。吴老师这样说过:高原期其实不光一个,而是分散在各个阶段的。新教师入职后有个适应期,它的末尾就有一个高原期,3到5年时就会出现。因为几年下来自我感觉好了,进步就不明显了。过去了才是称职期,之后又有一个高原期,大约从业8到10年后,各方面评价都好了,家长把孩子交给他也放心了。这时徘徊期就又会出现。如果能越过这个阶段,就是成熟期,成了骨干教师,可是之后,从业十五六年,或十七八年光景又会有一个停滞,这个高原期最长最大,要突破也更困难。现在回忆起来,我也是在这个阶段徘徊很久,自满自足,目标迷茫。再突破了就应该是所谓的创新期。这也是符合量变质变规律。培训工作要做在老师成长的高原期,向他们提供帮助,提供提升的动力和方向。这在学习心理上说也是普遍的。包括学生也是这样,学生感觉到自己潜力尽了,苦恼彷徨的时候,正是老师需要给予激励的时候,教师培训也是这样。

其次是帮助老师调整心态。吴老师说,回顾自己能够跨越一个一个阶段,心态是最重要的。外在的东西无法支撑一个人的专业发展,职称、工资都不行。特级教师以后怎么办?难道还有超级教师吗?内在动力最重要。内在动力的源头只能是职业心态和专业追求。他特别提到了胡锦涛总书记的"静下心来教书,潜下心来育人"。吴老师认为,有些教师不能安下心来教书是有内因有外因的。既然大气候无法去改变,那么关键在于自身修养。"有的老师认为我唱高调,其实我不是,或许我没有把我的想法表达清楚,也因为我的认知背景与他们不一样,我愿意纵向比,而现在的年轻人更愿意横向比。我也告诫自己,不能对年轻人要求过高。"

高僧参禅能静下心来,他们有信念:救世或求来世。教师也要有点信念。刘铁芳讲教师发展的若干个关键词:二至三年的老师,靠技能;五至八年的老师,靠经验;十几年以后,得靠艺术;20年以后,得靠教育哲学。

再次是专业兴趣的培养。吴老师将教师教学兴趣的养成与玩麻将进行类比,他认为搓麻的要求比较浅表,很容易学会,输赢直接,赢的快乐也直接。而学问不同,板凳要坐十年冷。大家也都希望把自己的专业搞好,(但门槛比较高),一个好的教师,综合素质要求是很高的,一点不比演员的要求低。因此,对老师的培训,不能要求老师一下子顿悟,而要一点一点来,不能让老师们望而却步,而应慢慢地一步一步体会到成功,一点点引入。接着他以自身为例来说明,"我59年义中毕业,成绩也不错,最后却被师专录取了,心里是很不情愿的。因为不情愿,师专二年其实很快就混过去了,毕业分配到廿三里初中,那时也没有选择的自由。当时的廿三里学校是很不错的,经常有老师去听课。有一天校长也来听我的课,但没有说什么就走了,后来他要求我开一节公开课,我说开不好,他说不要紧,肯定能开好。结果反响很好,他们讲我上课表达清楚,上课有激情什么的。这件事情现在还记得很清楚,说明当时对自己是很重要的。有了愉悦的体验,劲就鼓起来了,觉得自己是一块教书的料,慢慢也就上路了。"切身的经历对吴老师很有启发:要帮助一位老师迈上专业发展的道路,一定是把他"送上路"而不是"拖上路",用规范制约能造就合格的老师,但无法造就优秀的教师。教师专业发展不能光讲"技能",还要讲自我发展的动力和热情。这也是"鱼"和"渔"的关系,高明的培训应该是后者。重要的是要建立"自激励机制",培训要解决的最重要的就是形成这个"自激励"系统。

最后是积极心态的养成。吴老师认为自己没有职业倦怠,"每天有学不完的东西,同一课上了十几次了,但每一次备课还有新的体会,而且每一年都面对新的学生"。教育的职业是创造性的职业,关键是要使教师们建立"自动的机制",自我进取的激励机制。作为一名老教师,吴老师对同事,尤其是对待青年教师,始终恪守助人为乐、甘为人梯的信条。一方面,他采用"师徒结对、同步帮教"等方式做到"教案流通,资料共享",毫无保留地把自己的教学经验传授给青年教师;另一方面,他又处处以身作则,言传身教,以自己虔诚的敬业精神、严谨的教学态度去影响他们,促使他们迅速成长。

附:吴加澍教育思想要点总结

浙江省教育厅人事处、师范处、教研室及省特级教师协会等单位曾经联合举办了吴加澍老师教育思想研讨会。在这次研讨会上对吴加澍物理教育思想的精髓作了精辟归纳,以下是摘录的部分要点:

【教学理念】

● 通过物理教学,应致力于实现以下转化:一是把人类社会积累的物理知识转化为学生个体的知识,二是把前人从事科学活动的思想方法转化为学生的认识能力,三是把蕴含在知识中的观念、态度等转化为学生的行为准则,从而提高全体学生的科学素养。

● 真、善、美是物理教学追求的最高境界。具体而言,物理课堂教学第一要"求真",达到科学境界;第二要"从善",体现人文境界;第三要"臻美",具有艺术境界。

● 作为教学范畴内的知识,一般有着两种形态:外显的学术形态和内隐的教育形态。前者具有实用价值,后者则有教化功能。当教学活动仅仅在知识的学术形态层面上徘徊时,知识多半只能体现其有限的功利价值,只有深入它的教育形态之中,才能充分发挥出知识的认知价值和发展价值。

● 从细胞成长为成熟的个体,高等生物要经历一个胚胎发育的过程,这个过程正是该物种长期进化历史的迅速而短暂的重演,此谓"生物重演律"。与此类似,学生从"未知"达到"真知",需要经历一定的教学过程,而这一过程同样是以浓缩的方式,在短暂而迅速地重演着人类漫长的认识发展历程——不妨称之为"教学重演律"。研究表明,学生的学习过程是对人类文化发展过程的一种认知意义上的重演,他们学习科学的心理顺序差不多就是前人探索科学的历史顺序。因此,物理教学应尽量让学生去重演知识的发生过程,将教学过程转变成为学生的"亚研究"和"再创造"的过程,使他们在获取物理知识的同时,启迪心智,培育品格,全面落实新课程的三维教学目标。

● 在物理课堂教学中,有着三条基本序线,即:与教材内容相对应的知识序,与学生学习相对应的认知序,以及与教学过程相对应的教学序。只有课堂教学的有序化,才会有教学过程的高效化;任何一堂能称之为过程优化的好课,无不都是"三序合一"的结果。

【教学策略】

● 以实验为基础

实验教学不仅要"动手"(培养操作技能),还要"动脑"(渗透思想方法),更要"动情"(关注情感态度)。为了充分发挥实验功能,在教学中应做到:再现设计过程,突出思想方法;拓展操作过程,丰富物理内容;加强分析过程,观察思维同步。

● 以思维为中心

物理教学中要追根溯源,深入揭示物理学家的思维过程;要还原稚化,充分展现教师的思维过程;要诱发引导,及时暴露学生的思维过程。从而使这三种思维活动开放交融,为学生的思维发展创造一个最佳的课堂教学环境。

● 以过程为主线

要让学生重演物理知识的发生过程。对于物理概念,要充分还原稀释,让学生体验概念的形成过程;对于物理规律,要坚持延迟判断,让学生探寻规律的发现过程;对于物理实验,要渗透思想方法,让学生参与实验的设计过程;对于物理解题,要注重过程分析,让学生亲历问题的解决过程。

● 以变式为手段

概念变式:提供变式材料消化概念,进行变式训练活化概念;规律变式:正面讲清(来龙去脉、物理含义),反面辨析(适用条件、注意事项),侧面沟通(融会贯通、灵活运用);实验变式:变更实验条件,突出物理本质;编制操作程序,准确感知现象;改进演示方法,提高教学效果;习题变式:一题多问、一题多解、一题多变、一题多联。

教育启示

吴加澍是一位优秀的物理教学教师,也是一位物理教育思想家。他那深厚的物理学理论功底、娴熟的物理实验技能、渊博的现代教育理论、先进的现代教育技术,都源于他洞悉物理教学过程的哲学眼光,这使他能自觉用现代教育理论指导物理教学实践,并且能通过理论的指导进行教学创新,同时根据教学实践的丰富性不断完善与发展教育哲学思想。

当教育与哲学相遇,当哲学涉及教育的具体问题时,我们就有必要重新来审视哲学的角色。哲学在教育事业中所扮演的指导作用究竟有多大是教师们关心的问题。教师要明白,哲学无论是在世界观领域还是在行动研究领域都是至关重要的,为了有意识地指导自己的教育实践活动,教师应该利用哲学的观念和思维模式。从哲学的角度来审视教育,它可以使教师更好地理解学生、课程与教师间的关系,更好地理解教育目标与教育过程。从某种意义上说,哲学具有实践性,教师想要在职业生涯中获得系统而深刻的教育理论,获得全面而广博的教育见地,离不开哲学的视角,离不开哲学的帮助。

哲学发展到现代,总体上趋向于联系具体的教育情境中发现问题、解决问题,而不是追根溯源去研究历史上提出这类观点的先贤的生平、思想。教师们也显然不愿意根据一些专家和权威的思想体系来解释当今活生生的事实和行为。教育哲学在当今的最重要的发展,也许就是帮助教师组织教学活动,赋予活动以方向性、目的性和过程性的统一;帮助教师构建具体的教育教学目标,使之与教育目的相切合;帮助教师选择相应的教学方法和技术,运用现代科技促进教学理论与实践的高效统合。

话已至此,可能,还有教师们认为教育的哲学是空话,但是,从吴加澍身上我们可以看到,正是有了对物理教学的哲学认识,从而升华他的思想,使他认识到,教育是一项复杂工程,一切教育问题的解决,无不取决于教育者在更深层次,即哲学层次上对于教育的解读,哲学处于教育的上位,它对教育起着决定性的规范和指导作用。

这样,身为教师的我们,是否也该反观自身,寻找属于我们自身的哲学印记?

参考文献

1. 吴加澍:让听课者感到"幸福极了".[2010-8-20]. http://nsljd.yiwu.gov.cn/blgzy/blgzc/200909/t20090914_237205.html

2. 吴加澍:乡村生活锻炼了我.[2010-8-20]. http://epaper.xplus.com/papers/ywsb/20080131/n48.shtml

3. 吴加澍:漫谈物理教学境界.[2010-8-20]. http://www.zxxk.com/Soft/0602/284099.shtml

做一个教育的农夫

——记全国名师高慧明

人物素描

高慧明(1970—)，男，湖北孝感人，毕业于华中师范大学数学系本科，中学高级教师，湖北省高中数学特级教师。先后荣获全国教育科研优秀教师、教育部基础教育课程改革"全国先进工作者"、"湖北省新世纪高层次人才工程"专家、全国重点课题学科带头人、首批湖北省高中骨干教师等称号。曾获湖北省、全国高中数学教师优质课大赛一、二等奖。至今已在《教育研究》、《中国教育学刊》、《数学通报》、《数学教学》、《中学数学教学参考》等30多家全国知名学术期刊上发表了较有影响的论文500余篇，其中90多篇被中国人民大学复印报刊资料《中学数学教与学》、《中小学教育》全文转载或作为索引，出版了《高考数学的理论与实践》等个人专著2本，2006年荣获国家教师科研进步奖。近几年受邀在湖北、湖南、北京、上海、天津等

高慧明

全国20多个省、直辖市做有关教法学法、高考、新课程、教师专业成长等专题学术报告数百场，在全国基础教育界引起了强烈反响。

经典语录

★ 在数学教学中，应当重视数学思想方法的教学，这些数学思想在科学思想方面将给人以启迪，可以培养人们的科学态度与科学习惯，使人们目的明确，思维清晰，行为准确，善于实践，勇于创新。无论我们的学生将来从事何种职业，数学思想都将使他们终身受益。

★ 努力让学生找到自己是好学生的感觉。

★ 要学生超越教师，就要把思考、发现和批判的权利交给学生。就要给孩子一个"喜新厌旧"的头脑，而不是让学生只知接受教师的答案。一个从小就不会用自己的脑子去分析思考和辨别批判的人，我们怎么能指望他去开拓、去创造？

★ 教师是否愿意花时间反思自己的工作，是教师是否具有专业素养的标志。教师的专业追求、专业探索、专业提升，要靠不断的反思，教师要学会在言说和行动中思考，在反思批判中成长。

★ 一个好教师不全是靠培训成长起来的，更不是靠检查、评比造就的。与其忙忙碌碌，不如围绕自己的特色钻研下去，深化、细化，创造属于自己的心灵财富，在浮躁的现实中寻求一份属于自己的宁静心境，并置身其中朝着理想的目标默默地努力，静静地成长。

精雕细凿，这是一位一丝不苟的工匠；苦口婆心，这是一位风雨相伴的挚友；播种植育，这是一位起早贪黑的农人；在小小的三尺讲台上辛苦耕耘20余年，思考着、忙碌着、收获着、奋斗着……

高慧明老师从事教育教学工作已有22年。五万多个日夜的不辍耕耘，500多篇论文的答疑解惑，使5 000多株桃李笑舞春风。从教学实践中总结提高，从班级管理中完善进步，在事业追求中反思成长，在教学相长中迈入教育艺术的新境界。这中间，推动他不断进步的动力，其实是很多人曾经拥有却没有坚持的东西——高度的事业心和强烈的责任感；而这动力的源泉，则是对学生全身心投入的爱。就像一个农夫，不会责怪每一寸土地的贫瘠，不会埋怨每一株禾苗的羸弱，他所做的，只是弯下腰身，用辛勤和汗水，浇灌出一个平凡普通却果实丰盈的事业和人生。

让数字与快乐齐飞翔

走近高慧明老师,他的淳朴会给你留下很深的印象。清秀的面庞,温和的话语,这位看起来极平实的人,对工作却有着火一样的热情、对事业有着春芽破土般的执著。翻开高慧明的记事本,扉页上写着一个大大的"难"字。他说,要以此提醒自己,知难、解难、迎难而上!

众所周知,学生升入高中后数学学习要过的第一关,就是学会抽象思维。如何让学生从习惯的形象思维中走出来,掌握逻辑性、推理性极强的高中数学,是摆在每一位高中数学老师面前的重任。高慧明老师在认真研究学生和教材的基础上,结合自己多年的教学实践,探索出了最切合学生实际的"阶段教学法",把高中数学的教学内容,分解成若干个逻辑片段,通过层层深入引导,逐步加强训练,培养学生的学习能力。比如在"两条直线的夹角"的教学过程中,他通过形象生动的多媒体动画演示,引导学生在平面直角坐标系中,借助直线的方程,从探究学生熟悉的两条直线间的两种特殊位置关系(平行和垂直)入手,层层设问,形成新的问题,温故知新、循序渐进,激发学生的学习兴趣。

知之者不如好之者,好之者不如乐之者。只有真正的热爱,才能把想做的事做好;也只有真正的投入,才能把枯燥上升为享受。高慧明把教书当做一件乐事来做,他不断探索最有效的教学方法,引导学生主动学习,把枯燥乏味的数学课堂变成学生爱学、乐学、会学的快乐之旅,让数字与快乐相伴飞翔。就这样,他成了一个教学实验田的有心人,从细节中推敲得失,从实践中总结经验,把每一个教学中的细节都认真考虑后,再从教材、学生学习心理、学习方法等角度全方位地综合设计教学思路,向数学教学的最佳情境努力。

上课前,他让学生进行 5 分钟的"课前思维演练",将相关内容设置成梯度思维问题,这是预备热身的脑力操;课堂上,他因势利导,让学生变被动填灌为主动自学,后来由学生自行设置,从中优选组合。水到渠成,请"小老师"走上讲台,就某一知识点进行讲解;下课后,他常把自己学到的新观点教给学生,教学相长,与学生一同体会学习的乐趣。很多学生都说上高老师的课感觉很轻松,在不知不觉中就把知识弄懂学会了。2004 年,高慧明的这项课题研究系列成果《在暴露思维过程中培养探究能力》等被《数学教学通讯》和《天津教育》连续刊登,随即被中国人民大学书报资料中心《中学数学教与学》全文转载。

每一年,虽然高慧明都要带两个班的数学课,但是每位学生都有高老师为他们专门建立的"学习档案"。他对每一个教过的学生都了如指掌,提起来一个个如数家珍。学生们常开玩笑地说:"高老师比父母还了解我们呢!"这是戏语,更是实情。在他的学生学习档案中不仅记录学生的成绩,还有每个学生的学习情况跟踪分析与总结。多年来,高慧明写的"学习档案"就有数百万字。

让品质与知识同生长

"先育人,再教书"这是高慧明的工作原则。高慧明不仅教两个班的数学课,还同时兼任着一个班的班主任。"乐观、豁达、积极、向上"是他的治班理念。高慧明投入大量的时间和精力与学生交心谈心,了解学生的思想状况、个性特征、兴趣爱好及存在的问题等,鼓励学生对学习和生活充满激情。

人格魅力和爱的力量是高慧明做好班级工作的两个法宝。对学生尽心尽力,对工作不遗余力,不计较个人得失,只要是工作需要,学生需要,再苦再累,从不言倦。高慧明以实际行动践行着自己"为党和人民的教育事业奋斗终身"的诺言,每学期全校学生评教活动中,高慧明均以全校高票当选为"我最喜爱的老师"。

随着课程改革的不断深入,数学教育领域里的研究,也在向纵深发展,但高慧明时常会陷入另一种思考和困惑:他发现当前很多学校的高中数学教学和研究中,依然存在着重视教而轻视学的现象。

他常常在看教师的教案或教学设计时,会不由自主地转换角色,走到学生中间,去体察学生如何完成该课的学习任务,可是往往很失望。高慧明说,设计者总是会从教材分析、教学目的、教学重难点、教学过程与施教方法等方面考虑得很完备,甚至各个环节教学语言的设计都很详尽。但是你很难从中找到对教学主体——学生的分析,学生在这个设计方案的实施过程里,会有哪些不同状态的行为表现和鲜活的思维特征?很难找到教师根据不同学生的实际状况,提出的不同的学习要求,做出不同的应对措施;很少能感觉到这份教案与那份教案是针对不同的教学主体的。似乎每一份教案或教学设计,都适用于一切课堂,适用于所有学生。

高慧明说,"也常常会有这种情况:我们的教师看了专家或优秀教师的课堂教学实录,阅读了他人发表的教案或教学设计,深受启发,回到了自己的课堂便模仿着去做,可是结果不尽如人意。我们也常常深入课堂去听课,甚至听一些大奖赛上的课,你如果把关注点放在学生身上就会发现,少数学生积极主动、多数学生观望被动的课堂教学现状很普遍,真正能使不同层次的学生都有所收获、有所提高、有所发展的课并不多"。

面对这种现象,高慧明告诉我们,很容易找到症结所在:教师的基本素质有待提高,等等。可他以为,责任也不全在教师。当前我们的研究指向,是不是需要在学生身上多下点工夫呢? 给一线的教师更多一些切合实际的、针对性更强的指导和启发呢?

高慧明认为,教学活动,包括教与学两个方面,教的质量和学的质量决定着最终的教学质量。但教与学的关系不是并列的,教是为学服务的,教的目的是使之学。从教学主体而言,学生应该是第一主体,教师的一切教学活动都是为学生的学服务的,都应该以学生的学为核心来设计。如果说教学活动是无数个异彩纷呈的过程的话,那么,学生始终是这些过程的始点和终点,自学生而始,至学生而终。既然学生的学是教学活动设计的核心和依据,那么,就一定要寻找学生的学习规律,就要先去研究学生的学习心理特点、学生之间的差异等,再去设计教学活动,才能够做到真正意义上的因材施教。

《数学课程标准》明确了各学段的终极目标,这些目标应该是对绝大多数学生而言的基础目标。实际上,不同的学生,达到学习目标的层级一定是不一样的。在一所学校、一个教学班级里,教材提供给学生的文本是相同的,提出的学习要求也是一样的,是不是所有的学生都必须按照教材的要求学习呢? 结果可能已经告诉我们,当我们使用同样的教材、同样的教学方法、给以同等的教学时间时,其结果并不像我们所期望的那样,而且差距相当大,以致那些学困生对数学学习产生了逆反心理。那么在教学过程中,如何将这些目标和学生的具体情况结合起来,对不同的学生提出不同的等级要求,使绝大多数学生都产生积极的心态,愿意学习数学,是非常值得研究的。这项研究,高老师以为,不仅仅只包括教的内容和方法的问题,更多的是应该去关注学生,关注学生的生长环境、家庭教育、文化背景、性格特征、兴趣爱好,甚至要随时关注学生的生理发展变化等。

其实,大凡优秀的数学教师,除了自身的基本素质和修养较高外,在教学工作中,时时刻刻心中装着学生,孜孜不倦地研究学生的学习特点和规律是必然的。我们拜读了高慧明的几十篇教学论文,篇篇文章里都渗透着这样的思想:在一切数学教学活动中,关注学生是第一位的。于漪老师有一个精辟的比喻:识质与雕塑。"认清材料的质地,是雕塑工艺师的基本功。对雕塑的材料仔细地进行研究,摸清它们的纹理、曲直、硬度,以及能承受的压力大小,因材质去雕刻塑造,就能刻出巧夺天工令人赞叹不已的工艺品"。"教师不是工艺师,而是塑造人类灵魂的工程师,同样有识质的问题","一定要重视和锻炼识质的本领,要了解学生,认识学生,洞悉他们的内心世界,把握他们在成长过程中的发展与变化,把自己的教学工作建立在科学的基础上,按照规律办事。否则,从主观臆想出发,就会盲人骑瞎马,事倍功半,师生的时间和精力都有所浪费。"

我们查看了高慧明很多优秀课例,之所以说优秀,不是说他对教材分析得深刻,讲解得精辟,归纳得准确,课堂气氛热闹,学生声音响亮,等等,应该是他的设计符合了学生的实际,绝大多数学生都能积极主动地学习,学得有兴趣,学得有效果,不同层次的学生都得到了一定程度的提高,尤其是那些后进生,没有被冷落。一些教师模仿优秀课的做法,如果不去研究自己的学生,不是有针对性地实施教学,模仿只能是形似而神非。

高慧明给我们谈了一件事情,说中央电视台报道了一所农村中学,高考升学率非常高,而且考入名校的学生比例引人注目。该校校长的一番话引人深思。他说,素质教育就是要提高学生的综合素质,当然也包括学习成绩,因为学习是学生的主要任务。我们的做法是,不让任何一位学生掉队,我们关注更多的是那些后进生,只要他们的成绩上来了,优秀学生的成绩就更不用说了。高老师对此解释是,不同层次的学生,虽然不在同一起跑线上,可是在老师的引导下,大家都在尽力往前跑,都在进步,整体水平提高了,不就是真正意义上的提高质量了吗?

让经验与科研共升华

教科研工作在高慧明心中举足轻重,他把科研工作当成自己教学工作的重要组成部分来抓,精益求精、严谨治学的态度贯穿于他教学与教科研工作的始终。

在教育教学工作中,高慧明勇于探索,不断进取。在班级管理上,他通过不懈的探索、实践,提炼出班主任成功管理的四种独特艺术——法制艺术、育心艺术、树优艺术、合作艺术;他首创数学集体备课新模式:"说→议→理→听→说→议",收效显著,指导培养了一大批省、市优秀青年教师;他对本学科教材深入研究,见解独到,成果丰富;在教法研究中,他独创的"在暴露思维过程中培养探究能力"(从抓住新旧知识之间的联系、注重问题的解决过程、改变问题的叙述方式、体验知识的实际应用等方面来激活思维品质)、"中学数学教研与教学的关系研究"(不断追求教学的高境界→

教研为教学开辟广阔的空间→教研的基本途径……)、"学生思维临界状态下的教师点拨"(创设情境,顺向点拨,以求激活效应——讨论质疑,侧向点拨,以求共生效应)、"启发—建构"教学模式(诊断模糊观念→创设教学情境→整合认知结构)等多项改革成果,经国家、省、市教育行政部门、教研部门和学术研究机构有关专家鉴定,对大面积提高教育教学水平具有较高的指导意义和推广价值,并荣获国家或省一、二等奖。

笔耕不辍是高慧明的特点之一,他的志向就是做一位学者型教师,既要"教",又要"研",还要"写"。在教学、教研中不断学习、不断创新,不断给自己提出更高的要求。他坚持以"学习创新—教学实践—积累素材—提炼成文"为目标,孜孜不倦,乐此不疲。高慧明长期致力于课程·教材·教法·学法、高考复习·命题与考试、解题教学、竞赛数学、教师专业成长、心理健康教育、班级管理等专题研究。在课堂教学中,他积极探索从教材、学生学习心理、学习方法等方面全方位地综合设计教学思路,向中学数学教学的最佳情境努力,力求让学生学得容易,学得有兴趣;在班级管理中,他是一位善于将班级工作艺术化的探索者。正因如此,参加工作20多年来,他的教育教学效果显著,教研教改成果丰硕,班级管理成绩斐然。至今已在教育部《基础教育课程》、《教育研究》、《中国教育学刊》、《数学通报》、《数学教学》、《中学数学教学参考》等全国30多家知名学术期刊上发表了较有影响的论文500余篇,其中90多篇被中国人民大学复印报刊资料《中学数学教与学》、《中小学教育》全文转载或作为索引,先后多次受邀为《数学通讯》、《中学数学》等多家知名杂志社撰写辅教导学等专题系列讲座连载稿,应邀主编、参编教材、教学著作多部,出版《高考数学的理论与实践》等个人专著2本,参与研制和编写了《湖北省普通高中新课程实验数学学科实施意见和教学指导意见》及《湖北省普通高中新课程教学指南》。主持、参与多项国家、省部级课题研究,获国家、省部级优秀教科研成果一、二等奖40多项。

高慧明连续被《中学数学杂志》等全国18家知名学术专业期刊重点推介,近几年,他已受特邀在全国20多个省、直辖市做专题报告各数场,场场深受好评,在全国基础教育界引起了强烈反响。

翻开高慧明的日记,我们看到了这样一段文字:"艰难困苦时,想想长征二万五千里跋涉的足迹;松懈倦怠时,想想永在前方引领的执著信念……"这也许是他对自己信念与追求的最好注解。做一位一丝不苟的工匠,做一位起早贪黑的农人,如果说三尺讲台是辛苦耕耘的田地,业务论文是厚重扎实的足印,那么,这些充满朝气和活力的学生,不正是茁壮成长的幼苗吗?

教师成长固然有赖于好的环境,但更重要的取决于自己的心态和作为。高慧明认为:社会是课堂,实践是砺石,他人是吾师,自身是关键。只要务实肯干、积极进取、开拓创新,就会在现实生存的土壤中找到自己的生长点,并以自己的成长影响周围。从这个意义上说,谁来给教师良好的成长环境?是教师自己。

高慧明老师来自农村,那块沃土把执著追求和脚踏实地的精神植入他的生命——他坚信,要自强不息,要奋力拼搏。埋下头来,任劳任怨,方能成为业务骨干,做出成绩,显出存在的价值。于是,他靠"韧"劲学习,小时候没有读过多少书的他,当上教师以后觉得腹中空空,于是把书籍作为自己成长的土壤。后来,上网阅读也成了他学习的一部分;靠"闻"劲实践,日积月累,书读得多了,听得也多了,他越来越感悟到,课堂教学真是一门艺术,有领导、专家指导的公开课更是提高教学水平的快车道;靠"恒"劲积累,不断的积累已经成为高慧明的自觉行为。在琐碎繁杂的工作之余,他努力挤出时间写教学随笔、教育心得,哪怕是几十个字也赶紧记下来。

通过高慧明老师的实践,可以发现,教师的专业发展首要的是教师要有自我专业追求。正确的信念就是稳定的动力。教师的自我专业追求如果内化为信念,就不会被消解,从而形成坚毅、持久的信念。追求就在自身的土壤中,一旦拥有它,生命的种子就会迸发出无限潜能,生根、发芽、开花,结出丰硕的果实。

教师仅有专业追求是不够的,还要在行动上拥有专业探索精神。"师生共同成长而不是拔苗助长"。引导学生超越教师,实际上是教师的一种自我超越,是教师富有时代魅力的精神境界。如何让教师可持续发展,成为学生心目中一本百读不厌的大书呢?如何让学生有能力脱离教师的搀扶学会学习,最终让教师成为学生学习的伙伴呢?高慧明认为,师道之尊,可以使学生仿之、效之,但绝不是不可超越之。教师不是全部知识、全部真理的化身,那么,我们就应该放下架子,蹲下身子,与学生一起去探求真理,发现真理,开创教师和学生真正平等的对话平台。在这样的环境中鼓励学生有超越之胆,敢于超越教师的精神;有超越之识,能够超越的能力;有超越之智,实现超越的成功。

高慧明总是提醒自己,努力让学生找到自己是好学生的感觉:"如果每一个学生都学会了认识自己,都找到自己是一个好学生的感觉,都有了自信和创造的尊严,他们获得的是终身享用不尽的真正财富。"

要学生超越教师,就要把思考、发现和批判的权利交给学生。就要给孩子一个"喜新厌旧"的头脑,而不是让学生只知接受教师的答案。一个从小就不会用自己的脑子去分析思考和辨别批判的人,我们怎么能指望他去开拓、去创造?

可见,超越教师的过程,不仅是体验自己学习所获得知识的过程,还是教师和学生思想碰撞和观点交锋的过程,也是独立思考,独立判断的过程,更是追求真实,探求真知,献身真理的过程。

后记

强国必强教,强国先强教。教育要发展,关键在教师。努力培养和造就一大批献身教育事业、具有先进教育理念和独特办学风格的优秀教师和教育家,不仅是振兴我国教育事业的希望所在,更直接关乎国家和民族的未来。优秀教师和教育家的成长有其自身的规律。其中很重要的一条,就是要立足中国国情,深刻认识和理解中国传统文化,熟悉基础教育的现状和发展环境,认真学习和借鉴前辈教师和教育家的教育思想、育人理念和教学艺术。温总理曾多次提出,"要像宣传劳动模范,宣传科学家那样宣传教育家。"近现代以来,以陶行知、晏阳初等为代表的一大批教育家和优秀教师所形成的教育思想和育人经验无疑是今天广大教师和在校师范生加强专业教育的宝贵资源。总结他们的成长之路,探索他们的成长规律,必将有助于促进教师(师范生)的专业化发展。

为此,2009年初,在马敏教授和何祥林教授的主持下,华中师范大学成立了编委会,选取国内著名教育家、特级教师、班主任、中学校长和中学为编写对象,以探讨优秀教师成长规律和知名中学办学经验为主线,组织编写"教师(师范生)专业教育系列读本",包括《中国教育的脊梁——著名教育家成功之路》《为什么是他们——来自名师的教育智慧》《优秀的人生导师——著名班主任是这样炼成的》《当代中学名校长办学理念与实践》《风景这边独好——知名中学启示录》,集中展示中国一流教育的成就、经验和启示,为广大中小学教师和在校师范生专业化发展提供借鉴。

本丛书由华中师范大学校长马敏教授和华中师范大学党委副书记何祥林教授任总主编,华东师范大学教育学院院长丁钢教授、华中师范大学教务处处长王坤庆教授、江汉大学校长杨卫东教授、广西师范大学党委书记王枬教授、湖北师范学院院长向显智教授为分册主编。马敏教授负责本丛书选题、总体设计以及编写框架和体系的审定,何祥林教授多次召开丛书编写会,商讨和指导书稿编写工作,并最终统改和审定了全部书稿。

特别需要提到的是，中国教育学会会长、著名教育家顾明远先生欣然为本丛书作序，给我们以巨大的鞭策和鼓励，在此，对顾先生热情的关心和帮助谨致诚挚的谢意！

本丛书既可以为高等教育、教师教育和基础教育的研究者提供研究参考资料，又可以作为教师专业教育、新教师岗前培训、基础教育管理者培训的教材和教学参考用书，还可以为广大中小学教师提供理论和实践指导，具有较大的受众群和较强的应用价值。我们希望，本丛书的出版，能为新世纪培养和造就成千上万的优秀教师和教育家贡献一分力量。

作为"教师（师范生）专业教育系列读本"中的一本，本书在编写过程中，得到了众多名师的无私帮助，他们在百忙之中不仅为我们亲自审稿，有的还逐字修改。特别是斯霞老师的长子孙复初教授，在视力不好的情况下，将我们的文章转化为音频文件亲自进行修改；李吉林老师在七十多岁的高龄下在高温酷暑的天气中为我们审稿并提出修改意见，让我们深为感动。许多老师还亲自为我们提供相关资料，使我们的编写得到了有力保障。在此对各位帮助和支持我们编写工作的老师们表示衷心的感谢！

需要说明的是，本书在编写过程还大量参考了纸质媒体和网络对相关名师的报道以及公开出版的有关名师的专著，由于篇幅原因，未能一一标注，掠美之处，请予以谅解！

本书在江汉大学校长杨卫东教授的指导下，由程秀莉、郑宁、马英、韦文武、王小占、钟晨、杨焓等编写。作为本册主编，杨卫东教授不仅在编写中对每篇文章给予了指导和建设性意见，在编写完成初稿后，又对每篇文章进行了具体的修改。

本丛书能顺利出版，我们要特别感谢高等教育出版社的大力支持和悉心指导。高等教育出版社基础教育分社社长王宏凯先生亲临华中师范大学予以指导，给了我们许多建设性意见。本书责任编辑苏伶俐、米琼等工作细致，数次来电来函商讨解决编写难题，其高度负责的工作态度让我们十分钦佩。

由于时间紧迫，加之编者水平有限，本书还有很多不尽如人意之处。敬请广大读者批评指正。

编　者
2010 年 9 月

郑 重 声 明

高等教育出版社依法对本书享有专有出版权。任何未经许可的复制、销售行为均违反《中华人民共和国著作权法》，其行为人将承担相应的民事责任和行政责任，构成犯罪的，将被依法追究刑事责任。为了维护市场秩序，保护读者的合法权益，避免读者误用盗版书造成不良后果，我社将配合行政执法部门和司法机关对违法犯罪的单位和个人给予严厉打击。社会各界人士如发现上述侵权行为，希望及时举报，本社将奖励举报有功人员。

反盗版举报电话：(010)58581897/58581896/58581879
反盗版举报传真：(010)82086060
E - mail：dd@hep.com.cn
通信地址：北京市西城区德外大街4号
　　　　　高等教育出版社打击盗版办公室
邮　　编：100120

购书请拨打电话：(010)58581118